VIE

DU

R. P. LOUIS SELLIER,

DE LA COMPAGNIE DE JÉSUS,

PAR

LE R. P. A. GUIDÉE,

DE LA MÊME COMPAGNIE.

—————

PARIS.

LIBRAIRIE DE Mme Ve POUSSIELGUE-RUSAND,

23, RUE SAINT-SULPICE.

—

1858

VIE

DU

R. P. LOUIS SELLIER.

PROPRIÉTÉ

VIE

DU

.P. LOUIS SELLIER,

DE LA COMPAGNIE DE JÉSUS,

PAR

LE R. P. A. GUIDÉE,

DE LA MÊME COMPAGNIE.

———o∘⊱✦⊰∘o———

PARIS.

LIBRAIRIE DE Mme Vᵉ POUSSIELGUE-RUSAND,
23, RUE SAINT-SULPICE.

—

1858

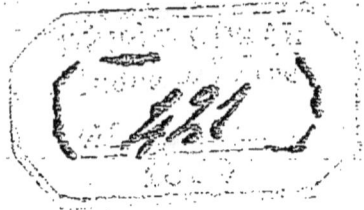

On s s'étonne de n'avoir pas encore vu paraître la vie s du P. Louis Sellier de la Compagnie de Jésus, , de ce prêtre zélé, si connu par les services qu'il a a rendus à la jeunesse dans les maisons de l'Oratooire, de Montdidier et de Saint-Acheul, et par ses travaux apostoliques dans la Picardie, dans l'l'Artois et dans plusieurs diocèses du midi de la FFrance. D'incessantes occupations, de graves devoirrs d'état ont retardé jusqu'ici la publication de cet t ouvrage. L'auteur espère toutefois que son travail il, pour s'être fait si longtemps attendre, n'en sesera pas moins favorablement accueilli par les coonfrères du P. Sellier, par ses disciples re-connaiaissants, par ses nombreux amis, par les

1

prêtres qu'il a formés, par les pasteurs dont il a évangélisé les paroisses, par les populations elles-mêmes auxquelles il a distribué le pain de la parole de Dieu, et qu'il a édifiées par le spectacle de ses admirables vertus.

Nous n'avons rien négligé pour nous entourer de tous les documents propres à nous renseigner parfaitement sur les détails d'une vie si bien remplie. Témoin d'une grande partie des faits qui entrent dans ce récit, nous avons pour les autres consulté les personnes les plus dignes de foi. Si, malgré ces précautions, il nous était échappé à notre insu quelques inexactitudes, nous recevrions avec reconnaissance les observations, et nous nous ferions un devoir de rectifier les méprises qui nous seraient signalées.

Quelques personnes trouveront peut-être que les citations puisées dans les cahiers de retraite du saint homme sont trop multipliées ou trop longues; mais rien, ce semble, ne peut mieux faire connaître un serviteur de Dieu que cet exposé naïf de ses sentiments intimes; et après tout, dans un ouvrage de ce genre, il s'agit non-seulement de satisfaire une louable curiosité, mais encore et surtout d'instruire et d'édifier un lecteur chrétien. Heureux si nous sommes parvenu à atteindre ce double but !

Nous nous proposons de publier après la vie du P. Sellier un volume d'opuscules renfermant un certain nombre de lettres qu'on a bien voulu nous communiquer, et quelques fragments de ses nombreux manuscrits. Les lettres, écrites pour la consolation des âmes pieuses qui avaient mis en lui leur confiance, seront lues avec fruit par les personnes portées au scrupule, ou par celles qu'une excessive défiance éloigne de la fréquentation des sacrements, et arrête dans la voie du service de Dieu. Les autres extraits se composeront d'une relation de la mission donnée à Amiens en 1825, d'un discours académique sur les bienfaits de la religion, prononcé pour une distribution de prix, et de réflexions diverses sur l'Évangile, sur les grandes vérités du salut, et sur les mystères de la vie de Notre-Seigneur. Ces derniers écrits respirent la plus solide piété, et cette onction qui est le fruit de l'esprit de Dieu. Ils seront utiles à tous sans distinction, et pourront fournir des sujets de lecture ou de méditation pour les retraites.

VIE

DU

R. P. LOUIS SELLIER

—ooᵒ⧉ᵒoo—

CHAPITRE I.

Naissance du P. Sellier. — Sa famille. — Ses études.
— Ses occupations champêtres.

Louis-Antoine-Fabien Sellier vint au monde le
20 juillet 1772, à Hangest-sur-Somme, paroisse du
diocèse d'Amiens. Ses parents étaient d'honnêtes cul-
tivateurs, estimés dans le pays pour leur probité et
leur attachement à la religion. Les archives de la fabrique d'Hangest font mention de deux membres de
cette famille qui ont fait construire à leurs frais un
des bas-côtés de l'église paroissiale.

Le père de Louis s'était cru appelé à l'état ecclésiastique, et avait étudié pour s'y préparer; mais le
jour même où il devait recevoir le sous-diaconat, il
quitta le séminaire, convaincu, disait-il, qu'il se sau-
verait plus facilement dans ce qu'il appelait le sacrement d'en bas que dans celui d'en haut. M. Demachy (1),

(1) Charles-François Demachy, né à Airaisnes (Somme) en
1731, était frère de M. Demachy, notaire et juge de paix du
canton dont cette commune était alors le chef-lieu. Après avoir
terminé ses études d'humanités sous la direction des Pères de

alors curé d'Hangest, fut si touché des sentiments
chrétiens et de la délicatesse de conscience de son

la Compagnie de Jésus, pour lesquels il conserva toute sa vie
le plus affectueux souvenir, il entra dans l'état ecclésiastique.
Ayant été ordonné prêtre, il exerça d'abord pendant quelque
temps les fonctions de vicaire au Quesnoy, et succéda comme
curé d'Hangest à M. Demachy, son oncle, qui l'avait appelé
près de lui pour l'aider dans le ministère pastoral. Charles-
François seconda merveilleusement les vues de son parent.
Pasteur zélé, il forma aux habitudes de la vie chrétienne et
à la fréquentation des sacrements un certain nombre de personnes pieuses, qui répandaient autour d'elles la bonne odeur
de leurs vertus.

Dans une circonstance mémorable, M. Demachy rendit à la
commune d'Hangest un service signalé qu'elle n'a point oublié. Deux incendies terribles y éclatèrent en un an, et rédui-
sirent en cendres la plus grande partie des habitations. M. Demachy, pour venir en aide à ses paroissiens, entreprit le voyage
de Paris, où sa famille et lui surtout étaient avantageusement
connus. Il y sollicita la charité des personnes les plus qualifiées,
s'adressa même à la cour de Louis XV, et recueillit des sommes
considérables qui furent employées à réparer les désastres
causés par le fléau. Grâce à ces secours et à l'aliénation d'une
partie notable du marais communal, le village sortit de ses
ruines, et ne tarda pas à être reconstruit.

Après avoir gouverné pendant vingt-un ans la paroisse
d'Hangest, M. Demachy fut nommé curé de Lachaussée, et
doyen de chrétienté, titre que portait alors le prêtre chargé de
représenter l'autorité épiscopale dans le canton.

A l'époque de la révolution, ayant refusé le serment à la
Constitution civile du clergé, il se retira en Allemagne, d'où
il ne revint qu'en 1800, au moment où la paix fut rendue à
l'Église. Il reprit alors l'administration de sa paroisse de Lachaussée. Deux ans après, on le nomma curé doyen de Villers-
Bocage, et il conserva ce poste jusqu'à sa mort, arrivée le 24
novembre 1825.

Nous avons recueilli encore deux ou trois traits qui feront
apprécier la charité de ce prêtre selon le cœur de Dieu, l'ex-

paroissien ex-séminariste, que, malgré la différence de fortune et de position sociale, il lui proposa d'é-

trême délicatesse de sa conscience et sa fidélité dans l'accomplissement de ses devoirs.

Il était âgé de soixante-neuf ans quand il rentra en France après l'émigration. Dans un âge aussi avancé, et malgré les fatigues de l'exil, il eut encore assez de fermeté dans l'esprit, et trouva dans son zèle assez d'énergie pour composer trois années entières de prônes.

A l'âge de quatre-vingt-sept ou quatre-vingt-huit ans, alors qu'il commençait à ressentir les incommodités de la surdité, il ne crut pas pouvoir prendre sur lui d'entendre les confessions à la sacristie, et il écrivit à l'évêché pour en obtenir l'autorisation. Il demandait en même temps que, eu égard à son grand âge et à la diminution de ses forces, il lui fût permis de prendre quelque chose de plus à la collation des jours de jeûne.

En 1819, la paroisse de Villers ayant été ravagée par un incendie, le charitable pasteur contremanda une pièce de vin qu'il avait achetée, afin d'en consacrer le prix à assister les victimes du fléau. Il n'eut toutefois que le mérite de la bonne œuvre. Le marchand auquel il s'était adressé (1) ne put souffrir qu'un octogénaire fût privé par un motif si pur d'un soulagement nécessaire à sa vieillesse : il ne laissa pas d'expédier la commande, ajoutant avec une exquise délicatesse que la pièce de vin serait payée si M. Demachy le pouvait, et quand il le pourrait.

Voici en quels termes le P. Sellier se rend compte à lui-même de l'impression qu'il éprouva quand on lui annonça la mort de cet homme vénérable : « Ce matin j'ai appris la triste nouvelle de la mort de mon vénérable oncle, curé de Villers. Il a consommé sa longue carrière, mercredi, à l'âge de plus de quatre-vingt-quatorze ans. Je lui ai bien des obligations. C'est à lui que je dois en grande partie l'estime et l'amour pour la Compagnie; je n'ai jamais oublié tout ce qu'il m'en a dit, lorsque je n'avais que treize à quatorze ans. Ses paroles, profondément gravées dans mon cœur, ont servi beaucoup à me faire désirer le retour de la Compagnie, et surtout à m'y faire entrer aussitôt que je l'ai pu. »

(1) M. Desmarquest.

pouser sa sœur, Marie-Jeanne Demachy. De cette union naquit le prêtre vertueux dont nous publions la vie (1).

Louis reçut du Ciel un esprit pénétrant, une âme vive, ardente et impétueuse, un cœur aimant, en un mot une de ces natures d'élite sur lesquelles la grâce se plaît à travailler, et qui, bien dirigée, peut devenir capable des plus grandes choses. Aussi se fit-il remarquer de bonne heure entre tous les enfants de son âge par une intelligence précoce, et des dispositions à la piété qui semblaient faire présager ce qu'il serait un jour. Son caractère, il est vrai, naturellement bouillant et fier, l'emportait parfois au delà des bornes dans ses rapports avec ses camarades; mais la bonté de son cœur le ramenait bientôt à la raison; et lorsqu'il s'était laissé aller à quelques-unes de ces

(1) Le P. Sellier était l'aîné de trois sœurs, Pélagie, Blandine et Marie-Louise.

Pélagie, mariée à feu Pierre-François Gondallier, dont elle eut deux enfants, mourut la première.

Blandine épousa feu Casimir Olive, et fut mère de quatre enfants : elle est morte le 26 août 1857.

Marie-Louise eut de son mariage avec feu Charles Jourdain trois enfants; 1º Louis-François, né le 13 juin 1803, curé de Long depuis le 27 août 1828, et mort dans cette paroisse le 30 décembre 1845. Il a été inhumé dans la nouvelle église de Long, en témoignage de l'affection et du respect que lui ont voués ses paroissiens. 2º Amédée, qui cultiva les lettres, se livra à la carrière de l'enseignement, et composa divers opuscules, entre autres un poème latin estimé sur la commune d'Hangest sa patrie. 3º Achille, depuis cinq ans maire de la commune d'Hangest, où ses services administratifs sont appréciés par ses concitoyens.

saillies, il se hâtait d'en exprimer ses regrets par d'humbles excuses.

Comme il était l'aîné de la famille, et garçon unique, les domestiques, ainsi qu'il arrive ordinairement, le flattaient outre mesure. Ces flatteries eurent pour effet d'exalter son amour-propre naturel, et de le porter parfois à des écarts et à des vivacités que dans la suite il déplora amèrement. C'est surtout à ces fautes qu'il fait allusion, quand il écrit, avec un vif sentiment d'humilité et de repentir, qu'*avant l'âge de dix à douze ans, il était déjà un petit monstre d'orgueil* (1). Mais ses sœurs, qui eurent aussi à souffrir de la violence de son caractère, rendent en même temps témoignage aux efforts qu'il fit pour en modérer l'impétuosité. Elles nous apprennent encore que, dès l'âge de cinq ans, il les confessait sur un escalier, leur donnait de petites pénitences avec l'absolution, et préludait par ces jeux enfantins au ministère de miséricorde qu'il devait si longtemps exercer.

Vers l'âge de douze ans, Louis fut atteint d'une maladie fort grave qui le conduisit aux portes du tombeau. Il raconte lui-même qu'on le crut mort, et que, sans le secours de la sainte Vierge, à laquelle sa

(1) Retraite de 1824. Comme nous aurons occasion de citer fréquemment les écrits du P. Sellier, il n'est pas hors de propos de remarquer ici en passant et une fois pour toutes, que, quand il parle de lui-même, on aurait tort de prendre à la lettre les exagérations de son humilité. Les expressions semblent toujours lui manquer lorsqu'il rappelle ses défauts et ses fautes.

pieuse mère fit un vœu, il aurait infailliblement succombé. Cette maladie lui laissa dans l'œil droit une
tache qui servit, comme il le reconnut lui-même (1),
à l'exempter du service militaire en 1795, et qui fut
dans les desseins de Dieu un mémorial du bienfait
insigne dont il était redevable à la Mère de Dieu.

Les parents du jeune Louis ne tardèrent pas à reconnaître les heureuses dispositions de leur enfant,
et ne négligèrent rien de ce qui pouvait contribuer à
les développer. Il savait à peine lire qu'on lui fit
étudier les éléments du latin. Ils lui furent enseignés
à Hangest même par un maître de pension vertueux,
Étienne Dessay. Nous nous plaisons à nommer ici cet
homme estimable, pour lequel Louis conserva toute
sa vie la plus vive reconnaissance. « Quelle impression, écrit-il dans une de ses retraites (2), les instructions de ce saint homme ont faite sur mon cœur ! La
divine parole entrait jusque dans mon âme. » En 1783,
quand Louis eut appris suffisamment les premières
règles de la langue latine, il fut envoyé au collége
d'Amiens pour y suivre la classe de sixième. Ce collége, où s'étaient conservés à peu près toutes les
traditions et les usages qu'y avaient laissés quelques
années auparavant les Pères de la Compagnie de Jésus, comptait environ huit cents élèves. La direction
en était confiée en grande partie à des ecclésiastiques
pieux et instruits. Au milieu de cette nombreuse jeunesse, Louis se distingua constamment par un tra-

(1) Retraite de 1824.
(2) Retraite de 1808.

vail soutenu et par une grande exactitude à ses devoirs. « Il nous donnait à tous l'exemple de la piété
et de la subordination, écrit un de ses condisciples (1), que Dieu semble avoir conservé pour lui
rendre cet honorable témoignage, et il fut pendant
tout le cours de ses études un modèle de régularité,
de douceur et d'aménité envers ses camarades, pour
lesquels il conserva jusqu'à la fin de sa vie la plus
tendre affection. »

Louis suivait depuis peu de temps les cours du
collège d'Amiens, lorsqu'il fut admis à la première
communion. Ce grand acte de la vie chrétienne fit sur
son âme ardente une vive impression : il s'en acquitta
avec la plus édifiante piété. Il reconnaît lui-même les
grâces qu'il reçut de Dieu en approchant de la table
sainte. «Dans le temps que je fis ma première communion, écrit-il, quelle foi sincère le Seigneur m'a-
vait donnée pour l'auguste Sacrement de nos autels !
et dans mon année de rhétorique quel amour pour la
pureté ! Le bon Dieu avait gravé dans mon âme un
sentiment de pudeur naturelle, et m'inspira toujours
une vive horreur pour le vice. Il me faisait la grâce
d'éviter les mauvais discours. »

« Dans cette année de rhétorique, dit-il ailleurs,
il s'était opéré en moi un changement frappant. Jamais je n'avais mené une vie plus régulière. Je puis
dire que le bon Maître m'avait fait cette année-là des
grâces signalées. Il me semble que, si alors j'eusse

(1) Le vénérable M. de Rainneville.

trouvé quelque ordre religieux comme celui de la
Compagnie de Jésus, j'y serais entré. Mais je n'avais
pas de directeur, et la révolution allait éclore. D'ailleurs cette ferveur, faute d'être bien dirigée, se borna
à des pratiques de piété. »

Au reste, le prix de sagesse que mérita plusieurs
fois notre fervent écolier, et qui lui fut décerné par
les suffrages à peu près unanimes de ses condisciples,
est la preuve la moins équivoque de sa fidélité dans
l'accomplissement de ses devoirs, et des vertus dont
il donnait l'exemple.

Comme à de rares talents naturels et à une riche
imagination, Louis joignait une application assidue,
il obtint de brillants succès dans toutes ses classes,
et les solennités littéraires de la fin de l'année furent
pour lui l'occasion de nombreux triomphes. M. l'abbé
Godin, qui était agrégé à l'ancienne université de
Paris, et qui l'avait eu pour élève en rhétorique, se
plaisait quelques années plus tard à lire à ses élèves
des devoirs de Louis qu'il avait conservés et qu'il leur
proposait comme des modèles.

A la fin de cette année de rhétorique, il remporta
tous les premiers prix. On nous a transmis une circonstance intéressante de cette solennité. Louis, malade au moment de la distribution des prix, n'avait
pu y assister, ni recevoir par conséquent des mains
de l'intendant de la province et des supérieurs de
l'établissement les récompenses dues à son application. Celui qui présidait à la cérémonie conçut l'heureuse idée d'appeler sur le théâtre, à la place du

fils retenu par la maladie, son respectable père, et de le couronner publiquement, aux applaudissements d'une nombreuse assistance composée des personnages les plus distingués de la ville. Ce spectacle touchant charma l'assemblée, et l'impression fut d'autant plus vive, que l'on n'était pas sans inquiétudes sur l'issue de la maladie du jeune lauréat.

L'année suivante 1790 fut une année de disette. Louis en ressentit les effets, jusqu'à manquer plus d'une fois du nécessaire. Il se félicita dans la suite d'avoir été soumis à ces privations, qu'il envisageait comme un apprentissage de la vie apostolique.

Notre pieux jeune homme voyait approcher le terme de ses études, et touchait au moment de se déterminer sur le choix d'un état de vie. Préparé par une jeunesse aussi vertueuse, il n'hésita pas; et Dieu parlant de plus en plus à son cœur, il prit la résolution de se consacrer au service des autels dans l'état ecclésiastique. Mgr de Machault, évêque d'Amiens, lui conféra la tonsure cléricale le 24 mars 1790, dans la chapelle du palais épiscopal.

Avant que de terminer l'histoire de ces premières années de notre étudiant, rappelons une circonstance qui prouve avec quelle sollicitude Dieu veilla sur les jeunes ans de son futur apôtre. Nous en puisons le récit dans ses propres écrits. Voici ce qu'il raconte dans sa retraite du 7 août 1819, et les réflexions dont il accompagne son récit.

« J'ai eu l'imprudence d'assister, étant au collège, à une représentation indigne, dont les détails, par un

effet de la bonté suradorable de mon Dieu, ne m'ont
pas fait alors de trop mauvaises impressions... A propos de cette espèce de spectacle abominable, que je
ne puis me rappeler sans horreur (c'était une pa-
rade exécutée en pleine rue par des baladins), je
dirai que je ne crois pas qu'on puisse imaginer rien
de plus révoltant. J'y assistai fort innocemment, attiré seulement, ce me semble, par le plaisir d'y voir
des bouffonneries; et le Seigneur, qui dès lors me
destinait pour sa Compagnie, quoique je m'en fusse
déjà rendu si indigne, permit que je ne comprisse rien
à ces turpitudes. J'avais cependant quinze à seize
ans. O mon Dieu, ne prévoyiez-vous pas alors combien je devais être ingrat, colère, orgueilleux? C'était
donc une vipère que vous réchauffiez, que vous con-
serviez dans votre sein! Je ne parle pas de tant de
circonstances où vous m'avez sauvé la vie comme par
miracle, 1° à l'âge de onze à douze ans, étant déjà
coupable d'énormes péchés; 2° à l'âge de seize ans,
lorsque après une émeute excitée par la cherté du
blé, plusieurs personnes de mon pays furent tuées
par suite d'une décharge; 5° à l'âge de vingt-deux à
vingt-trois ans, lorsque, montant un cheval fougueux, je pensai être tué... Mais le plus éclatant de
vos miracles, ô le Dieu de mon âme, c'est de m'avoir
garanti de toutes ces monstruosités contre la sainte
vertu... Je me suis trouvé dans les compagnies les
plus dissolues, avec des jeunes gens qui ne rougis-
saient de rien; vous m'avez garanti comme la pru-
nelle de vos yeux, au point qu'à l'âge de vingt-cinq

ans, j'ignorais encore ce que tant d'enfants savent et font malheureusement à présent. Loin de m'en glorifier, j'écris ces lignes pour ma honte, et pour votre gloire, puisque vous avez tant fait pour un indigne comme moi, pour un être qui n'a su user de vos dons que contre vous. »

Dans un autre endroit il remercie le Seigneur de ce qu'il n'a pas permis qu'il allât aux théâtres publics : une seule fois il assista à un spectacle bourgeois. Aussi se montrait-il sévère à l'égard de ses sœurs, quand elles s'écartaient du droit chemin ; et l'une d'entre elles s'étant un jour permis d'aller à la danse, il l'en reprit sévèrement, et fut inexorable envers la danseuse.

Cette vie d'études avait duré pour le jeune Sellier cinq ans environ, lorsque la révolution, dispersant les professeurs et les élèves du collége d'Amiens, vint en 1790 le forcer à y renoncer. Louis suivait alors le cours de philosophie. Il acheva cette classe en particulier dans le sein de sa famille, où il retourna à l'âge de près de dix-sept ans et demi.

Ne sachant trop quelle profession embrasser, il prit le parti de se livrer à l'agriculture, et de seconder ses parents dans les travaux de la campagne. Il ne perdit cependant jamais le goût de ses études littéraires. Nous lui avons entendu raconter qu'au milieu même de ses occupations champêtres, la lecture des auteurs anciens faisait ses délices. Il travaillait aux champs son Cicéron ou son *Conciones* à la main, et de retour à la maison, il les relisait encore avec bonheur. Ces

goûts sérieux, en le préparant à la carrière de l'enseignement qu'il devait plus tard parcourir avec tant
de distinction, le préservèrent des vices qui accom-
pagnent le désœuvrement, et le disposèrent à répondre
à l'appel de la grâce, lorsqu'il se ferait entendre.
« Ce genre de vie, dit-il, avait fini par me plaire,
quoique j'y rencontrasse des amertumes de bien des
espèces. La situation de ma famille était gênée. Je ne
pouvais guère y remédier par mes faibles efforts. De
plus, le schisme régnait alors en France ; les bons
prêtres étaient exilés ou cachés : de là privation des
secours de la religion. Le bon Maître vint à mon aide
en cette circonstance. J'avais conçu une grande horreur du schisme. Jamais je ne communiquais avec
les prêtres intrus. C'était vous, Seigneur, qui m'aviez
donné ces sentiments de foi et d'attachement à l'É-
glise romaine. De plus, je ne prenais aucune part aux
divertissements de la jeunesse (1). »

CHAPITRE II.

Le P. Sellier commis au district d'Amiens. — Son obligeance,
son désintéressement et sa charité. — Il donne des leçons à
quelques élèves.

Cependant la révolution, dont les excès allaient
toujours croissant, ne permit pas au jeune Sellier de

(1) Retraite de 1846.

continuer sa vie champêtre au delà de trois ans. La guerre, qui éclata de toutes parts, rendit nécessaire une levée en masse de tous les jeunes gens depuis dix-huit jusqu'à vingt-cinq ans. Louis, alors âgé de dix-neuf ans, y était compris. Il quitta donc Hangest au mois d'octobre 1795, et se rendit à Amiens, pour suivre le régiment dans lequel il devait être incorporé. Mais la Providence, qui veillait sur lui avec une sollicitude toute maternelle, lui avait préparé par avance le moyen de se soustraire aux périls de la carrière militaire. C'était la tache qu'il avait conservée dans l'œil droit à la suite de la maladie dont il a été parlé plus haut. Grâce à cette infirmité et à la protection d'un nommé Hullin, notaire à Flixecourt, et l'un des administrateurs du district d'Amiens, il fut rayé du contrôle la veille du départ. Hullin prit même le jeune Louis sous sa protection, et lui offrit comme première épreuve de son savoir-faire un modeste emploi de commis. Louis ne crut pas devoir refuser un poste qui, en le dérobant aux tracasseries que ses opinions connues lui eussent peut-être attirées dans son pays natal, lui procurait l'occasion de se rendre utile à bien des familles.

Malgré la nouveauté d'une position si étrangère à ses habitudes, il ne tarda pas à y faire apprécier son mérite et son habileté. Bientôt il eut gagné la confiance de ses chefs; et on le mit à la tête d'un bureau militaire, où il ne cessa d'exercer la plus salutaire influence par l'autorité de ses talents et de sa probité. A une époque où les rapports avec l'administration publique devenaient parfois redoutables, il sut, sans manquer aux obligations de sa charge, se montrer plein d'égards pour les personnes qui traitaient avec lui.

On admira surtout son obligeance, son désintéressement et sa charité envers les pauvres. Sans parler des services nombreux qu'il s'estima toujours heureux de rendre à ceux que leurs affaires conduisaient à son bureau, et qu'il accueillait avec un empressement sans égal, sans parler d'un bon nombre de prêtres et de personnes de distinction qu'à cette époque de sang il préserva des persécutions révolutionnaires, il sut profiter de sa position pour sauver beaucoup d'objets qui servaient au culte. L'église des Prémontrés (1) avait été transformée en magasin, où l'on entassait pêle-mêle les dépouilles enlevées aux lieux saints: flambeaux, chandeliers, croix, statues, ornements, etc. Louis, pour favoriser quelques églises ou quelques prêtres cachés, acceptait souvent en échange et plaçait dans la balance de vieux métaux, et de vieilles ferrailles de peu de valeur. C'est ainsi qu'il enrichit la paroisse d'Hangest de précieux objets d'ornementation qui y figurent encore aujourd'hui; et cette paroisse regarde avec raison le P. Sellier comme un de ses insignes bienfaiteurs. Il se reprocha plus tard comme des crimes ces actes qui mériteraient plutôt des éloges, puisqu'en même temps qu'il

(1) Le couvent des Prémontrés était placé dans les bâtiments occupés aujourd'hui par le lycée impérial. L'église dont il est ici question a été détruite depuis la révolution.

arrachait ces objets à la rapacité sacrilége des démagogues, il les rendait au culte de Dieu auquel ils
étaient consacrés.

Les personnes auxquelles il avait eu le bonheur
de se rendre utile auraient désiré dans bien des circonstances lui témoigner leur gratitude. Mais on
connaissait l'élévation de ses sentiments. On savait
combien il était difficile de lui persuader d'accepter
directement le plus léger dédommagement en retour des services reçus. On usait donc d'adroits sub-
terfuges pour triompher de sa délicatesse. On dépo-
sait dans sa chambre, sur son bureau, sur sa table
de nuit, sur sa cheminée, de l'or, de l'argent, des
assignats qu'il était tout étonné d'y trouver, et qu'il
s'empressait de distribuer aux pauvres, sans en rien
conserver pour lui.

On nous a raconté plusieurs traits de ce genre qui
lui font le plus grand honneur.

MM. Dumesnil et Gamain, de la commune de Soues,
voisine d'Hangest, avaient reçu de lui un service signalé. Sommés de fournir des chevaux pour le service
de la République, ils eurent recours à Louis pour être
délivrés de cette corvée. Louis trouva le moyen de les
en exempter. Comme témoignage de reconnaissance,
ces Messieurs lui offrirent une bourse remplie d'or.
Il ne crut pas cette fois devoir la refuser; mais il en
distribua aussitôt le contenu aux pauvres de Soues
et d'Hangest.

Un habitant d'Hangest, nommé Charles Cauchy,
vint un jour avec sa mère solliciter quelques secours

de notre jeune commis : il ne réclama pas en vain la charité de son compatriote ; et à son retour celui-ci se fit un plaisir et un devoir de publier les preuves qu'il rapportait de la libéralité de son bienfaiteur.

Un autre, également habitant d'Hangest, avait obtenu par l'entremise de Louis que son fils appelé par la réquisition entrât à l'hôtel-Dieu pour y soigner sa santé : le jeune homme échappait ainsi à un prompt départ pour l'armée, exposée alors à de si périlleux combats. Cet homme voulut faire accepter à Louis quelque argent pour lui marquer sa gratitude. N'ayant pu y parvenir, il glissa dans la poche du commis un assignat d'une certaine valeur. Peu de temps après celui-ci trouva ce papier, et aussitôt il le donna à un pauvre qui lui demandait l'aumône.

Le fait suivant est encore plus remarquable. Il prouve la bonté de son cœur, et en même temps comment il savait pratiquer l'oubli des injures.

Bien qu'il eût accepté un emploi dans les bureaux du district pour se soustraire au service militaire, et se rendre utile à ses concitoyens, Louis détestait les principes de la révolution et les actes qui en étaient la suite. Nous l'avons entendu nous-même raconter qu'en apprenant l'horrible attentat commis le 21 janvier 1793 sur la personne du vertueux Louis XVI, il avait versé d'abondantes larmes, comme s'il eût appris la mort de ce qu'il avait de plus cher au monde. Or, un habitant d'Hangest, grand partisan des idées du jour, et qui connaissait les sentiments politiques de Louis, voulut le forcer de coopérer à l'érection de l'arbre de la liberté. Le jour même où l'on réalisait à Hangest cette farce insensée, il vint tout en colère trouver Louis, alors caché chez ses parents : il le saisit au collet, le menace, le somme de venir, en tirant la corde, contribuer pour sa part à la plantation de l'arbre si fécond en heureux fruits. Aucune résistance n'était possible. Il fallut obtempérer à cette injonction patriotique, et, comme les autres, faire au moins semblant de tirer la corde. Quelques années plus tard ce même homme, malgré son dévouement républicain, eut à subir les conséquences de la révolution : il se vit contraint de fournir à l'État l'impôt d'un cheval. Dans cette circonstance, il fut heureux de recourir au crédit de celui dont il avait si grossièrement blessé les affections. Sellier, oubliant l'injure qu'il avait reçue, s'employa si activement en sa faveur, qu'il parvint à le faire exempter de cette contribution.

Cependant Louis ne passait pas, comme il arrive trop souvent, dans l'inaction, le jeu ou les plaisirs, les heures que lui laissait le travail de son bureau. Il se rend à lui-même le témoignage qu'*il ne s'égara jamais dans les voies du libertinage, qu'une main invisible le préserva des vices honteux* (1). Après s'être fidèlement acquitté des devoirs que lui imposaient ses fonctions au district, il donnait des leçons particulières de littérature.

M. de La Tour d'Auvergne-Lauraguais, alors prêtre,

(1) Retraite de 1846.

et depuis évêque d'Arras et cardinal, avait trouvé asile pendant la révolution dans la famille Poujol, une des plus notables et des plus chrétiennes de la ville d'Amiens, et se livrait en secret aux fonctions du saint ministère : les lois révolutionnaires commandaient la plus grande prudence. M. Poujol était trop bon catholique pour ne pas se préoccuper des moyens de procurer une éducation religieuse à ses trois fils, âgés de onze à seize ans. M. de La Tour d'Auvergne, qui connaissait le jeune Sellier, l'indiqua à ses hôtes charitables pour leur rendre cet important service. « M. Sellier, écrit M. P. d'Acqueville, le seul des trois frères qui ait survécu, M. Sellier voulut bien nous consacrer une partie du temps que ses fonctions lui laissaient libre. Je n'ai pas de termes pour exprimer les soins, la patience et le zèle qu'il apportait à notre éducation morale et littéraire. Il semble que déjà il eût adopté pour règle de sa conduite cette devise : *Ad majorem Dei gloriam* (1). On en pourra juger par le désintéressement dont il fit preuve. Mon père, en réclamant les soins de M. Sellier, avait voulu, suivant l'usage, arrêter avec lui les conventions pécuniaires. N'ayant pu obtenir qu'il en fût ainsi, il se réserva de lui offrir de temps en temps quelques cadeaux d'objets à son usage. La difficulté se représenta, quand il s'agit de les lui faire accepter : combien de fois il arriva que ces objets étaient envoyés, renvoyés, puis envoyés de nouveau !

---

(1) Pour la plus grande gloire de Dieu.

« Ses leçons avaient lieu de bonne heure. Lorsqu'il donnait le matin son coup de sonnette, si parfois ses élèves ne répondaient pas tout de suite, et avaient quelque peine à s'arracher des bras du sommeil, sans se plaindre il allait faire une promenade d'un quart d'heure; après quoi il revenait comme s'il ne se fût pas déjà présenté.

« Si mes frères et moi avons eu le bonheur de conserver nos principes religieux, nous le devons à la sollicitude de nos bons parents; mais surtout aux leçons et aux exemples de M. Sellier. Sa vie en effet était exemplaire. »

Le service qu'il rendit à la famille de M. Poujol, il le rendit à peu près dans le même temps à la famille de M. de Septenville, qui lui en a gardé un souvenir reconnaissant. Ainsi Dieu continuait-il à préparer Louis, sans qu'il s'en doutât, à l'enseignement des belles-lettres, auquel il devait se livrer plus tard par vocation et par état.

Ce fut pendant le cours de sa carrière administrative qu'en 1795 Louis perdit sa mère. Un peu plus tard Dieu lui enleva son respectable père, qui vint mourir à Amiens à la suite d'une longue infirmité. L'un et l'autre eurent la consolation, trop rare dans ces temps désastreux, de recevoir les secours de la religion.

CHAPITRE III.

Le P. Sellier revient à la pratique des devoirs religieux. — Association avec M. Bicheron, puis avec M. Corbie.

Malgré l'estime dont il jouissait auprès des gens de bien dans un poste si délicat, et les services sans nombre qu'il aimait à rendre, Louis, ferme croyant, ayant en horreur le schisme et l'impiété, vivait éloigné des pratiques de la religion. « Mon plus grand mal, écrit-il lui-même, c'était de ne pas fréquenter les sacrements. J'essayai une fois ou deux d'aller à confesse. Alors les bons prêtres étaient enfermés ou cachés. J'aurais pu cependant trouver le moyen de me confesser, si j'avais été plus hardi, plus empressé pour mon salut; mais j'étais comme engourdi. D'une part la difficulté, de l'autre la crainte de mal faire ma confession, tout cela me retenait. Hélas! si j'étais mort à cette époque, que serais-je devenu? Les yeux du Seigneur étaient encore sur moi (1). »

Ailleurs, se rappelant dans l'amertume de son cœur ces années, qu'il nommait les années de ses égarements, il s'écrie :

« Hélas! combien d'œuvres coupables, surtout dans le temps où j'étais dans ces administrations

(1) Retraite de 1846.

toutes vouées au mal! Puis-je me rappeler ces années sans gémir et même sans frémir?... Je ne commettais pas, il est vrai, de profanations sacriléges, en mutilant les images et les statues des saints, même celle de mon Sauveur en croix, en les livrant aux flammes, en mettant en vente et souvent en pièces les ornements d'église, en faisant servir à des usages profanes les vases sacrés, etc.; mais je vivais avec ceux qui se rendaient coupables de toutes ces horreurs; je faisais plus, je coopérais à leurs fonctions, à leurs actes administratifs, à leurs proclamations républicaines... Puis-je trop déplorer ces jours d'abominations? Il est écrit au premier Psaume de David : *Beatus vir qui non abiit in consilio impiorum, et in via peccatorum non stetit, et in cathedra pestilentiæ non sedit* (1) : Je ne me suis pas assis dans la chaire de pestilence, *in cathedra pestilentiæ non sedi;* mais *abii in consilio impiorum*, je me suis trouvé dans le conseil des impies, j'ai assisté à leurs délibérations, j'ai pris part à leurs résolutions administratives, j'ai même servi de secrétaire lorsqu'on a enlevé les ornements du collége, lesquels provenaient probablement de nos Pères. Ils étaient déposés dans une des salles de cet ancien collége... Cette salle était celle de la congrégation des bourgeois de la ville... Combien cet acte me répugnait! Je l'ai accompli néanmoins, et je suis resté quatre ans dans ces fonctions; je puis donc

---

(1) Heureux l'homme qui n'est pas entré dans le conseil des impies, qui ne s'est pas arrêté dans la voie des pécheurs, et qui ne s'est point assis dans la chaire de pestilence. (Ps. 1, 1.)

ajouter : *Et in via peccatorum steti.* C'est un vrai malheur pour moi (1). »

Le moment approchait où devaient se briser les
liens qui attachaient au monde notre chef de bureau. Dans le courant d'octobre ou de novembre 1797,
il fut, avec seize autres employés, congédié du dé-
partement, aujourd'hui la préfecture. Cet événement, dont nous ignorons la cause, était préparé par
la divine Providence pour l'accomplissement de ses
desseins sur son serviteur. Il conçut le projet de s'as-
socier avec M. Bicheron (2), ecclésiastique vénérable
du diocèse de Soissons, que la révolution avait conduit à Amiens, et qui venait de terminer l'éducation
de M. le marquis de Clermont-Tonnerre. Ils établirent
de concert un petit pensionnat composé de jeunes
gens choisis. Louis comprit dès lors la nécessité de
mettre sa conduite en harmonie avec ses principes et
de se réconcilier avec Dieu. Le 17 janvier 1798, fête
de saint Antoine, l'un de ses patrons, il eut le bonheur de participer à la table sainte.

Écoutons maintenant notre nouveau converti, s'il
est permis de lui donner ce nom, raconter lui-même
l'histoire de ses égarements et de son retour à Dieu
sous l'emblème du bon pasteur courant après la brebis égarée. Voici ce que nous lisons dans le journal de
sa retraite de 1842 : on nous pardonnera la longueur

(1) Retraite de 1841.
(2) Antoine-Joseph Bicheron, mort curé de Saint-Remi à
Amiens, le 19 mars 1824, et prédécesseur immédiat de M. Lé-
raillé, aujourd'hui doyen de cette paroisse.

de la citation en faveur des charmes que sa riche imagination et son cœur sensible ont su répandre dans
cette touchante allégorie :

« 1° Cette pauvre brebis s'est égarée en s'éloignant
du troupeau : elle s'est arrêtée à une fleur, à une
plante qui lui a paru agréable au goût. Le pasteur l'a
rappelée; les chiens ont aboyé : elle n'a fait nulle
attention à tous ces avertissements. Le plaisir qu'elle
trouvait à savourer cette touffe d'herbe l'avait rendue
insensible. Hélas! qu'est-ce qui nous éloigne de Dieu?
Les vaines délices de la vie, et souvent les satisfactions charnelles. On veut contenter cette chair de
péché, une vile créature... La conscience parle; les
saintes Écritures disent : *Non licet...* On n'écoute
rien... On se contente de répondre : Pourquoi ces
inquiétudes sur mon compte? Je sais ce que j'ai à
faire. Je n'ai pas envie de me perdre : est-il défendu
de goûter quelques satisfactions honnêtes? Si je
voyais du danger, certes je ne voudrais pas m'y exposer. Je connais les règles; et là-dessus on se rassure; on continue : l'affection est formée....

« 2° La brebis s'égare... Le pasteur a quitté le
pâturage... Il est parti. La brebis qui s'est délectée
à sa pâture n'a pas même fait attention au départ du
troupeau... Où est-il? Elle n'en sait rien. La nuit
approche... Les ténèbres couvrent la terre... Plus elle
avance, plus elle s'égare... Elle gravit les montagnes,
tombe dans les précipices, s'engage dans les bois épineux, sa toison y reste en partie... Elle veut se reposer; elle ne rencontre que des roches toutes nues ou

des reptiles venimeux : heureuse de n'être pas rencontrée par des animaux carnassiers !

« 5° Le pasteur s'aperçoit qu'elle a disparu du nombre de ses ouailles... Il s'inquiète. Avant que le soleil ait commencé d'éclairer la terre, le voilà qui se met en devoir de la chercher... Il l'appelle; il monte sur les hauteurs, descend dans les fondrières; il s'enfonce dans les bois. Il ne la découvre pas. Enfin il entend ses bêlements... Quelle joie dans son cœur! Il l'appelle de nouveau, mais d'une voix toute d'affection et de tendresse... La pauvre brebis redouble ses cris... Il la trouve enfin... En quel état?... Sans forces, étendue par terre, blessée, meurtrie, à moitié écorchée... A cette vue, il ne peut retenir ses larmes... Pas de reproches. Ah! loin de la maltraiter, il la soulève, et la prend sur ses épaules... Il oublie ses propres fatigues; il la rapporte plein de joie... Il compte pour rien tout ce qu'il lui en a coûté de peines, de sueurs. Il n'est sensible qu'au bonheur d'avoir retrouvé sa pauvre brebis... Est-ce là le cœur de mon Jésus à l'égard du pécheur qui revient à lui, ou plutôt du pécheur que la grâce ramène au bercail? Qui peut en douter? C'est lui-même qui s'est peint sous ces traits : *Ego sum pastor bonus; bonus pastor animam suam dat pro ovibus suis* (1).

« 4° Que fait-il après l'avoir ainsi rapportée? Il panse ses plaies... Il la fait reposer; il ne l'oblige pas à aller comme les autres brouter l'herbe des champs.

(1) Je suis le bon pasteur : le bon pasteur donne sa vie pour ses brebis (Joan., 10.)

Non, il apporte lui-même la nourriture dont elle a
besoin. Il choisit la plus délicate, partage avec elle
le pain destiné à son propre repas : il la fait boire
dans son calice. O amour! ô charité! Voilà comme
vous en avez agi envers moi, envers cet ingrat,
ce blasphémateur, ce monstre d'orgueil, quand je
suis revenu à vous en 1798... Comment m'avez-vous
traité, ô Dieu d'amour? Pendant plus d'un an, vous
m'avez inondé de délices spirituelles, comme si j'avais
été le plus fidèle, le plus généreux de vos serviteurs...
Vous dissimuliez mes iniquités; vous épanchiez toutes
vos caresses sur un être dont la place était au fond
des abîmes, sous les pieds de Lucifer... Dans mes
communions, c'était une source de douceurs accompagnées de larmes de dévotion, larmes si déli-
cieuses... O Dieu bon! souverainement bon! voilà
comme vous traitiez un esclave révolté que vous-
même aviez été chercher : car quelle providence a
ménagé les événements qui ont déterminé mon retour? Qui m'a fait rencontrer ce charitable ecclésiastique, instrument de vos infinies miséricordes? Vous
seul, ô mon Sauveur. Et je ne vous aimerais pas!
Quid ultra facere potuisti, et non fecisti (1)? Et ce
qu'il y a de plus touchant, c'est que vous ne m'avez
pas fait sentir alors combien je vous avais outragé
par mes blasphèmes horribles. Ce n'a été que par la
suite, avec une suavité plus merveilleuse encore que
toutes ces voies de miséricorde, que vous m'avez

_____

(1) Qu'avez-vous pu faire de plus que vous n'ayez fait?

fait sentir petit à petit l'énormité de ces outrages impardonnables envers votre Majesté suradorable... J'aurais dû mourir de regret et de reconnaissance. Ce n'est pas tout... Puis-je oublier cette attention non moins admirable, non moins digne d'une éternelle gratitude, avec laquelle vous m'avez gardé au milieu des dangers qui n'ont cessé de m'environner lorsque j'étais engagé dans le siècle, quoique je ne fréquentasse pas les sacrements? Quelle main m'a défendu contre cet écueil? La vôtre, ô divin Rédempteur... O faveur toute divine accordée dans un temps où mon orgueil méritait d'être puni! Marie, puis-je méconnaître votre intercession? Vous vous étiez chargée de moi... Vous me réserviez pour la Compagnie de votre Fils, pour le sacerdoce... Encore une fois achevez votre œuvre. »

Voilà donc notre commis au district entré dans une voie nouvelle. Il ne cessera plus d'y marcher, d'y avancer chaque jour jusqu'à ce qu'il soit parvenu au terme que les desseins de Dieu avaient marqué.

Le pensionnat qu'il avait formé avec M. Bicheron ne fut composé d'abord que de cinq élèves : M. Albert de Brache, qui n'existe plus, MM. Hippolyte et Théodore de Rumigny, M. Adrien de Calonne et M. Isidore Daveluy. Le nom seul de ces messieurs était une garantie suffisante de l'esprit qui animait leurs directeurs, et inspira une entière confiance aux parents d'autres jeunes gens. Un certain nombre de familles distinguées étaient venues, pendant les orages de la révolution, chercher un asile à Amiens,

dont le séjour, vu le caractère de ses habitants, leur
offrait quelque sécurité. Elles se trouvèrent heureuses de pouvoir confier leurs enfants à des maîtres
dont les principes religieux étaient connus. M. d'Aster
de Grammont, fils et frère des dames de Grammont
qui se consacrèrent à Dieu dans la société des religieuses du Sacré-Cœur, MM. d'Harcourt, de Choi-
seul d'Aillecourt, de Machault, neveu de l'ancien
évêque d'Amiens, de Franqueville d'Abancourt et
beaucoup d'autres vinrent augmenter le nombre des
pensionnaires. Louis enseignait les humanités et les
mathématiques à cette jeunesse choisie ; il le faisait
toujours, dit M. Daveluy, d'une manière intéressante,
sachant entretenir une vive émulation parmi ses
élèves. « Il avait, ajoute-t-il, une mémoire prodi-
gieuse. Il apportait, pour faire ses explications, un
Virgile du P. La Rue *ad usum Delphini*. Il lui arrivait
quelquefois, par oubli ou pour toute autre cause,
de venir en classe sans son auteur. Il nous demandait alors où s'était arrêtée l'explication précédente;
à l'instant il expliquait de mémoire, et bien rarement
nous avions besoin de le remettre sur la voie. »

Louis passa environ trois ans en société avec M. Bicheron; et ce temps écoulé, vers les fêtes de Pâques
1799, il s'unit avec M. Corbie (1) pour former un
pensionnat particulier, différent de celui de M. Bicheron, qui fut transféré dans la maison des douze
pairs de France, devenue depuis l'hospice des incu-

(1) Laïque respectable, bien connu à Amiens, et qui a consacré une partie de sa vie à l'éducation de la jeunesse.

rables. MM. Corbie et Sellier établirent leur pensionnat dans les bâtiments occupés avant la révolution
par les Pères de l'Oratoire (1). Nous ignorons les
motifs qui engagèrent Louis à rompre son association
avec M. Bicheron, pour en contracter une nouvelle
avec M. Corbie. Nous savons seulement que dans cette
affaire il n'agit pas sans conseil; et il a remarqué
lui-même que le jour où il alla à Béthencourt consulter l'abbé, depuis le P. Thomas (2), de la Compagnie
de Jésus, était précisément le 14 janvier, fête du
saint Nom de Jésus, et que ce fut le 2 février, fête
de la Purification de la sainte Vierge, qu'il s'aboucha
avec M. Corbie pour la location de la maison de l'O-
ratoire. Sans prétendre scruter ici les desseins secrets
de Dieu, n'est-il pas permis de reconnaître dans ces
incidents une disposition spéciale de la Providence
qui, sous les auspices de Jésus et de Marie, préparait ainsi les voies à l'introduction des Pères de la
Foi, et plus tard de la Compagnie de Jésus dans la
ville d'Amiens, introduction à laquelle Louis devait
avoir une si large part.

(1) C'est la maison où se sont fixées plus tard les Dames du
Sacré-Cœur.
(2) *Vie du P. Joseph Varin, de la Compagnie de Jésus,* p. 91.
Vᵉ Poussielgue-Rusand.

CHAPITRE IV.

Pensées de vie religieuse. — Vocation à la Société des Pères de la Foi. — Première retraite à Paris.

En même temps que Louis travaillait avec zèle à l'éducation religieuse et littéraire des jeunes gens confiés à ses soins et à ceux de ses collaborateurs, l'esprit de piété croissait et se fortifiait en lui. Les sacrements que depuis son retour à Dieu il avait fréquentés d'abord de mois en mois, puis de quinze en quinze jours, et enfin de huit en huit jours, l'affermissaient de plus en plus dans la pratique de la vertu. La prière faisait ses délices; et souvent des larmes abondantes coulaient de ses yeux dans son action de grâces après la communion ou dans ses communications avec Dieu.

Ce fut alors aussi que la grâce lui fit entendre un appel plus prononcé vers la Compagnie de Jésus. Dès sa première jeunesse il avait ressenti de l'attrait pour cette société religieuse, qu'il ne connaissait que bien imparfaitement. Les éloges donnés en sa présence à l'institut de saint Ignace, ses entretiens avec le vénérable M. Demachy, son oncle, qui conservait le plus doux souvenir de ses années d'études sous la conduite des Pères de la Compagnie de Jésus, avaient inspiré à Louis la plus haute estime pour les enfants de saint Ignace. Il lui arrivait souvent de se dire à lui-même, ainsi qu'il l'a raconté depuis : « Je n'ai pas beaucoup de goût pour la vie religieuse telle que je la vois pratiquée dans un trop grand nombre de communautés ; mais si jamais la Compagnie de Jésus se rétablit, mon bonheur serait d'en faire partie. » Quand il formait ce vœu, il le regardait comme une chimère dont l'exécution ne lui paraissait pas devoir se réaliser, la Compagnie étant alors anéantie. Il n'avait de rapports avec aucun des anciens Jésuites, si ce n'est avec le P. Triboulet, qui donnait de temps en temps des retraites aux élèves du collége d'Amiens. Le zèle de cet homme apostolique augmentait encore l'estime de Louis pour le corps auquel il avait appartenu. Mais il le voyait exerçant le saint ministère comme les autres ecclésiastiques de la ville, et sa position n'offrait rien qui pût justifier l'espoir du rétablissement d'un ordre religieux contre lequel s'élevaient tant d'injustes préventions.

Toutefois, dans le courant de l'année 1799, Louis entendit parler d'une association qui s'était formée en Allemagne sous le nom de Sacré-Cœur de Jésus (1), laquelle avait pour fin de faire revivre l'institut de saint Ignace. Il sentit alors se réveiller tous les désirs de sa première jeunesse. La grâce parla de plus en plus à son cœur. Nous en trouvons un témoignage dans un de ses écrits du 8 juillet 1799, où, à propos du saint Nom de Jésus, il se rend compte à lui-même des sentiments qu'une vocation possible à la Compa-

---

(1) *Vie du P. J. Varin, de la Compagnie de Jésus,* chap. 3, p. 8 et suiv.

gnie excitait en lui. « Nom de Jésus, s'écrie-t-il, nom au-dessus de tout nom, nom puissant, qui fait trembler l'enfer; nom qui fait fléchir tout genou de gré ou de force. Malheur à moi, si j'attendais dans l'autre monde à en reconnaître la puissance! Nom efficace, qui a renversé les idoles, terrassé les démons, vaincu les tyrans, qui a fait triompher des vierges timides, de petits enfants; nom qu'on n'a jamais invoqué en vain, qui est l'asile des pécheurs, la consolation des justes, la force des faibles; nom qui sera un jour révéré dans tout l'univers. Ah! puissé-je être du nombre de ceux qui coopéreront à ce grand œuvre! Elles existent encore ces congrégations que l'impiété avait voulu éteindre, ces congrégations vouées au nom de Jésus. Dans le moment où l'empire de l'Antechrist expire, la main puissante de Dieu semble vouloir ressusciter les Jésuites. Que je serais heureux si la Providence m'appelait dans cet institut! Dès ce moment je consacre au nom de Jésus tout ce que j'ai reçu de dons du ciel, tout ce que j'ai de forces et de facultés pour être employés à la gloire de ce nom de Jésus, que je voudrais voir connu et aimé par tous les hommes. »

Un an environ après le jour où Louis traçait ces lignes, le 10 octobre 1800, jour où l'Église célèbre la fête de saint François de Borgia, la Providence fit tomber entre ses mains un écrit contenant le récit de la conversion de Paccanari, du projet qu'il avait formé de travailler au rétablissement de la Compagnie de Jésus sous le nom de la Foi de Jésus, des encourage-

ments et des faveurs particulières qu'il avait reçues
du pape Pie VI, et du désir que ce pontife avait ex-
primé de voir cette société se réunir avec celle du
Sacré-Cœur de Jésus, réunion opérée depuis le 18
avril 1799 (1). La lecture de cet écrit fit sur Louis une
impression profonde, et enflamma de plus en plus
ses désirs. C'est sous le coup de cette impression que
trois jours après, encore tout plein des souvenirs
du récit qu'il avait lu, il écrivit ces paroles remarquables : « O mon Dieu, serait-ce donc là ceux que
vous destinez à régénérer le monde? Tout semble le
faire croire. Dans l'institution et les progrès de cette
société, on ne peut s'empêcher de reconnaître le doigt
de Dieu. Que j'aime à me persuader que ces hommes
vont être les nouveaux apôtres que vous préparez à
la France, à tout l'univers!

« J'ai toujours aimé les Jésuites. O Jésus, il suffît
qu'ils portent votre adorable nom. Dans mes moments
de ferveur, il m'est arrivé de ne vouloir me consacrer
qu'à ce divin nom. Nom de Jésus, nom d'amour,
nom de paix, nom de bonté! Ah! si vous vouliez
agréer mes services, si vous me destiniez à être utile
aux autres, je vous demande à entrer dans un ordre
qui portera votre nom, qui aura votre esprit. Je ne
suis pas venu pour perdre, mais pour sauver. Ah!
que je serais heureux si j'étais un jour du nombre
de ceux qui n'auront d'autre maxime que celle-ci :
Tout à Jésus, tout pour Jésus, tout avec Jésus, mon

(1) *Vie du P. J. Varin*, chap. 8, p. 48 et suiv.

adorable, mon aimable Maître. Voilà ma devise!
Quand je considère ce que je suis, je reconnais que
je ne suis pas digne d'une aussi grande faveur. J'ai
mille défauts, malgré tant de bienfaits, tant de grâces
extraordinaires; et je n'ai point acquis de bonnes qualités, après tant de communions, après tant de faveurs
incompréhensibles. »

L'année suivante, Louis eut la consolation d'ap-
prendre qu'une colonie des Pères de la Foi était
arrivée à Paris sous la conduite du P. Varin (1); et
s'employait avec un zèle et des succès merveilleux au
salut des âmes, soit dans l'exercice du saint ministère, soit dans l'éducation de la jeunesse. Cette nouvelle le combla de joie, et vint le confirmer dans les
sentiments que Dieu lui avait précédemment inspirés. Il se hâta donc d'offrir aux Pères l'établissement
qu'il dirigeait conjointement avec M. Corbie. Sa demande ne fut pas repoussée. Au mois de juin 1801
le P. Varin se rendit à Amiens pour traiter cette
affaire, et il fut convenu qu'au mois d'octobre suivant la maison serait remise entre les mains des
Pères de la Foi. « Ç'a été, écrivait le P. Sellier (journal de 1825), ç'a été le lundi de la Pentecôte, jour
où saint Ignace fut blessé au siége de Pampelune,
que cet envoyé du ciel (puis-je lui donner un autre
nom?) me dit ces paroles à l'Oratoire en m'embras-
sant : *Dès ce jour, je vous compte pour un des
Nôtres.* » Malgré la satisfaction que fit éprouver

(1) *Vie du P. J. Varin*, chap. 10, p. 61.

à Louis une faveur qu'il avait si vivement désirée,
au moment d'accomplir le sacrifice, la nature, ainsi
qu'il arrive quelquefois, réclama ses droits. Comment,
se disait-il, quitter une position qui ne manquait
pas d'agréments? Sans vouloir précisément reculer
eu arrière, il pria le P. Varin de s'en rapporter,
quant à sa vocation, à la décision du P. Thomas,
qui était alors retiré à la campagne avec Mlle Blin de
Bourdon et la Mère Julie, fondatrice de la congrégation de Notre-Dame (1). Le P. Varin y consentit,
fit à pied le voyage de Saint-Ouen, petite bourgade
située à vingt-quatre kilomètres environ d'Amiens,
et à son retour il admit définitivement Louis dans la
Société de la Foi. Celui-ci n'en continua pas moins de
remplir jusqu'à la fin de l'année les fonctions dont il
était chargé dans le pensionnat de l'Oratoire, et ce
fut lui qui prononça le discours avant la distribution
des prix.

Au commencement de septembre, le P. Varin, qui
avait fait un voyage à Amiens pour régler quelques
affaires relatives au pensionnat, ramena Louis à
Paris pour lui donner, ainsi qu'à plusieurs autres
Pères, les Exercices spirituels de saint Ignace. Louis
nous a transmis une circonstance dont il fut vivement touché. La petite communauté des Pères, qui
habitait la rue de Tournon, n'était pas riche, tant
s'en faut. Notre postulant, peu accoutumé à une manière de vivre aussi pauvre, s'y habitua cependant

(1) *Vie du P. J. Varin,* chap. 10, p. 93.

- 59 -

au bout de quelques jours. Quant au logement, on avait pu le caser passablement. Le P. Varin lui avait assigné une chambre où l'on ne voyait rien d'élégant, mais qui renfermait au moins le nécessaire. Le lendemain matin, il alla rendre une visite au P. Varin. Quel ne fut pas son étonnement quand il trouva son supérieur dans un réduit obscur, sous la tuile, à côté d'un pauvre grabat, sans draps ni matelas, garni seulement d'une paillasse et d'une simple couverture de laine!

Le spectacle de cette charité, et d'une pauvreté si absolue dans un supérieur, fit sur notre retraitant une impression qu'il n'oublia jamais, et dont il parlait encore avec admiration à l'âge de près de quatre-vingts ans. Cette leçon muette le prépara merveilleusement à la retraite, qui n'eut lieu cependant que quinze jours plus tard.

Il est facile de conjecturer avec quel fruit le fervent postulant se livra à ces saints exercices. C'était son premier pas dans la carrière de la vie religieuse. Il y marcha depuis avec une ardeur toujours renaissante, et ne cessa d'y faire chaque jour de nouveaux progrès.

Nous avons entre les mains le journal de cette retraite, comme de toutes celles qu'il fit dans la suite. Nous nous contenterons d'en donner quelques extraits. Voici comment il s'exprime en parlant de l'humilité :

« O amour-propre, jusqu'à quand vivras-tu dans mon cœur? Mon Dieu, j'ai beau réfléchir sur ce qui se passe en moi à l'égard de ce vice odieux : je ne l'effleure même pas. Vous seul connaissez toute la

profondeur de ce cloaque, de ce bourbier, de cette
fange. Faites-m'en découvrir encore quelque partie,
afin que j'apprenne à ne plus vouloir être compté
que pour rien, à désirer d'être foulé aux pieds,
d'être traîné dans les ruisseaux, comme un animal
mort. » Puis il continue : « Quelle est l'humilité qui
convient 1° à un disciple d'un Dieu anéanti dans
l'Incarnation ; 2° à un pauvre, à un misérable, à un
pécheur? Vous seul, ô mon Dieu, pouvez m'éclairer
là-dessus. Le mystère de votre Incarnation me présente l'idée de ce que vous devez attendre de moi.
Qui est descendu de plus haut que le Verbe? Qui
s'est abaissé plus bas qu'il ne l'a fait en se revêtant
de notre chair? O mon Dieu, votre abaissement, ou
plutôt votre anéantissement, réunit ici deux infinis :
infini en néant ; vous avez pris cette nature humaine
qui, chargée de péchés, est plus vile que la chair des
plus vils animaux, et qui, sous ce rapport de péché,
est au-dessous du néant, puisque le néant ne déplaît
point à Dieu. Infini par l'endroit d'où vous descendez :
In principio erat Verbum (1), etc... On pourrait donc
appeler ce mystère le double mystère de l'anéantissement. Ce qui convient à un de vos disciples, c'est
donc de chercher à chaque instant un nouveau moyen
de s'anéantir; et quand il s'anéantirait pendant l'é-
ternité, il devrait toujours dire : Ce n'est pas encore
assez ; je n'y suis pas encore; et je ne parviendrai
jamais, ô mon Dieu, à me mettre au point où je

(1) Au commencement était le Verbe, etc.

devrais être pour conserver entre vous et moi une
proportion convenable... Ainsi abaissons-nous, abaissons-nous sans cesse; mettons-nous dans la boue,
abaissons-nous sans mesure, sans fin, et disons toujours : Ce n'est pas encore assez...

« Que puis-je faire à l'avenir pour pratiquer l'humilité? 1° A l'égard de Dieu; je me regarderai toujours
comme l'être le plus misérable qu'il y ait en ce monde.
Je lui dirai chaque jour, et le plus souvent que je
pourrai : Seigneur, faites que je vous connaisse, et que
je me connaisse. *Domine, noverim te, noverim me.*

« 2° Je couperai dans sa racine tout sentiment de
vanité, de complaisance, qui pourrait s'élever au
dedans de moi-même, en m'imposant quelque pénitence que j'effectuerai sur-le-champ, si je le puis; et
je m'habituerai, avec la grâce de Dieu, à des actes
d'humilité. Que je serais heureux si je pouvais devenir insensiblement capable d'endurer des affronts,
des humiliations!

« 5° S'il m'arrivait d'offenser quelqu'un, j'en demanderais pardon aussitôt à Dieu, et j'irais ensuite
faire mes excuses, tâchant d'employer la posture la
plus humble.

« Mais comme je ne puis exécuter toutes ces résolutions sans de grands secours du Ciel, je demanderai particulièrement cette vertu dans mes prières
au Dieu humble, par l'entremise de la plus humble
de ses créatures. »

Plus loin, il exprime ses sentiments sur la pauvreté religieuse qu'il allait embrasser.

« Comment Jésus-Christ notre Maître, notre Sauveur et notre Roi, a-t-il embrassé, aimé et pratiqué la pauvreté, et jusqu'où ? »

Que l'on suive Jésus-Christ depuis sa naissance jusqu'à sa mort, on verra qu'il pousse la pratique de la pauvreté jusqu'à ses dernières limites. Sa pauvreté eut trois caractères : elle fut extrême, constante et volontaire.

Pauvreté extrême : Il naquit dans une crèche, sur la paille, ayant à peine pour se couvrir de misérables lambeaux. Non, non, mon Maître, vous ne pouviez pas naître dans un dénûment plus absolu.

Pauvreté constante : Tel il fut dans la crèche, tel il fut toute sa vie. Une chaumière fut le réduit du Maître de l'univers. Jusqu'à l'âge de trente ans, il ne vécut que du travail de ses mains. Un Dieu occupé à des travaux mécaniques ; un Dieu recevant un salaire de ses créatures, quel mystère ! Durant sa mission, il ne vivait que d'aumônes. Il aurait pu se dispenser des besoins de la vie ; mais il aima mieux les supporter, et ne devoir son existence qu'à la charité des fidèles. Un Dieu demander l'aumône, un Dieu recevoir l'aumône de ses créatures, et souvent ces créatures la lui refuser, quel mystère !

Pauvreté volontaire : Il était le maître de tout ce qui existe ; rien de ce qui a été fait n'a été fait sans lui. Il n'avait qu'à le vouloir, et toutes les créatures inanimées se seraient empressées à lui servir tout en abondance ; il fallait qu'il les retînt dans une espèce de captivité pour qu'elles le laissassent manquer du plus absolu nécessaire; comme de fait cela est arrivé. Ainsi la pauvreté fut votre compagne fidèle, ô mon Sauveur, ô mon Dieu! Vous n'eûtes jamais rien de commun avec les richesses : votre premier sermon fut pour les anathématiser, comme votre première entrée dans le monde les avait déjà proscrites. Vous eûtes une mère pauvre, des disciples pauvres; quand vous parliez des pauvres, quand vous vous intéressiez en leur faveur, vous les proclamiez d'autres vous-mêmes. Leur cause devra être la vôtre; c'est ainsi que vous la traitez, et que vous nous assurez que vous la ferez valoir au jugement dernier. Votre conduite même prouve toujours le mépris ou plutôt l'horreur que vous eûtes pour les richesses. Vous êtes le Dieu de la chasteté; cependant vous vous laissiez approcher des personnes dont le commerce est toujours dangereux; vous conversiez avec la Samaritaine; Madeleine embrassa vos pieds chez Simon. Vous êtes aussi le Dieu de l'humilité; cependant vous avez souffert qu'on vous introduisit en triomphe dans la ville de Jérusalem, et que les enfants criassent Hosanna : salut et gloire au plus haut des cieux. Mais pour les richesses, on ne remarque nulle part dans l'Évangile que vous les ayez jamais touchées. Au contraire, c'était Judas qui portait les aumônes, et vous avez mieux aimé faire un miracle que d'avoir avec vous de quoi payer le tribut pour vous et pour Pierre. O mon Sauveur, ô mon modèle, inspirez-moi ce détachement parfait. Jusqu'ici j'ai estimé les richesses, j'ai aimé l'aisance, je n'ai pas encore

pu me réjouir de ne posséder rien, j'ai toujours
cherché à me ménager quelque chose. Il faut maintenant que je préfère les pauvres comme les amis
de mon Dieu, que je ne possède plus rien, que je
ne tienne plus à rien. Ah! quand viendra le jour où
j'aurai assez de courage et d'humilité pour vivre
d'aumônes, et mendier de porte en porte! »

A la suite de la méditation sur le bonheur des
saints dans le ciel, il laisse échapper un de ces élans
d'amour de Dieu où son âme ardente se peint tout
entière. Je ne sais si l'on trouve rien de plus brûlant
dans les *Exclamations* de sainte Térèse : « Vous
aimer, ô mon Jésus; me perdre, m'abîmer dans
votre amour, voilà tout ce que je veux, voilà tout ce
que je vous demande. Il me semble que pour moi-
même, pour mon propre bonheur je ne ferais jamais
de grands efforts; je ne suis pas en état d'endurer de
grands travaux, de grandes fatigues pour arriver à
ma propre félicité. Mais pour plaire à mon Jésus,
pour lui prouver que je l'aime, je me sens disposé à
faire tout ce qui dépendra de moi. Dites seulement à
mon cœur cette parole, ô mon Sauveur, ô mon tout:
*Tiens, fais cela, je le demande par l'amour que je te
porte.* Si je me connais bien, il me semble que je ne
pourrai jamais résister à un tel langage. Mais, ô mon
Jésus, que je suis hardi! Est-ce à moi à vous tracer
des lois? Est-ce à moi à vous dicter ce que vous avez
à faire? Pardon, Seigneur, si j'en ai trop dit: mais
vous m'avez donné un cœur, et je dirai volontiers que
je n'ai plus d'autre faculté que celle d'aimer. Aimer,

toujours aimer, voilà ma devise. Aimer Jésus, brûler pour Jésus, fondre pour Jésus : voilà tout mon bonheur, je n'en veux pas d'autre, je laisse le reste à ceux à qui cela fait plaisir. Ravissements, extases, plaisirs, je vous abandonne pour l'amour de Jésus. Il me semble encore que ce qui me plaira le plus dans le ciel, ce sera de vous y aimer. Au moins, que je vous aime à chaque instant, toujours un peu plus sur la terre. *Quis me separabit a charitate Christi* (1)? Éteignez, étouffez, abimez tout autre amour ; vous aimer, voilà tout. Ah! quand l'amour de Jésus fera-t-il ma nourriture, mon repos, mon tout, mon être, mon délassement! Vive Jésus! vive Jésus! vive Jésus! Je ne suis qu'à lui. »

CHAPITRE V.

Le P. Sellier professeur à l'école secondaire de l'Oratoire, et au pensionnat du faubourg Noyon.

Après sa retraite, le P. Sellier, qui n'était pas encore prêtre, fut renvoyé par le P. Varin au pensionnat de l'Oratoire, remis désormais entre les mains des Pères de la Foi, sous le titre d'école secondaire. Le P. Jennesseaux eut la direction de cet établissement; mais appelé ailleurs bientôt après, il fut remplacé par le P. Bruson (2). On confia au P. Sellier la

---

(1) Qui me séparera de la charité de Jésus-Christ. (Rom., VIII, 35.)

(2) *Vie du P. J. Varin*, Notice sur le P. Charles Bruson, p. 281

charge de professeur de rhétorique et de mathématiques. Outre le supérieur et le P. Sellier, voici les noms et les emplois de ceux qui composaient cette maison : P. Gayet, ministre et procureur; P. de Sambucy, professeur de seconde; P. Varlet, de troisième; P. Fauveau, de quatrième; P. Trouvelot, de cinquième; P. Loriquet, de sixième, et préfet des études; P. Hecquet, surveillant.

Ce pensionnat prit de rapides accroissements, et dès le commencement de l'année 1805, il comptait plus de deux cents élèves, et jouissait d'une réputation justement méritée.

Les succès que le P. Sellier avait obtenus chez M. Bicheron furent les mêmes à l'Oratoire. Le temps de la classe était pour ses élèves un temps délicieux, tant il avait l'art de la rendre intéressante et de piquer leur attention ! Outre les classes de rhétorique et de mathématiques, il était encore chargé de certains emplois accessoires, comme de faire des catéchismes aux élèves, de les préparer à la première communion. Les supérieurs le désignèrent aussi pour prononcer au mois d'août 1803 le discours pour la distribution des prix. Le sujet de ce discours était la prééminence de l'éducation publique sur l'éducation privée. Il déploya dans cette circonstance une supériorité de talent qui lui valut les éloges les plus flatteurs. On rapporte que M. le vicomte de Bonald, présent à la distribution des prix, où il devait couronner son fils Maurice, élève de troisième, aujourd'hui cardinal et archevêque de Lyon, admira des pages entières de ce discours composé à la hâte. D'après ce profond philosophe, le P. Sellier était trempé pour devenir un génie.

Nous avons raconté dans un autre ouvrage (1) comment, dans le cours de l'année 1804, des tracasseries furent suscitées par la malveillance aux établissements des Pères de la Foi, que l'on accusait calomnieusement de ménées politiques contraires à la sûreté de l'État. Un décret même fut rendu qui supprimait tous leurs établissements en France. Il était [impossible que l'école secondaire de l'Oratoire ne ressentît pas le contre-coup de ces persécutions. Nous en trouvons la preuve dans une pièce conservée aux archives de l'évêché d'Amiens, et signée, le 24 mai 1804, par le supérieur et les directeurs de cet établissement. Ils y déclarent qu'ayant appris qu'on les dit en union ou relation avec M. Clorivière (2) et la société qu'on lui attribue, ils n'ont jamais eu, et n'ont absolument aucune union ni relation avec M. Clorivière, ni avec la société dont on le dit le chef; ils déclarent de plus être attachés d'esprit et de cœur à la personne de Sa Majesté l'Empereur des Français, et qu'ils inspirent ces senti-

(1) *Vie du P. J. Varin*, chap. 14, p. 89.
(2) La société dont il est ici question est, nous n'en doutons pas, la société du Sacré-Cœur formée par le P. de Clorivière pendant la révolution, et à propos de laquelle il avait été incarcéré au mois de mai 1804, ainsi que nous l'avons raconté *Vie du P. J. Varin*, p. 67, et *Notice sur le P. Clorivière*, p. 256. Cette société était en effet totalement étrangère à celle de la Foi dont le P. Varin était le chef en France.

ments aux jeunes élèves confiés à leurs soins. Cette
déclaration est certifiée en tout conforme à la vérité
par Mgr Jean-Chrysostome de Villaret, alors évêque
d'Amiens, Beauvais et Noyon, et transféré en 1804 à
l'évêché de Casal.

Cependant, grâce à la prudence du P. Varin et à
ses actives démarches, cet orage s'apaisa. Il crut néanmoins qu'il était sage d'abandonner à Amiens l'école
secondaire de l'Oratoire, et de la transférer dans un
des faubourgs de cette ville près de la porte de Noyon.
Au mois d'octobre 1804, les classes s'ouvrirent dans
la maison occupée depuis par les sœurs de la Sainte-
Famille. A cinq minutes de distance était une autre
maison destinée aux plus jeunes élèves sous la direction du frère Louis Leleu (1). Le P. Varin nomma
le P. Charles Leblanc (2) supérieur de ce collége,
dans le gouvernement duquel il fut merveilleusement
secondé par le P. Sellier. Celui-ci enseignait la rhétorique, comme il l'avait fait précédemment, et toujours avec le même succès. Au reste, ni la Société de
la Foi, ni la ville d'Amiens, ni le pensionnat ne per-
dirent rien dans cette translation. Ce fut au faubourg
Noyon le même empressement des parents pour envoyer leurs enfants dans la nouvelle école, et parmi
ceux-ci une régularité plus grande encore. Ce pensionnat offrit bientôt un spectacle difficile à rencontrer dans une maison d'éducation, celui d'une jeu-

_____

(1) Depuis P. Leleu, mort à Vannes le 1 août 1849. Voyez
Vie du P. J. Varin. p. 165.

(2) *Vie du P. J. Varin*, Notice sur le P. Charles Leblanc, p. 159.

nesse qui portait si loin l'émulation de la vertu et du travail, qu'il fallut plus d'une fois y mettre des bornes. L'amour de la prière et même de la mortification animait ces bons jeunes gens; et si la vigilance des maîtres n'avait eu les yeux ouverts sur ces pieux excès, on eût eu lieu de craindre des indiscrétions; mais la docilité des élèves surpassait encore leur ferveur. L'esprit de la maison était parfait; c'était en réalité le beau idéal d'un pensionnat chrétien: piété sincère, attachement cordial aux maîtres, régularité constante, charité et union entre tous. Cet établissement a compté parmi ses élèves, entre plusieurs autres que l'on pourrait citer, Mgr de Bonald, qui, après avoir fait sa troisième à l'Oratoire, accompagna ses maîtres au faubourg Noyon, et y suivit les cours de seconde et de rhétorique; M. l'abbé Crémery, mort vicaire général d'Amiens; M. Leraillé, aujourd'hui vicaire général, official et curé de Saint-Remi, de la même ville; M. l'abbé Michel, curé de Saint-Vulfran d'Abbeville, etc.

CHAPITRE VI.

Promotion du P. Sellier au sacerdoce. — Sa première messe.

Cependant le P. Sellier n'était pas encore prêtre. Depuis son entrée dans la société des Pères de la Foi, il avait étudié en particulier la théologie, surtout la théologie morale, en même temps qu'il se livrait à l'enseignement des lettres et des sciences. Le 31 mars 1804, il avait reçu les ordres mineurs et le sous-diaconat dans la cathédrale d'Arras, des mains de Mgr de la Tour d'Auvergne-Lauraguais, évêque de cette ville, et le diaconat le 2 avril suivant, dans la chapelle de ce prélat. Au commencement de l'année 1805, il reçut ordre de se préparer au sacerdoce, et le samedi 1er mars, il commença sa retraite, sous la protection, écrit-il, de la très-sainte et très-immaculée Mère de Dieu, de son saint ange gardien, de saint Joseph, de saint Ignace, de saint Louis de Gonzague et de sainte Térèse : car ce fut pour lui un usage invariable jusqu'à la fin de sa vie de placer chacune de ses retraites sous la protection de la très-sainte Vierge, et d'un certain nombre de saints pour lesquels il avait une dévotion particulière, et qu'il invoque dans une espèce de préambule consacré à jeter un coup d'œil sur l'année qui vient de s'écouler.

Voici comment il s'exprime au début de cette retraite d'ordination : « J'ai fait mes premières méditations sur la fin de l'homme. Beaucoup de difficultés, de distractions : sécheresse, engourdissement, nullement touché... O mon Dieu, c'est une punition de mes dernières infidélités. Je l'accepte avec reconnaissance. Souvenez-vous, Seigneur, que cette retraite est la plus importante pour moi. Vous m'appelez par l'organe de mes supérieurs au plus saint, au plus auguste, au plus sacré des ministères. Voici toute la prière que je vous fais. Ne permettez pas que ma

profonde malice s'oppose à vos desseins. Eh quoi!
n'êtes-vous pas le maître? Il faut que vous le soyéz
encore de ma volonté toujours rebelle. Vous voyez
comme je suis misérable, pauvre, nu, estropié,
couvert de plaies. Il est clair que je suis au-dessous
du néant : le néant ne vous résiste pas. Parlez donc,
Seigneur, et bientôt je serai tel que vous désirez.

« J'ai considéré aujourd'hui pourquoi j'étais au
monde. Dieu m'a fait voir que je n'y étais que pour
faire sa très-sainte et très-adorable volonté. Depuis
que tu as l'âge de raison, tu l'as contrariée cette divine volonté. Tu y as substitué... quoi? Est-ce celle
d'un ange, celle de Marie? Non, la tienne, vil pécheur. C'est-à-dire, tu as substitué une volonté criminelle à une volonté toute sainte, une volonté toute
folle à la volonté de la suprême sagesse. Mais qu'as-tu
donc espéré? Est-ce que tu as cru que ta volonté
aveugle, impuissante, diabolique, s'accomplirait en
dépit de la volonté divine? O l'étrange folie! comme
si le néant pouvait jamais prévaloir contre Dieu.
Qu'as-tu résolu? Étudier la sainte volonté de Dieu,
et la faire en tout. »

Plus loin, en parlant de la mort, il écrit : « Ce
sujet m'a peu touché en lui-même, excepté ces deux
réflexions : 1° Que penserai-je à la mort des souffrances, des humiliations, des croix? Que penserai-je
du succès dans les études, de mes travaux purement
humains? Que penserai-je de ces jours que j'ai appelés
quelquefois jours de plaisir et d'honneur?

« 2° Si Dieu me donnait le choix d'un genre de

mort, il me semble que je demanderais le martyre.
Cette pensée m'a beaucoup attendri. J'ai répété plusieurs fois : Oui, mon Jésus, je serais bien aise de
mourir pour vous. Je serais bien aise que mon corps
fût haché par morceaux, qu'il fût détruit, donné en
pâture aux bêtes, pour réparer les outrages que j'ai
faits à votre Majesté... Mais, vil pécheur, boue infâme,
as-tu mérité cette insigne faveur? Sais-tu bien que
Dieu ne la donne qu'à ses amis... Et toi!... O mon
Dieu, je n'ai rien à vous dire, si ce n'est: Que votre
très-sainte volonté soit faite! »

A propos de la méditation de l'enfer, il se reproche
la sécheresse qu'il ressent : « Pardonnez-la-moi, ô
mon Dieu; ce qui me console, c'est qu'il me semble
que *je m'abandonne à votre esprit*. Je ne demande ni
peu, ni beaucoup de visites spirituelles. Faites tout
comme il vous plaira, ô mon bien doux Maître! je suis
à vous... à vous... à vous tout seul... Cette pensée me
remplit d'une certaine douceur intérieure, qui, sans
être bien forte, est cependant très-différente de tous
ces moments de sensibilité passagère que j'ai quelquefois éprouvés pour votre gloire...

« Si j'étais en enfer, quelle pénitence accepterais-je
pour en sortir?... quelle reconnaissance envers mon
libérateur! Je vous dois plus, ô Dieu de miséricorde,
que si vous m'en aviez arraché... Que veux-tu faire?...
Travailler jour et nuit à vous sauver des âmes; pour
une seule vous en gagner autant qu'il s'est écoulé de
secondes, de millièmes parties de seconde durant lesquelles j'ai pu tomber en enfer... Je n'ai plus droit à

rien de ce qui est agréable dans le monde... Peines, souffrances, voilà mon partage, et tout cela sans rétribution, sans droit à aucune récompense... Me voilà, ô mon Jésus, faites de moi tout ce qu'il vous plaira... Quelle insigne bonté! non-seulement ne pas me damner, quoique je l'aie mérité une infinité de fois ; mais m'élever à la dignité du sacerdoce ! »

Enfin, car il faut mettre un terme à ces citations déjà bien longues, le cinquième jour de sa retraite : « Ce matin, dit-il, m'étant mis à méditer, le Seigneur Jésus et sa sainte Mère m'ont fait connaître quelle dignité c'était que l'état de prêtre : 1° substitut de Jésus-Christ; 2° apôtre de Jésus-Christ; 5° dispensateur des trésors de Dieu. Un prêtre est en quelque sorte un autre Jésus-Christ. Il est appelé aux mêmes fonctions. Qu'il doit être saint, dégagé de tout ce qu'il y a de terrestre! qu'il doit être mort à tout ce qui n'est pas Dieu! O mon Dieu, où en suis-je? Je suis encore tout péché. Et cependant vous voulez que j'approche de votre autel sacré. Renouvelez-moi; créez, oui, créez-moi un cœur neuf. Celui que j'ai est tellement gâté, qu'il n'y a plus moyen de le réparer: *Cor mundum crea in me, Deus.*

« En méditant sur la vocation des apôtres, la sainte Vierge m'a fait comprendre que le sacerdoce était le plus grand des états après la qualité de Mère de Dieu. Elle m'a aussi donné le désir de considérer le Cœur de Jésus et le sien dans l'hostie toutes les fois que j'aurais le bonheur de dire la sainte messe.

« Je voudrais maintenant la faire aimer, la faire

connaître davantage. Je pratiquerai toujours quelque pénitence en son honneur chaque semaine et la veille de ses fêtes, avec l'approbation du supérieur. Je prononcerai son nom avec le plus de respect qu'il me sera possible. Je tâcherai d'inspirer cet amour et ce respect aux personnes avec lesquelles j'aurai à vivre, principalement aux enfants. J'honorerai surtout son Immaculée Conception, et je procurerai que ce privilége soit honoré, ainsi que le faisait le bon F. Alphonse Rodriguez. Elle sera mon appui, mon refuge, mon tout. O douce mère, que je voudrais vous aimer et vous faire aimer! C'est vous qui avez ménagé toutes les grâces qui m'ont appelé au sacerdoce. Je veux être prêtre de Marie, consacré à l'Immaculée Conception. Ainsi soit-il.

« Ce soir, j'ai considéré les fonctions du saint ministère et la manière de m'en acquitter. 1° Les fonctions du sacerdoce, dit saint Jean Chrysostome, s'exercent sur la terre, mais elles viennent du ciel, elles se réfèrent au ciel, elles ne concernent que le ciel. Tout en elles est céleste, divin. Guérir les plaies de l'âme, ouvrir le ciel, fermer l'abîme, appliquer le sang de Jésus-Christ, répandre les trésors de la grâce, les faire couler sur les âmes : tout cela est de l'attribut du saint ministère. Aussi ne faut-il pas s'étonner si les anges environnent partout un prêtre. O mon Dieu, que devrai-je penser de moi-même après que j'aurai été élevé au sacerdoce? De moi-même, je suis un néant, un abîme de corruption, qui devrait habiter dans les entrailles de l'enfer ; mais par votre onction sainte, ô mon Dieu, je serai au-dessus des anges. Ce n'est que dans le ciel que je connaîtrai tout le prix de cet état. Par le baptême, je suis uni à Jésus-Christ comme membre; mais par le sacerdoce, je lui serai uni comme co-rédempteur. O mon Jésus, que puis-je vous demander autre chose, sinon de faire de moi tout ce que vous voudrez? Avant tout accordez-moi l'humilité, sans laquelle je ne serai jamais un prêtre selon votre cœur.

« 1° Je me regarderai comme ambassadeur, lieutenant, représentant de Jésus-Christ... Quelles étaient ses pensées, ses affections, sa manière d'agir? L'ambassadeur doit représenter son maître.

« 2° Je dirai mon office avec toute la dévotion dont je serai capable, me représentant la sainte Vierge présente avec l'Enfant-Dieu, la conjurant d'offrir à son divin Fils mes prières. Je dirai les *Gloria Patri* avec toute la ferveur qui dépendra de moi.

« 3° Pour le saint sacrifice, je le célébrerai avec le plus de ferveur qu'il me sera possible. Je ferai chaque jour ma préparation, en m'imaginant que je vais assister à la sainte cène ou à la mort du Sauveur sur le Calvaire. Je tâcherai de m'humilier aussi profondément que possible, en me rappelant les péchés de ma vie passée, mes imperfections présentes, mes ingratitudes.

« Pendant le sacrifice, je tâcherai de me bien pénétrer l'esprit des cérémonies et des prières relatives à chaque partie.

« A la communion, je m'imaginerai le Calvaire

planté dans mon âme. J'élargirai mon cœur pour
qu'il reçoive tout le déluge des grâces de mon bien-
aimé, de mon tout. O Jésus! ô Marie! ô Joseph!
Ainsi soit-il. »

C'est dans ces sentiments de foi, d'humilité, d'a-
mour et de reconnaissance, que le P. Sellier reçut à
Arras l'onction sacerdotale, le 9 mars 1805, des mains
de Mgr de la Tour d'Auvergne, dans la chapelle du
palais épiscopal. Le prélat avouait depuis qu'en lui
conférant le sacerdoce il avait éprouvé je ne sais
quelle impression intérieure inspirée par la vue du
vertueux prêtre auquel il imposait les mains.

Quinze à vingt élèves conduits par le P. Leblanc,
supérieur de la maison, firent le voyage d'Arras
pour être les témoins de cette touchante cérémonie.
La députation reçut la plus gracieuse hospitalité
chez les parents de l'un des élèves, la famille Vahé.
Vers la fin du dîner, un ecclésiastique (1) venu
d'Amiens pour assister à cette cérémonie, eut l'heureuse idée de partager le ruban violet qui avait servi
à soutenir la chasuble jusqu'au moment où elle se
déploie entièrement sur le dos du nouveau prêtre, et
d'en distribuer un fragment à chacun des élèves, qui
le conservèrent comme un précieux souvenir et une
espèce de relique.

Nous mentionnerons ici une circonstance peu im-

_____

(1) M. l'abbé Duminy l'aîné, frère de M. l'abbé Duminy,
curé de Saint-Michel avant la révolution, puis curé de la cathédrale, vicaire général, et mort chanoine titulaire d'Amiens le
5 décembre 1838, à l'âge de quatre-vingt-quatre ans.

portante en elle-même, mais qui doit être signalée,
parce qu'elle fournit à notre fervent ministre de
Jésus-Christ une occasion de s'entretenir dans ces
bas sentiments de lui-même qui étaient la disposition ordinaire de son âme. Dans la cérémonie de
son ordination, on oublia de réciter les litanies des
Saints. Cette omission lui fit peine, et lui causa souvent de vives alarmes : non pas qu'il crût que la va-
lidité du sacrement pût y être attachée... Cependant
il craignait de se ressentir des suites de cet oubli.
« Qui sait, se dit-il plus d'une fois à lui-même, qui
sait si le Seigneur n'a pas permis cette inadvertance
à dessein, pour montrer que les saints du paradis ne
prenaient point de part à mon ordination ? » Mais
pendant sa grande retraite du troisième an, en 1825,
une pensée le frappa, et fut pour lui une source de
consolation : c'est que, si les saints n'avaient point été
invoqués dans cette cérémonie, c'était pour que Marie,
sa tendre mère, se chargeât seule du soin de le protéger. « Dans ce cas, ajoute-t-il dans son journal,
j'aurais plus gagné que perdu ; au moins c'est là l'objet de mes plus ardents désirs ; c'est aussi le fondement de tout mon espoir. Je me rappelle encore que
quand le pontife récita le répons qui termine la cérémonie de l'ordination : *Jam non dicam vos servos, sed
amicos meos* (1), comme j'étais seul prêtre, je m'ap-
pliquai ces paroles avec un sentiment si pénétrant et
si vif, que je puis dire que ces paroles entrèrent

(1) Je ne vous appellerai plus mes serviteurs, mais je vous
nommerai mes amis.

jusque dans le fond de mon cœur. Je les écoutai comme venant du ciel, et je sentais une espèce de voix intérieure qui me les répétait et les gravait en mon âme à mesure qu'elles frappaient mes oreilles. O mon Dieu, ne puis-je pas regarder cette impression qui n'était pas *ex voluntate viri*, mais qui venait d'en haut, ne puis-je pas y voir une preuve que vous ne me rejetiez pas alors? »

Le 25 mars suivant, le P. Sellier eut le bonheur de célébrer sa première messe dans la petite chapelle du pensionnat du faubourg Noyon. Ce fut un grand jour de fête pour la maison entière, et pour le P. Sellier un jour d'immenses consolations.

Tous les élèves communièrent de la main du nouveau prêtre. Il adressa trois fois la parole à son jeune auditoire, avant la messe, au moment de la communion, et après la communion. Il parla avant la messe sur le mystère du jour, celui de l'Incarnation, avec cette richesse de sentiments et de pensées, avec cette force et cette énergie de style qui était le propre de son éloquence. Son cœur était plein et débordait. Ceux qui l'ont entendu n'ont pas oublié qu'il fut obligé de s'interrompre, suffoqué par l'abondance de ses larmes, qui ne cessèrent de couler pendant tout le temps du saint sacrifice.

Mais l'impression fut surtout vive et profonde lorsque, sur le point de distribuer la sainte communion, le visage embrasé d'un feu céleste, et tenant la sainte hostie entre les mains, il s'écria :

« Voilà le Dieu de l'amour ! je tiens en mes mains

Celui qui a créé la terre et les cieux, Celui qui soutient l'univers sur trois doigts, qui, etc .. Le croyez-vous?... S'il en est ainsi, dans quelle religieuse frayeur ne devez-vous pas entrer! Oui, voilà le Juge des vivants et des morts, voilà Celui qui nous jugera vous et moi; n'êtes-vous pas tentés de vous écrier avec saint Pierre : Retirez-vous de moi, Seigneur, parce que je suis un pécheur!

« Mais ce n'est pas l'effroi qu'il veut vous inspirer; non, mes enfants : tous ces titres terribles de Conquérant, de Juge, de Maître puissant, de Roi de gloire, il les rejette; il ne garde que celui d'ami, de frère, d'époux... Écoutez les paroles qu'il m'ordonne de vous adresser : *Ecce Agnus Dei, ecce qui tollit peccata mundi* (1). Ne parlez plus de mes vengeances; non, dites seulement que je suis une victime, un tendre agneau. O sainte Victime, l'amour vous fait oublier tout ce que vous êtes, et ce que nous sommes... » Et il continua pendant quelques instants cette brûlante apostrophe.

La ferveur du serviteur de Dieu pendant les premiers mois qui suivirent sa première messe fut extraordinaire. Malgré le mal qu'il se complaît à dire de lui-même, son humilité est forcée d'en convenir dans ses écrits.

_____

(1) Voici l'Agneau de Dieu, voici Celui qui efface les péchés du monde.

CHAPITRE VII.

Translation à Montdidier du pensionnat du faubourg de Noyon.
— Suppression des colléges des Pères de la Foi.

Pendant deux ans le pensionnat du faubourg de
Noyon ne cessa de prospérer sous la conduite des
PP. Leblanc et Sellier, et de procurer à la jeunesse
les précieux avantages d'une éducation chrétienne.
A la fin du mois d'août 1805, le P. Sellier avait prononcé, avant la distribution des prix, un magnifique
discours sur les bienfaits de la religion (1). Ce discours avait encore accru la réputation de l'établissement ; mais cette paix fut bientôt troublée. Un décret
de 1806 créa l'Université impériale. Il fut question
d'établir un lycée à Amiens. Les Pères craignirent,
non sans motifs, de se voir contraints d'envoyer les
élèves du pensionnat aux classes du lycée, et son-
gèrent à s'éloigner de cette ville. Les bâtiments d'une
ancienne abbaye de Bénédictins située à Montdidier
étaient alors disponibles. On entra en pourparlers
avec les magistrats, M. Lendormy, sous-préfet, et
M. Coquerel, maire. Il ne fut pas difficile de tomber
d'accord dans une affaire où les deux parties trouvaient également leur avantage. On entama les négo-
ciations le 17 juillet. La veille, fête de Notre-Dame du

(1) Voyez ce discours dans les opuscules.

Mont-Carmel, le P. Sellier avait dit la messe à Montdidier, à la chapelle même de la Sainte-Vierge. Avant la fin du mois, tout fut réglé de part et d'autre. Dès le 31, jour de la fête de saint Ignace, le déménagement put commencer; et le 5 août, fête de Notre-Dame-des-Neiges, eut lieu la translation de tout le personnel à Montdidier. C'est donc sous les auspices de Marie et de saint Ignace que s'accomplit cette importante opération.

Le dimanche précédent, le P. Sellier, dans une instruction touchante, rappela aux élèves les grâces dont Dieu les avait comblés dans la maison qu'ils quittaient, et en particulier dans la chapelle où ils étaient réunis, les fautes qu'ils avaient commises dans chacun des endroits de cette maison. Ce souvenir attendrit le prédicateur, et les larmes étouffèrent sa voix.

L'émotion fut partagée par ses auditeurs. « Soyez béni, s'écrie-t-il en se rendant compte de ce départ (1); soyez béni, ô Roi immortel des siècles, de toutes les grâces que vous nous avez accordées dans la maison que nous allons quitter. Envoyez d'avance vos saints anges préparer celle que nous allons habiter : que la sainte Vierge nous y accompagne surtout : nos saints anges, tous les saints, nos bons amis, saint Louis de Gonzague, saint Stanislas Kostka... Pour moi en particulier, j'accepte d'avance toutes les peines, les contradictions, les croix que

(1) Journal de 1806.

vous m'enverrez. Je les offre à votre divin Cœur et au saint Cœur de votre immaculée Mère pour la plus grande gloire de Dieu. »

Le pensionnat se mit donc en route, le 5 août, vers six heures du matin. Le convoi était composé de douze ou treize voitures, et la distance à parcourir était de trente-six kilomètres. Après une halte à moitié chemin pour le dîner, on se remit en route, et on arriva à Montdidier vers cinq heures du soir. Toute la ville prit part à cet heureux événement. Quelques personnes vinrent assez loin au-devant des voyageurs. A mesure qu'on approchait, la foule augmentait. Les élèves étaient descendus des chariots, et marchaient sur deux rangs. Ils furent reçus avec leurs maîtres à l'église Saint-Pierre, où M. Lefebvre, curé de la paroisse, donna la bénédiction du saint Sacrement, et l'on se rendit ensuite à l'abbaye, dont on prit possession. Cette première nuit, chacun se logea comme il put; car, malgré les précautions prises, on manquait de bien des choses. Mais l'excellent esprit de ces bons jeunes gens ne parut pas même s'en apercevoir. L'ordre ne tarda pas à s'établir dans ce nouveau domicile; et dès le jeudi suivant les classes recommencèrent.

Les solennités qui suivirent de près l'installation du nouveau collége, et qui furent célébrées avec une grande pompe justifièrent les espérances que les habitants en avaient conçues, et contribuèrent à lui donner du relief dans l'opinion. Le jour de la fête de l'Assomption, toute la maison assista aux offices de la paroisse

Saint-Pierre. Pendant le messe de communion, le
P. Sellier adressa quelques paroles destinées à ranimer la foi et à exciter la ferveur de son jeune auditoire, et il remplit les fonctions de diacre à la grand'-
messe, qui fut exécutée en musique par les élèves. A
l'issue des vêpres, ce fut encore lui qui prêcha sur la
solennité, et, quoiqu'il eût eu à peine quelques instants pour se préparer, il parla avec une verve et une
énergie qui excitèrent l'admiration générale.

Le 25 eut lieu la distribution des prix. Le sous-préfet, zélé protecteur de l'établissement, commença par
adresser quelques mots à la brillante assemblée réunie
pour assister à cette fête littéraire. Le P. Sellier vint
après lui, et prononça sur l'éducation un discours
vivement applaudi, et dont on demanda l'impression.

Tels furent les commencements du collége de Montdidier, dont le P. Sellier fut en partie le fondateur, et
pendant plusieurs années l'unique soutien. Sa prospérité égala, surpassa même celle de la maison d'A-
miens. Le P. Leblanc, secondé par le dévouement et
l'activité du P. Sellier, continua à en être le supérieur.

Pendant les années 1806 et 1807, le collége jouit
d'une tranquillité parfaite. La ferveur, la régularité,
l'amour des études sérieuses y florissaient. La faveur
des autorités locales, surtout celle du sous-préfet, le
nombre toujours croissant des élèves, l'estime et l'affection des habitants, heureux de posséder dans leurs
murs un établissement si précieux, tout semblait
promettre le plus brillant avenir, lorsque le décret

de suppression de toutes les maisons des Pères de la Foi (1) vint tout à coup renverser de si belles espérances, et répandre la douleur et la consternation dans le cœur des maîtres et des élèves. La dissolution fut prononcée le 1er novembre; et le 4 du même mois, jour de saint Charles, fête patronale du P. Leblanc, il rapporta de Paris cette triste nouvelle; les réjouissances de ce jour de fête n'étaient pas même terminées au moment où il entra dans la cour du collége. On ne se laissa néanmoins ni abattre ni décourager. La première pensée fut d'aviser au moyen de pourvoir au moins en partie à la conservation de ce bel établissement. Les agents du pouvoir donnèrent eux-mêmes les mains à ce projet en accordant un mois de délai, au lieu du terme de douze jours qui d'abord avait été fixé. De plus ils n'intimèrent l'ordre de quitter la maison qu'aux seuls Pères de la Foi. D'après les observations et sur les instances du sous-préfet, ils consentirent à laisser subsister le pensionnat, pourvu que la direction n'en fût pas confiée aux Pères. Le sous-préfet prit cette expression à la lettre; une circulaire fut adressée par lui aux familles pour leur annoncer le changement de direction, et pour les engager à accorder aux nouveaux directeurs la même confiance qu'ils avaient donnée à leurs prédécesseurs. Deux des anciens maîtres qui n'étaient pas encore prêtres, le F. Leleu avec un de ses confrères, restèrent dans la maison.

(1) *Vie du P. J. Varin, de la Compagnie de Jésus*, chap. 18, p. 101.

Les PP. Leblanc, Sellier, et quelques autres sortirent du collége. Le P. Leblanc se retira d'abord à Paris, laissant au P. Sellier le soin de régler toutes choses, et de déterminer ce qu'il convenait de faire dans ces circonstances critiques. Celui-ci hésita pendant quelque temps sur le choix des personnes entre les mains desquelles il remettrait le dépôt précieux qui lui avait été confié par la sollicitude des parents. Cependant, après s'être concerté avec le sous-préfet, il crut ne pouvoir rien faire de mieux que d'appeler de Beauvais deux ecclésiastiques vertueux et instruits, MM. Delamarche et Guénard. Ces messieurs s'appliquèrent à diriger le collége d'après les principes et dans l'esprit qui y avaient régné jusque-là, et se conduisirent eux-mêmes d'après les avis du P. Sellier.

CHAPITRE VIII.

Le P. Sellier curé de Plainval.

Le P. Sellier, après avoir installé ceux qui devaient lui succéder dans le collége, en sortit le 28 novembre, et pour se soustraire aux larmes des élèves, il profita du moment où l'on chantait les vêpres pour se retirer. L'autorité diocésaine lui confia la paroisse de Plainval, à huit kilomètres de Montdidier, d'où il pouvait encore exercer une certaine influence sur la direction de l'établissement qu'il était forcé de quitter.

Avant d'aller prendre possession de la paroisse de Plainval, le saint prêtre voulut sanctifier par quelques jours de retraite son entrée dans la nouvelle carrière qui s'ouvrait devant lui. Il commença cette retraite le 30 novembre dans le prieuré de Pas, et le 1er décembre il écrivait cette donation de lui-même, où son âme se peint tout entière :

« Je commence par offrir au Verbe incarné, à l'aimable Jésus, tout ce que je ferai, dirai, penserai, verrai, entendrai pendant tout ce mois, et tout ce que les autres hommes feront, diront, etc., en bien, cela se comprend ; voulant lui rendre à chaque soupir, à chaque respiration, soit le jour, soit la nuit, autant de respect, d'adoration, de louanges, d'actions de grâces que les anges et les saints lui en rendront pendant toute l'éternité. Je prie la très-sainte Vierge de lui offrir elle-même mon hommage, comme elle le faisait quand elle le portait dans ses chastes entrailles, la conjurant de me prendre pour domestique, pour esclave dans sa sainte famille. Il n'y a plus rien qui m'attache sur la terre, ô mon Dieu ! si mon cœur ne vous paraît pas encore assez dégagé (non certes il ne l'est pas, ô mon béni Sauveur), au nom de cet état si humilié que vous choisîtes dans le sein de votre divine Mère, je vous en conjure, rendez-moi tel que vous désirez que je sois. Mon intention est de renouveler cet acte d'offrande que je fais de moi-même, de tout ce qui est à moi, en

moi, hors de moi, de toutes les créatures, à chaque
seconde, jusqu'au 1ᵉʳ janvier d'une manière particulière, et ensuite jusqu'au dernier soupir de ma
vie. Je prie saint François Xavier, que je prends
pour patron dans la nouvelle mission que je vais
exercer, de s'unir à la très-sainte Vierge pour la
faire agréer du Père éternel, par les mérites de notre
Seigneur Jésus-Christ, vrai Dieu et vrai homme. »

Plainval est une paroisse du diocèse de Beauvais,
réuni alors à celui d'Amiens en vertu du concordat
de 1801. Elle appartient au canton de Saint-Just,
dont elle est éloignée de deux kilomètres environ. Ce
n'est pas sans raisons particulières que l'évêque d'A-
miens avait choisi le P. Sellier pour gouverner cette
paroisse. Indépendamment du motif tiré de la pro-
ximité du collége de Montdidier, auquel ses conseils
pouvaient être utiles, il ne fallait rien moins que
le zèle d'un prêtre selon le cœur de Dieu pour la
relever de l'état d'abaissement où elle était tombée
sous le rapport religieux. Bien des causes avaient
amené cet oubli des devoirs du christianisme. Avant
la révolution de 1792, elle avait vu à sa tête, en
qualité de curé, un prêtre scandaleux, qui donnait
à ses paroissiens le spectacle de l'ivrognerie la plus
dégoûtante et la plus effrontée; il la portait jusque
dans le lieu saint. Ce ne fut qu'à force d'instances
et de démarches pour éclairer l'autorité abusée, que
les pères de familles, effrayés de la démoralisation
dont ils étaient menacés, eux et leurs enfants, privés
de toute espèce d'instruction, finirent par obtenir

son éloignement. Plus tard ils ne furent pas moins malheureux. Le pasteur à qui ils étaient confiés au moment de la révolution avait prêté le serment sacrilége de la Constitution civile du clergé; et lorsque le culte fut proscrit en France, il avait poussé le cynisme jusqu'à établir dans son église une fabrique de salpêtre. Il était si connu pour l'exaltation de ses principes révolutionnaires, que M. Delacroix, capitaine de dragons en retraite et chevalier de Saint-Louis, homme plein de religion et d'honneur, a répété plusieurs fois en présence de celui qui écrit ces lignes, que, s'il avait encore la tête sur les épaules, ce n'était pas à M*** qu'il en était redevable. Au moment du concordat, ce même curé avait repris ses fonctions et obtenu un poste de confiance à peu de distance de Plainval.

Ces scandales réitérés avaient bouleversé les idées de ce pauvre peuple, qui, pour comble d'infortune, était demeuré privé de prêtres depuis la révolution, de sorte que toute pratique religieuse était presque anéantie.

Tel était le troupeau vers lequel le P. Sellier fut envoyé en sortant du collége de Montdidier, au commencement du mois de décembre 1807. C'est là qu'il fit son apprentissage de la vie pastorale. Son début fut un coup de maître.

Le nouveau curé de Plainval, nous aurons plus d'une fois l'occasion d'en faire la remarque, avait reçu du ciel un don tout particulier pour annoncer la parole de Dieu. Ses sermons, ses prônes, ses instructions

familières, ses catéchismes eux-mêmes les plus
simples produisaient des effets merveilleux dans les
âmes. Ses talents naturels, l'exemple de ses vertus,
vivifiées par l'action de la grâce, opérèrent en peu de
temps des prodiges de conversion. Le bon pasteur
appela encore à son aide toutes les industries d'un
zèle infatigable pour ramener au devoir ce peuple
plus malheureux que coupable. Catéchismes fréquents
auxquels assistaient les grandes personnes elles-
mêmes, exhortations multipliées, solides et touchantes,
prières du soir faites tous les jours en commun à
l'église, établissement de la dévotion au Sacré-Cœur,
Congrégation de la sainte Vierge, pompe-et fêtes
religieuses, éclat et splendeur donnés au culte divin
avec les ornements venus de Montdidier, rien ne fut
négligé pour réveiller la foi. Afin d'exciter les chantres
à mieux faire, il les invitait à sa table le soir des jours
solennels. Les cantiques spirituels en langue vulgaire
lui furent encore d'un grand secours. Il les croyait
très-propres à nourrir la piété du peuple, et s'en servait avec beaucoup d'avantage pour attirer la foule à
l'église et à la prédication. Avant de les faire chanter,
il en donnait quelquefois la paraphrase, et toujours
de la manière la plus attachante.

Le P. Sellier avait amené avec lui quelques élèves
du collége de Montdidier (1). Il leur faisait la classe

(1) Ces élèves étaient MM. Charles Peecsten de Gand, Ca-
lixte Davant de Bayonne, Charles Verhulst de Bruges, Gustave
Gaullier de Tours, Adolphe Chatelain de Paris, Achille Guidée d'Amiens, auxquels vint se joindre plus tard M. Maxime
Debussi de Rouvrel.

à tous dans les moments que lui laissaient libres les fonctions du ministère. La piété et les exemples de ces bons jeunes gens, qu'il conduisait tous les mois en pèlerinage à une chapelle dédiée à la sainte Vierge (1), exercèrent aussi une salutaire influence sur les habitants, et secondèrent merveilleusement le zèle du pasteur. Grâce à toutes ces saintes industries, bientôt la paroisse changea de face. L'assiduité à l'office divin, la fréquentation des sacrements, la pratique des vertus chrétiennes, furent remises en honneur. Sans parler d'un bon nombre de personnes pieuses qui approchaient des sacrements tous les huit jours ou tous les mois, un nombre beaucoup plus considérable n'y manquait pas au jour des fêtes solennelles; et quand vint l'époque de la communion pascale, ce fut la paroisse en masse qui s'ébranla pour remplir ce devoir sacré.

Parmi les conversions remarquables qui signalèrent le passage du P. Sellier à Plainval, on cite celle d'un vieillard âgé de quatre-vingts ans environ, et qui depuis longues années avait cessé de paraître à l'église. Il était si décrié dans la paroisse, qu'on ne le désignait pas autrement que par le nom de *sorcier*. Il ne fut pas facile de l'amener au saint tribunal : mais dès la première fois qu'il s'y présenta, il fut si vivement ému de la merveilleuse douceur de l'homme de Dieu, qu'en sortant du confessionnal, il ne put contenir son enthousiasme, et s'écria : « Ah! il est doux comme

(1) La chapelle de Gannes, diocèse de Beauvais, où saint Vincent de Paul a célébré plusieurs fois la sainte messe.

un mouton. » C'est ce même pécheur revenu à Dieu qui, ne trouvant pas de termes assez forts pour exprimer l'admiration que lui inspiraient les vertus et les talents de son curé, avait inventé ces mots, qui seuls semblaient pouvoir rendre sa pensée, et que nous conservons dans leur naïve originalité : « Les prêtres que nous avons eus jusqu'ici, disait-il, ce ne sont ni des curés, ni des curotins; ce sont des curotinots. A la bonne heure M. Sellier! Voilà un curé! » Ce sentiment était partagé par tous les paroissiens. Sur toutes les langues se retrouvaient ces paroles : « Notre curé est un saint. » Les habitants des paroisses voisines n'auraient pas été bien venus à parler peu respectueusement du bien-aimé pasteur; et ils se seraient exposés à se faire un mauvais parti. Cette espèce de révolution religieuse fut l'ouvrage de quinze mois.

Au milieu de cette vie toute de zèle et de charité, le P. Sellier, à l'exemple des saints, n'oubliait pas le soin de son intérieur. On en jugera par une espèce de plan de vie qu'il se traça dans sa retraite du mois de septembre 1808. Nous le transcrivons en entier pour l'édification des lecteurs.

Citons d'abord les résolutions qui ont trait à la célébration de la sainte messe :

« 1° Autant que je le pourrai, mon intention est de faire deux heures d'oraison le matin. Je tâcherai de me coucher à neuf heures et de me lever à trois heures, et je verrai si je ne puis pas aller faire cette oraison dans l'église.

« 2° Le jeudi je ferai mon oraison du soir sur l'auguste Sacrement de l'autel, et surtout pour exciter ma foi; et un jour dans la semaine, le mardi, je lirai dans quelque auteur, comme le cardinal Bona, l'explication des cérémonies de la messe.

« 3° Je tâcherai de suivre la pratique de saint François de Borgia, qui divisait sa journée en deux, l'une pour remercier Dieu d'avoir célébré la sainte messe, et l'autre pour s'y préparer.

« 4° Toutes mes pratiques de dévotion je les offre à cette double fin.

« 5° Tous les soirs je prierai mon saint ange gardien de garder mon corps, mes sens et mon âme, afin d'être mieux disposé; et pour première pensée en m'éveillant je tâcherai d'avoir celle-ci : *Ecce sponsus venit : exite obviam ei* (1). Si je m'éveille la nuit, ce sera pour m'entretenir du bonheur de dire la sainte messe.

« 6° Dans ma préparation : 1° Je me recommanderai aux trois adorables personnes de la sainte Trinité; je demanderai au Père le don de la foi; au Fils, la grâce de me pénétrer de la grandeur de l'action que je vais faire; au Saint-Esprit, la grâce d'allumer dans mon cœur un amour qui réponde à celui de mon aimable Jésus. 2° Je m'exciterai le plus que je pourrai à des sentiments de foi, d'amour et d'humilité. 3° Je m'adresserai à la très-sainte Vierge pour la conjurer d'offrir ce sacrifice, comme elle a offert celui du Calvaire; et je la conjurerai de m'accorder la grâce de

(1) Voici l'époux qui vient : allez à sa rencontre. (Matth., XXV, 6.)

célébrer dignement pour la gloire de son divin Fils.
4° Je prierai mon saint ange gardien et l'ange protecteur de l'autel sur lequel je devrai immoler l'Agneau sans tache, de s'unir pour écarter les malins esprits, pour m'obtenir les dons de foi, d'humilité et d'amour, et pour porter ce sacrifice au trône du Tout-Puissant. 5° Je ferai une revue de mes fautes pour les détester... j'offrirai toutes les messes que l'on a dites et que l'on dira dans le monde... Je demanderai pardon d'avance de toutes les distractions qui pourraient me survenir, et que je désavouerai de tout mon cœur.

« Je parcourrai brièvement les diverses actions de la sainte messe, afin de me pénétrer d'avance des affections que cette cérémonie inspire.

« Puisse le Seigneur me faire la grâce d'être fidèle à toutes ces pratiques! Je tâcherai d'en observer au moins le plus que je pourrai; et chaque mois je relirai cet article, que je dépose dans le sein de la très-sainte Vierge.

« Comme tout cela est un peu long, je fais cette convention avec elle, que par la récitation du *Memorare* je me serai acquitté virtuellement de tout. »

Voici maintenant les règles qu'il se prescrivit dans l'accomplissement de ses devoirs de pasteur.

« 1° Me regarder au milieu de la paroisse comme un père dans sa famille; demander à Dieu continuellement d'avoir pour mes paroissiens les entrailles de Notre Seigneur Jésus-Christ; les recommander tous les jours à la sainte messe, et surtout le dimanche; recommander en particulier ceux qui vivent plus éloignés des sacrements; prier pour eux plus que je ne l'ai fait, surtout au chapelet. A la messe je les recommanderai ainsi : Le dimanche, toute la paroisse; le lundi, les vieillards; le mardi, les personnes mariées ; le mercredi, les petits enfants; le jeudi, les enfants de la première communion; le vendredi, les garçons et les pécheurs ; le samedi, les vierges et autres.

« 2° Tous les ans je ferai une visite générale des familles. Cette fois, j'ai envie de la faire au commencement de l'année.

« 3° J'irai voir les pauvres au moins tous les mois, et je tâcherai de leur porter quelque aumône.

« 4° Je ferai en sorte de triompher d'une mauvaise honte qui m'empêche de parler à ceux que je crois mal disposés; pour cela, prier.

« 5° J'irai voir les bergers dans les champs, si je ne puis les engager à me venir voir, afin de les instruire.

« 6° Je réunirai les petits garçons au moins une fois par semaine, surtout l'hiver, le soir.

« 7° Je ferai en sorte de ne jamais me mettre au confessionnal sans avoir donné une heure à l'oraison. Quand je prévoirai être occupé de bonne heure, je la ferai immédiatement après une courte récréation du dîner.

« 8° Je détacherai mon cœur, avec la grâce de Dieu, et par tous les moyens en mon pouvoir, de toute affection particulière; car c'est là comme une espèce de peste qui met un très-grand obstacle au bien.

L'âme devient toute charnelle, pleine de sentiments bas.

« 9° A chaque personne que je confesserai, j'invoquerai son ange gardien. Rien de plus utile et de plus difficile que de bien confesser. »

Nous trouvons enfin pour conclusion de cette retraite le règlement de vie suivant :

« 1° Faire deux heures d'oraison le matin, autant que faire se pourra, sans m'inquiéter lorsque quelques circonstances m'en empêcheront; pour cela, faire le possible pour me coucher à neuf heures. Remettre toutes les dévotions qui m'empêcheraient de me coucher de bonne heure, dire matines la veille, vers cinq heures et demie du soir.

« 2° Faire une lecture de piété pour profiter, et non pour m'acquitter d'un devoir ; lire tous les jours au moins une page et demie de l'*Imitation* après le chapelet.

« 5° Faire ma préparation à la sainte messe, comme je l'ai résolu plus haut. Pratiquer ce que faisait saint François de Borgia, qui avait partagé sa journée en deux parties, action de grâces et préparation.

« 4° Dans mes oraisons prier pour la paroisse; dire le chapelet avec le plus de dévotion possible.

« 5° A l'égard de mes écoliers, si le bon Dieu m'en laisse, me comporter avec bonté, charité; leur parler souvent de Dieu, surtout dans les récréations.

« 6° Éviter toute perte de temps; pour cela me tenir continuellement en la présence de Dieu.

« 7° Pratiquer la mortification du cœur, surtout

pour le défaut qui a été si violent en moi; être fidèle aux résolutions que je me suis prescrites là-dessus.

« 8° Tous les mois faire une retraite d'un jour, en m'y préparant dès la veille; relire ce que j'ai écrit durant cette retraite.

« 9° Combattre l'orgueil, la vaine complaisance, par des examens, des sacrifices, des anéantissements continuels. Ne m'arrêter à rien, sinon à mon Jésus, mon tout et ma vie. »

« Je remets ces résolutions dans le cœur de ma tendre mère, la divine Marie. Je supplie mon bon ange gardien de les lui offrir, et de la prier qu'elle m'obtienne la grâce de les accomplir fidèlement. Je me recommande également à sainte Térèse et à sainte Marie-Madeleine. On ne m'a pas permis de leur vouer des messes; mais elles n'y perdront rien pour cela, ni saint Augustin non plus. Tout pour Dieu. Amen. »

CHAPITRE IX.

Retour du P. Sellier au collége de Montdidier.

Malgré les sages mesures concertées pour assurer la prospérité du collége de Montdidier, on ne tarda pas à ressentir les funestes résultats de l'absence des Pères, et de celle du P. Sellier en particulier. On ne vit plus parmi les élèves le même élan pour le travail; le même entrain pour la piété. Le mal augmenta

la seconde année, et pour prévenir des suites plus
fâcheuses encore, le sous-préfet conçut le projet de
faire rappeler le P. Sellier. Il s'adressa donc au
grand maître de l'Université par l'intermédiaire du
chancelier, Mgr de Villaret, ancien évêque d'Amiens, et
alors évêque de Casal. Celui-ci entra sans peine dans
les vues de M. Lendormy, et obtint que le P. Sellier
pût venir reprendre la direction du collége.

Ce fut le premier lundi de carême 20 février 1809
que le P. Sellier quitta Plainval. Le mercredi précédent, avant la distribution des cendres, il annonça
cette triste nouvelle à ses paroissiens. Les larmes coulèrent de tous les yeux. On n'entendait de toute part
dans l'église que des soupirs et des sanglots, et le
pasteur mêlait ses larmes à celles de son troupeau.

Ce bon peuple ne pouvait se consoler de ce qu'il regardait comme un malheur irréparable. Pour s'épargner des adieux trop déchirants, le P. Sellier sortit
de Plainval dès six heures du matin, accompagné de
ses élèves qu'il reconduisait avec lui à Montdidier, et
alla célébrer la sainte messe à la chapelle de Gannes,
où, comme nous l'avons vu, il avait coutume de faire
un pèlerinage tous les mois. Le but de celui-ci était
de placer sous la protection de Marie son retour au
poste où la Providence l'appelait de nouveau.

Si les habitants de Plainval pleurèrent amèrement
le départ de leur pasteur, le retour du P. Sellier causa
la joie la plus vive aux élèves du collége et à leurs
parents. Ce retour fut comme une espèce de triomphe.
Avec lui reparurent la ferveur et l'émulation.

Il nous serait difficile de raconter tout le bien qui s'opéra dans cette maison pendant les quatre années qu'il la dirigea, grâce surtout à la haute opinion qu'on avait conçue de sa vertu, et au zèle actif qu'il ne cessa de déployer. Et en effet la vie du P. Sellier était celle d'un saint. Il se levait toujours de deux heures et demie à trois heures du matin, usage que nous lui verrons conserver jusque dans la plus extrême vieillesse. Lui-même sonnait le lever, et allait éveiller quelques-uns des maîtres qui prévenaient l'heure de la communauté. Ensuite, même au cœur de l'hiver, il faisait son oraison dans le cloître, qui n'était pas fermé, et se tenait toujours à genoux. Il n'entrait à la chapelle que vers quatre heures et demie ou cinq heures, au moment où la communauté y arrivait; et encore se tenait-il au milieu du chœur ou de la nef, jamais dans les bancs, pour éviter de s'appuyer. Supérieur, professeur, ministre, procureur, confesseur, prédicateur, il suffisait à tout; et cependant il prenait si peu de nourriture, que sa vie pouvait être regardée comme un jeûne presque continuel. S'il était trop fatigué, surtout le matin, le seul soulagement qu'il s'accordât, c'était de prendre un peu de lait. Les jours maigres il ne mangeait jamais de poisson, il se contentait d'œufs et de légumes. Quand il avait quelque retraite à donner, ou quelque œuvre extraordinaire sur laquelle il désirait appeler les bénédictions du Ciel, il jeûnait rigoureusement, et pratiquait encore d'autres mortifications. Un jour qu'il avait conduit à seize kilomètres environ de Montdidier cinq jeunes

gens pour leur faire donner la tonsure cléricale, il était
parti à jeun. Rentré vers une heure après midi, il se
trouva tellement épuisé, qu'il s'assit dans le cloître,
et pria un frère, celui-là même qui nous a transmis
ces détails, de lui apporter un peu de vin en attendant le dîner. Mais, se reprochant bientôt ce qu'il
regardait comme un acte de sensualité, il le refusa
quand on le lui présenta, et ne prit qu'un verre d'eau,
quoiqu'il parût sur le point de tomber en faiblesse.

Cette vie si austère, si mortifiée, n'exerçait néanmoins aucune influence sur l'extérieur du saint homme.
On le trouvait toujours gai, affable, prévenant comme
le sont les âmes entièrement mortes à elles-mêmes
et intimement unies à Dieu. « Quand j'entrai, en 1811,
au collége de Montdidier, à l'âge de onze ans, écrit un
de ses disciples entré depuis dans la Compagnie de
Jésus (1), le P. Sellier était supérieur de cette maison,
et il occupait en même temps les chaires de rhétorique et de philosophie, de deux en deux ans alterna-
tivement ; ce qu'il avait fait aussi les années précédentes. Je ne saurais dire combien je fus frappé de
l'air de sainteté qui reluisait en sa personne ; et tous
mes condisciples partageaient cette impression (2).

(1) Le P. Pierre Cotel, natif du Quesnel en Santerre, aujour-
d'hui maître des novices à Issenheim en Alsace.

(2) Voici un autre témoignage qui se rapporte à une époque
postérieure, 1820, et qui prouve également l'impression d'estime et de respect qu'inspirait la seule vue de l'homme de
Dieu : « Mon grand désir en arrivant à Saint-Acheul, écrit un
de ses enfants spirituels, était de voir le P. Sellier. Je devais
dîner à la seconde table. J'étais dans le vestibule du réfectoire

On le révérait, on l'aimait comme un saint : car c'était un saint plein d'amabilité et de bonté. Chaque fois qu'il paraissait en récréation au milieu de nous, on s'attroupait avec empressement autour de lui, pour écouter sa parole si douce, si bienveillante et si pieuse; c'était même assez pour nous de le voir de près, et de jouir de ce parfum de vertu qu'il exhalait. Rien en particulier n'était si doux que son regard, auquel se joignait un air mortifié et recueilli qui commandait la vénération.

« Sous sa direction, le collége de Montdidier fut un asile où fleurirent, avec les bonnes études, la simplicité, la ferveur, et toutes les vertus qui font l'ornement de la jeunesse. »

Parmi les ecclésiastiques qui secondèrent plus efficacement le P. Sellier dans l'exercice de son zèle auprès des élèves du collége de Montdidier, nous signalerons entre tous les autres le P. Louis Leleu, et un jeune homme nommé Louis Debussi (1), qui venait de terminer avec les plus brillants succès son cours de littérature et de philosophie. Il entra depuis dans la Compagnie de Jésus, où sa mort prématurée, mais précieuse devant Dieu, a excité d'immenses regrets.

avant que les Pères en fussent sortis. Je les passai en revue avec la curiosité d'un futur novice de dix-sept ans ans et demi. Celui qui me frappa le plus, et que je reconnus sans l'avoir vu, ce fut ce Père au visage enflammé, au regard céleste. »

(1) Nous avons raconté dans la *Vie du P. J. Varin*, p. 395, comment le P. Debussi fut amené à se fixer au collége de Montdidier.

Pendant les trois années qu'il passa au collége de Montdidier, l'abbé Debussi fut un des principaux et des plus actifs instruments du P. Sellier. Il l'aida à introduire parmi les élèves différentes pratiques de piété qui furent comme des sources de grâces pour cette maison, et y produisirent les plus heureux fruits.

La première fut la dévotion du premier vendredi du mois en l'honneur du sacré Cœur de Jésus. Cette dévotion était à peu près inconnue dans le pays. Le P. Sellier s'appliqua à la faire connaître. Il en exposa la nature, l'excellence, la solidité, les avantages, dans des instructions familières adressées aux élèves réunis à la chapelle. Quelques personnes de la ville s'y rendaient, et les instructions étaient suivies d'un salut solennel du saint Sacrement, dont la pompe contribuait à ranimer la piété.

Une autre pratique qui n'eut pas moins d'efficacité, fut celle du mois de Marie. Elle avait été apportée d'Italie en France par les cardinaux exilés. Les élèves du collége de Montdidier l'embrassèrent avec une sorte d'enthousiasme; et dès 1810 elle y était en honneur parmi ces pieux jeunes gens. Chaque jour ils portaient aux pieds de Marie le tribut de leurs louanges, et l'offrande des sacrifices qu'ils s'étaient imposés pour lui plaire; et ces sacrifices avaient ordinairement pour objet les victoires qui exigeaient le plus d'efforts de leur part.

C'était encore dans ce collége un usage auquel les élèves les plus fervents, et ils étaient très-nombreux, ne manquaient pas de se conformer : tous les matins

ils donnaient quelques instants à la méditation des
vérités saintes. Afin que ce temps n'enlevât rien à
celui consacré aux études, on les éveillait un quart
d'heure avant le reste de leurs condisciples : ils se
rendaient dans une salle commune, où un des maîtres
leur suggérait les réflexions qui devaient faire la matière de leur entretien avec Dieu. Ils se réunissaient
ensuite aux autres pour faire avec eux la prière du
matin. Ces différentes pratiques, on n'en peut douter, ont attiré sur le collège d'abondantes bénédictions.

Les retraites que le P. Sellier donnait chaque année étaient aussi un moyen efficace pour entretenir
la ferveur. Comme un certain nombre d'étrangers
étaient autorisés à prendre part à plusieurs de ces
exercices, il était rare qu'ils n'eussent pas pour résultat des conversions remarquables. Le sous-préfet,
dont nous avons eu déjà l'occasion de parler, était un
homme de bien dont les principes et la foi n'avaient
jamais varié ; mais depuis quelques années il avait
négligé la pratique des devoirs religieux. Pressé par
les remords de sa conscience, il sollicita la faveur de
pouvoir suivre les exercices. Dès les premiers jours,
il se sentit tellement touché de la grâce, qu'il se prépara à faire une confession générale. A la fin de la
retraite, il approcha de la sainte table avec un recueillement et une piété qui édifièrent tous les assistants. Depuis cette époque, il ne cessa de remplir
exactement toutes les obligations du chrétien, bravant courageusement les attaques du respect humain,

lorsqu'il s'agissait d'obéir à la loi de Dieu. Entre plusieurs autres pratiques de piété qui lui étaient familières, nous nommerons le chapelet, qu'il récitait tous les jours en l'honneur de la sainte Vierge : d'abord il le faisait en secret, loin des regards des personnes étrangères, et même de ses enfants. Cependant il n'avait pas de chapelet, et il éprouvait une certaine répugnance à en demander un. Pour y suppléer, il se servait de noyaux de fruits déposés sur sa cheminée, et qu'il déplaçait successivement à chaque *Ave Maria*. Bientôt il rougit de cette faiblesse, reçut un chapelet des mains du P. Sellier, et déclara hautement qu'il était fidèle à cette pratique. La conversion de M. Lendormy en détermina bien d'autres; et les progrès du fervent sous-préfet dans la vertu furent si notables, que peu de temps après il demanda et obtint d'être admis à communier tous les huit jours. Nous n'avons pas besoin de dire combien, dans un temps surtout où la piété était si peu en honneur, de pareils exemples devaient avoir d'efficacité, lorsqu'ils étaient donnés par un magistrat d'une probité reconnue, d'une sagesse incontestable et d'une droiture à laquelle tous se plaisaient à rendre hommage.

Le zèle du P. Sellier ne se renferma pas dans l'enceinte du collège. Il n'omit rien pour entretenir et consolider le bien qu'il avait fait à Plainval. De plus, il prêchait souvent à Montdidier et dans les environs; et comme l'opinion de sa sainteté était répandue dans toute la contrée, et que d'un autre côté celle de son talent pour la chaire n'était pas moindre, il suffisait qu'on annonçât quelque part un sermon du P. Sellier, par exemple une première communion, une plantation de croix, pour que le concours fût immense.

Sa foi et sa charité étendirent leur action sur bien d'autres objets. Il y avait alors en France d'augustes infortunes. Les cardinaux dispersés dans différentes villes de France; le saint pape Pie VII détenu à Fontainebleau, excitaient au plus haut point l'intérêt des bons catholiques. Le P. Sellier ne pouvait demeurer indifférent à des souffrances si dignes de vénération. Il organisa une quête à Montdidier, et il recueillit jusqu'à mille francs, qu'il fit passer au Souverain Pontife.

Ce trait de charité dévouée est d'autant plus digne d'éloges, que depuis un certain temps le collège se trouvait obéré. Pendant l'absence du P. Sellier, l'administration temporelle mal dirigée avait laissé beaucoup à désirer. Des dépenses trop peu réfléchies avaient épuisé les ressources, et les dettes s'élevaient jusqu'à la somme de vingt mille francs.

Durant le cours des années 1810 et 1811, on rétablit l'ordre dans la gestion; mais le déficit ne diminua pas non plus, au moins d'une manière sensible. Ce ne fut qu'en 1812 que, sans ressources extraordinaires, et comme par une espèce de prodige, à force d'ordre et de surveillance, on parvint à éteindre toutes les dettes, et même à mettre de côté quelques avances.

CHAPITRE X.

Nouvelle persécution contre le collége de Montdidier. — Le P. Sellier, obligé de le quitter, est nommé curé de Lou-vrechy et de Thory.

A la fin de cette année 1812, tout prospérait donc au collége de Montdidier, piété, études, finances. Il comptait plus de cent cinquante pensionnaires accou-rus de toutes les parties de la France, et même des pays étrangers. Déjà dans le peu d'années de son existence, beaucoup de sujets distingués y avaient puisé dans une éducation chrétienne la vocation ecclésiastique, et étaient entrés soit au séminaire d'Amiens, soit dans d'autres séminaires. Déja un nombre assez considérable de jeunes Belges étaient retournés dans leur patrie, où ils devaient quelques années plus tard remplir les emplois les plus impor-tants. Plusieurs avaient formé le dessein d'entrer dans la Société de la Foi, dès qu'elle pourrait se rétablir, ou dans la Compagnie de Jésus, que l'on espérait toujours voir sortir du fond de la Russie pour se répandre de nouveau dans le reste du monde.

En un mot, tout semblait faire présager un avenir brillant et plus prospère encore que par le passé. Après les vacances, on avait repris le cours des classes avec une nouvelle ardeur; mais ce collége avait trop de célébrité, et était trop utile à la religion et aux familles chrétiennes, pour ne pas attirer la haine des méchants. On aurait voulu obtenir que le P. Sellier s'agrégeât à l'Université impériale.

Alarmé des tendances de ce corps et de l'esprit qui l'animait, il avait toujours refusé de recevoir le diplôme. Ce fut le prétexte dont s'armèrent auprès du gouvernement des hommes intéressés à la destruction de ce précieux établissement. Tout à coup, au commencement du mois de décembre 1812, les agents du pouvoir vinrent signifier au P. Sellier et à ses compagnons l'ordre de quitter le collége, et la défense de s'immiscer désormais dans l'enseignement. Ni l'intervention du sous-préfet, ni les prières des principaux habitants de la ville, ni les instances du P. Sellier lui-même pour obtenir au moins un sursis, rien ne put empêcher que l'ordre ne fût exécuté dès le 6 décembre dans toute sa rigueur.

Jamais scène plus attendrissante que celle donnée par cette jeunesse désolée, à laquelle on arrachait ses maîtres et ses Pères vénérés. Bien des larmes coulèrent de part et d'autre, lorsque le pieux supérieur déclara à ses enfants bien-aimés la dure nécessité de se séparer et de prendre aussitôt la route de la maison paternelle. La douleur fut cependant un peu tempérée, quand il leur fit entrevoir des jours plus heureux, en leur annonçant que, pour ne pas les laisser tout à fait orphelins, on allait confier ceux qui restaient à M. Corbie, qui, dix ans auparavant, avait formé avec le P. Sellier l'école secondaire de l'Oratoire. Le collége en effet passa sous la direction de M. Corbie. Mais, malgré le zèle de ce vertueux laïque, la charge était au-dessus de ses forces. Le collége perdit beaucoup de sa réputation, et l'invasion de 1814 obligea de le fermer jusqu'au moment où il devint la propriété des Prêtres de la Mission, entre les mains desquels il fleurit aujourd'hui.

Au milieu de ces douloureuses catastrophes, le P. Sellier ne désespéra pas de l'avenir; et pour y préparer les jeunes professeurs qui s'étaient attachés à lui, il les envoya au séminaire d'Amiens, où, tout en suivant les cours de théologie, ils devaient se conserver dans l'esprit de leur vocation, et se tenir unis par le lien d'une spirituelle fraternité. Leur pieux supérieur leur avait donné de sages avis pour les diriger dans cette nouvelle position. L'abbé Louis Debussi (1) fut comme l'ange gardien de cette petite colonie transplantée, qui remplit le séminaire de la bonne odeur de ses vertus, et fournit, deux ans plus tard, le plus grand nombre des professeurs du petit séminaire de Saint-Acheul.

Pour le P. Sellier, il eut l'adresse courageuse de conserver secrètement une dizaine d'élèves de choix, dont plusieurs étaient Belges, et qui, cachés d'abord dans quelques chambres isolées du collége, puis dans une maison fort retirée de la ville, purent ainsi continuer leurs études sous l'influence du saint homme, et à l'aide de l'un des professeurs. Rien de plus curieux

(1) *Vie du P. J. Varin*, Notice sur le P. Louis Debussi, p. 398.

que cette mystérieuse existence de quelques mois, soit dans le collége même, soit dans cette autre maison, dont la cour se perdait inaperçue dans les débris des remparts de la ville. Il y avait là bien des privations à souffrir, bien des précautions à prendre, bien des sacrifices à s'imposer pour des enfants; mais ils étaient contents d'étudier sous l'aile du P. Sellier, et le bon Père, qui, en sortant du collége, avait pris son logement à l'hôpital de Montdidier, était heureux de les voir par leur conduite répondre si bien à ses soins et à son affection.

Mais cette vie trop peu active ne suffisait pas à l'ardeur de son zèle. Il voulut, puisque Dieu lui en donnait le moyen et les forces, faire davantage pour le salut des âmes, et à sa demande Mgr de Mandolx, évêque d'Amiens, lui confia au mois de février 1815 le soin d'une petite paroisse nommée Louvrechy, et d'une autre voisine plus considérable, celle de Thory.

Le premier de ces villages était depuis longtemps privé de prêtre. Aussitôt que le P. Sellier y fut un peu installé, il fit venir ses jeunes élèves de Montdidier, les plaça dans une habitation attenante au presbytère, et dont le vaste enclos les dérobait assez bien aux regards publics.

Tandis que ces jeunes gens étudiaient sous la conduite immédiate de leur régent, et la direction du P. Leleu, le P. Sellier de son côté se livrait à l'exercice du saint ministère. On le vit là tel qu'il s'était montré à Plainval. Visite des paroissiens, exer-

cices pieux, chant des cantiques, prédications fréquentes, exhortations publiques et privées, il mit
tout en œuvre pour ranimer la foi et la pratique de la
religion dans cette paroisse, et il y réussit. C'est pendant son séjour à Louvrechy que, secondé par un
de ses élèves, depuis le P. Alexandre Pourcelet, il
commença un recueil de cantiques dont nous aurons
occasion de parler dans la suite; et au bout de quelques mois, son zèle de missionnaire plutôt que de
curé ne voyant plus rien à faire, il laissa à un autre
le soin de consolider son ouvrage, et de recueillir la
moisson qu'il avait semée et arrosée de ses sueurs,
fait croître et mûrir. On pourvut à son remplacement,
et il partit au mois de juin pour la paroisse de Rubempré, où il devait recommencer les mêmes travaux. Son vertueux confrère, le P. Leleu, qui l'avait
aidé à cultiver la paroisse de Thory, le suivit encore,
et fut placé dans un poste voisin de Rubempré, la
paroisse de Talmas, où sa mémoire est restée en
bénédiction.

Quant aux élèves du P. Sellier, ils restèrent à
Louvrechy jusqu'au mois d'août, époque où ils re-
tournèrent tous en vacances dans leurs familles. Au
mois d'octobre suivant, il les fit passer au village de
Taisnil, à seize kilomètres d'Amiens, et les établit
dans une petite maison seigneuriale appartenant à
un pieux ami, M. de Viefville, et où leur éducation
put se faire avec beaucoup plus d'avantages. Ils y
furent toutefois moins nombreux. Les Belges étant
retournés dans leur patrie, il ne resta que six Fran-

çais (1). Cette maison devint, l'année suivante, pour
la Compagnie de Jésus, comme le berceau de la province de France ; et ce fut là que, par les soins du
P. Sellier et du P. Varin, bon nombre de Pères de la
Foi, voulant se donner à la Compagnie, se réunirent
à l'appel du P. de Clorivière. C'est là aussi que pendant les Cent-Jours le noviciat établi à Paris fut
transféré et trouva un asile.

CHAPITRE XI.

Le P. Sellier curé de Rubempré.

Rubempré, paroisse extrêmement pauvre, était
ravagée depuis près d'une année par une épidémie
qui durait encore lorsque le P. Sellier y arriva, le
24 juin 1815, précédé de la réputation d'un saint. Il
succédait à M. Chevalier, prêtre capable et zélé, devenu curé de Villers-Bretonneux, ensuite doyen de
Rosières, et depuis mort aveugle dans la maison du
Blamont. « Le samedi suivant (2), écrit le Père, je fus
au comble de la joie en voyant tous ces braves gens
accourir en foule au saint tribunal : nulle part je n'a-
vais trouvé tant de simplicité, tant de droiture. Je

(1) Les deux frères Alexandre et Frédéric de Viefville, neveux
du propriétaire; Alexandre Pourcelet, Hilaire Delucheux, Le-
conte et Laurent.

(2) Retraite de 1838.

bénissais le Seigneur de m'avoir donné un tel peuple. »
Cette maladie contagieuse offrit à l'homme de Dieu
une occasion de faire éclater, dès les premiers jours
de son arrivée, son dévouement et sa charité. On le
voyait sans cesse occupé de ceux qui avaient été attaqués par le fléau. Sans craindre le péril, il pénétrait
partout, même dans de pauvres maisons où quatre,
cinq ou six malades se trouvaient entassés, et il
restait dans cette atmosphère corrompue jusqu'à ce
que son cœur de père se fût pleinement satisfait.
Mais ses forces physiques ne tinrent pas longtemps
contre la fatigue et la contagion. Quinze jours n'étaient
pas écoulés qu'il fut atteint par le mal, et bientôt
réduit à l'extrémité. Sa patience, sa résignation, sa
confiance en Dieu furent alors un grand sujet d'édification pour ses paroissiens et pour toutes les personnes qui l'approchaient.

Le doyen du canton de Villers-Bocage, dont Rubempré fait partie, était le vénérable M. Demachy, son
oncle, vieillard plus qu'octogénaire. Il le fit prier de
venir entendre sa confession générale, et de lui administrer les derniers secours de la religion. On conçoit
tout ce que cette cérémonie dans de telles circonstances eut de touchant pour son peuple. Dieu, qui
n'avait accompli qu'une faible partie de ses desseins sur son serviteur, le rappela des portes de la
mort. Il était à peine à la moitié de la carrière qu'il
devait si bien parcourir pour la plus grande gloire de
la Majesté divine. Revenu à la santé, le saint homme
disait que, *si l'approche de la mort n'avait pas été*

pour lui sans quelque terreur, du moins le souvenir des absolutions qu'il avait données n'était entré pour rien dans sa crainte; ce qui paraîtra significatif à ceux qui savent avec quelle compatissante bonté il admettait les pécheurs à la pénitence.

Aussitôt que ses forces le lui permirent, le P. Sellier reprit avec une nouvelle activité ses exercices de zèle, et Dieu les bénit par les fruits les plus abondants.

Rubempré était une paroisse beaucoup plus populeuse que Plainval et Louvrechy; elle comptait près de 1,400 âmes. Le bon curé n'y resta guère que dix-huit mois; mais on peut dire que pendant ce court espace de temps il y opéra des prodiges : c'était d'ailleurs une terre admirablement préparée par les soins de son pieux prédécesseur.

Nous ne répéterons pas ici les détails que nous avons donnés en parlant des deux premières paroisses évangélisées par le P. Sellier. Comme dans ces précédentes missions, il mit en œuvre toutes les industries d'un zèle à toute épreuve, les instructions réitérées, les catéchismes, la solennité des offices, la pompe des cérémonies, la prière du soir faite en commun tous les jours, avec le chapelet et la lecture spirituelle, usage qui s'est perpétué jusqu'ici. Son attrait pour les cantiques en langue vulgaire, auxquels il attachait tant de prix, se manifesta à Rubempré plus encore qu'ailleurs par le soin qu'il avait pris de garder un de ses jeunes élèves d'une voix agréable (1),

(1) Le P. Pierre Cotel.

à qui il faisait lui-même la classe; et l'une de ses récréations les plus ordinaires après les repas était de chanter avec lui des cantiques. Il se servit aussi de ce jeune homme pour initier aux premiers éléments de la langue latine quelques enfants du village, dont un devint par la suite un excellent curé (1), et un autre (2) entra dans la Compagnie de Jésus.

L'emploi de tous ces moyens obtint les résultats qu'on avait lieu d'en attendre. Le P. Sellier eut la consolation de faire fleurir à Rubempré la fréquentation des sacrements, la dévotion au sacré Cœur et le culte de la sainte Vierge. La ferveur devint générale parmi ce bon peuple, et le pasteur, malgré un surcroît d'occupations qui aurait effrayé un courage moins éprouvé, était heureux de voir ses ouailles répondre à ses soins avec une si parfaite docilité. Ses fatigues en effet étaient grandes, excessives même aux jours de dimanches et de fêtes. Son travail commençait dès la veille, et se prolongeait bien avant dans la nuit, pour reprendre de grand matin et ne finir qu'avec le jour. C'était de longues heures au confessionnal, deux messes ayant chacune sa prédication, le catéchisme des enfants, les vêpres, le chapelet, les vêpres de la sainte Vierge pour les personnes pieuses, et enfin les vêpres du saint Sacrement ou celles des morts pour tous les paroissiens.

Par respect pour une des règles de la Compagnie

(1) M. Pierre Hurdequint, curé du Quesnel en Santerre.
(2) Le P. Cosme Lartigue.

de Jésus, il aurait désiré d'exercer gratuitement le saint ministère : toutefois, sur la représentation d'un sage curé qui lui fit envisager quels inconvénients cette conduite aurait pour ses successeurs, il consentit à accepter les honoraires d'usage; mais c'était pour les faire passer incontinent dans les mains des pauvres.

D'après cet exposé succinct du bien opéré par le P. Sellier pendant son séjour à Rubempré, on n'aura pas de peine à comprendre la haute opinion que ce peuple s'était formée de son pasteur, ou plutôt de son apôtre.

Laissons parler ici un enfant de Rubempré (1) qui a passé plusieurs jours à recueillir parmi ses concitoyens les souvenirs que le court passage de l'homme de Dieu avait laissés dans cette paroisse privilégiée : « Des vieillards de Rubempré qui vivent encore et qui ont le mieux connu le P. Sellier ou qui ont été le plus à portée de l'apprécier, s'accordent à lui rendre ce témoignage, que c'était un pasteur d'un dévouement incomparable, un bon pasteur dans toute la force du terme. Pauvre lui-même, il se dépouillait encore, et il se réduisait au plus strict nécessaire pour nourrir les pauvres. Au moyen d'une quête faite de porte en porte, et en y ajoutant du sien, il a fait rebâtir la maison d'un pauvre paralytique qui tombait en ruine.

« Il était craint et respecté comme le sont les

(1) Le P. Lartigue.

saints. Il imposait surtout aux enfants; et ceux de
Rubempré sont renommés pour leur turbulence. Ce
qu'avant lui pouvaient à peine obtenir les saintes
colères de M. Chevalier, son prédécesseur, qui jouissait pourtant d'une grande autorité, la seule vue du
P. Sellier le produisait comme par enchantement: il
n'avait qu'à paraître, qu'à se montrer, et tout rentrait dans l'ordre; mais il était encore plus aimé et
chéri que craint. Sa condescendance et son affabilité
avec les villageois lui avaient gagné tous les cœurs,
et la seule appréhension qu'il ne quittât la paroisse si
on ne faisait pas ce qu'il demandait, consternait tout
le monde. J'ose affirmer ici, car je n'ai pas oublié
l'impression générale d'alors, que son départ eût été
regardé comme un malheur irréparable et une véritable calamité publique. »

CHAPITRE XII.

Retraite donnée à Taisnil et au grand séminaire d'Amiens.
— Jambe cassée.

Au mois de septembre de cette année 1815, le
P. Sellier réunit à Taisnil pour une retraite tous les
anciens professeurs du collége de Montdidier, et
quelques jeunes gens d'élite désireux de se consacrer
à Dieu. Il leur développa les Exercices de saint
Ignace avec une force et une onction qu'ils n'ont jamais oubliées. Durant le repas, on lisait la vie de

saint François Régis, un des saints de prédilection du P. Sellier. L'homme de Dieu en était si profondément ému, qu'il lui était comme impossible de prendre de la nourriture; et qu'il avait peine à retenir ses larmes. Aussi, après la visite au saint Sacrement, qui suivait le repas, il s'enfonçait dans le bois et allait y pleurer en liberté. Le P. Sellier termina cette retraite par un de ces actes d'humilité qui lui étaient ordinaires. Après avoir remercié Dieu des grâces qu'il avait accordées à tous les retraitants, il s'accusa de toutes ses fautes, qui avaient, disait-il, entravé le succès de la retraite, et se condamna à baiser les pieds de tous les assistants. Dès qu'il eut fini de parler, M. l'abbé Aubrelique, curé de Montdidier, que le P. Sellier avait admis à faire la retraite, prit la parole et dit à haute voix: « Non, Monsieur, nous ne le souffrirons pas; vous êtes un homme de Dieu; nous vous devons une éternelle reconnaissance, etc. » Le P. Sellier lui imposa silence, lui exprima la contrariété que lui faisait éprouver un pareil langage, et se prosterna aux pieds de chacun des assistants.

Cette retraite n'est pas la seule que, vers ce même temps, le P. Sellier fut appelé à diriger. A Rubempré, comme à Louvrechy, plusieurs élèves du séminaire d'Amiens, attirés par sa réputation, vinrent sous sa direction faire les Exercices de saint Ignace, pratique alors très-peu usitée dans le pays. Ils y puisèrent une ferveur qui devait bientôt se répandre dans le séminaire entier. C'étaient les jeunes professeurs de

Montdidier qui avaient fait connaître le P. Sellier dans le séminaire, où, comme je l'ai dit, il les avait envoyés pour suivre les cours de théologie. L'éloge qu'ils firent de leur pieux directeur excita le désir de l'entendre donner les exercices, et à la demande du supérieur du séminaire, il s'y rendit de Rubempré, au mois de décembre 1815. Cette retraite fut un événement dans cette maison. Le serviteur de Dieu éprouva d'abord je ne sais quelle pénible impression qui semblait paralyser sa parole. *Je me sentais bridé,* disait-il gaiement un peu plus tard. Plusieurs sermons furent donnés sous cette impression, et partant sans l'énergie ordinaire au prédicateur, sans fruits de la part des auditeurs. On était étonné de cette impuissance, on riait de ceux qui avaient provoqué la venue du Père: *Eh bien!* leur disait-on, *votre P. Sellier, voilà donc tout ce dont il est capable.* Le saint homme offrit à Dieu cette humiliation; mais il ne perdit rien de son calme et de sa sérénité. Il réunit à part ses frères de Montdidier, plus attristés que lui, leur demanda des prières et des pénitences pour attirer le secours d'en haut, et ajouta que, si le sermon suivant était encore sans résultats, il déclarerait publiquement que Dieu ne voulait pas se servir de lui pour cette œuvre, et qu'il se retirerait. Il n'en fut pas besoin; l'épreuve avait cessé. Dans cette exhortation décisive, sa parole devint si entraînante, si victorieuse, que le succès de la retraite ne fut plus douteux. Durant le reste des exercices, on retrouva le P. Sellier tel qu'il

3*

était dans ces circonstances. Les cœurs gagnés se livrèrent, et cette correspondance centupla ses forces; il y eut un ébranlement général. On ajoute qu'en conséquence de ses prédications pathétiques, quelques séminaristes, effrayés des redoutables exigences du sacerdoce, auxquelles ils n'avaient pas assez mûrement réfléchi, et ne se sentant pas assez de forces pour en remplir dignement tous les devoirs, rentrèrent dans le monde, aimant mieux y être de bons laïques que de mauvais prêtres. Les autres, pleins d'ardeur pour leur avancement dans la piété, sollicitèrent même, et obtinrent que Louis Debussi, qui était, comme nous l'avons dit, à la tête de la petite colonie des jeunes gens venus de Montdidier, continuât de les initier chaque matin à la pratique de l'oraison mentale. Depuis ce moment le P. Sellier fut redemandé plusieurs années de suite pour la retraite annuelle du séminaire; et telle était l'impression produite sur l'auditoire, que le vénérable supérieur, M. Dewailly, depuis supérieur général de la congrégation de la Mission, montant quelquefois dans la chaire après le prédicateur, exprimait son émotion par ces paroles: « Messieurs, le saint a parlé : c'est à nous maintenant de faire ce qu'il a dit. » D'autres fois, avant que l'instruction commençât : « Le saint va paraître, disait-il : *ipsum audite.* »

A la suite de cette première retraite donnée au séminaire d'Amiens, le P. Sellier retournait à Rubempré, lorsqu'un accident imprévu vint mettre ses jours en danger, et lui fournit une nouvelle occasion de

faire éclater sa patience, son courage et l'énergie de
son caractère dans les plus cruelles souffrances.

Le temps était très-froid, et une neige épaisse cou-
vrait la terre. Il montait un cheval d'emprunt, récitant pieusement son rosaire. Parvenu, la nuit déjà
close, à une certaine distance d'Amiens, il se trouvait sur le chemin de traverse qui conduit de Pierre-
got à Septenville, annexe de Rubempré, et où il devait
remettre le cheval à M. Poiré, qui le lui avait prêté.
Tout à coup l'animal fit un faux pas, et s'abattit violemment dans la neige, ayant son cavalier renversé
sous lui. Cette chute détermina la fracture des deux
os de la jambe droite. Le Père crut d'abord que l'accident était moins grave, et il essaya de se relever et
de remonter à cheval : mais ses forces le trahirent ;
il retomba par terre et se vit forcé de laisser le cheval
aller à sa fantaisie. Il resta ainsi dans la neige,
au milieu des champs glacés et des ténèbres de la
nuit, attendant avec une invincible patience ce que
Dieu déciderait de lui. Il avait espéré que le cheval
irait droit à la ferme qui lui était connue, et que sa
vue exciterait peut-être de salutaires soupçons. C'est
ce qui arriva. Le fermier, surpris de voir son cheval
revenir seul, conçut des inquiétudes ; il sortit, et
comme, en prêtant l'oreille, il crut entendredes cris
lointains, il courut de ce côté. Quelles ne furent pas sa
surprise et sa douleur, lorsqu'il rencontra son vénéré
pasteur dans la triste situation que nous venons de décrire, mais résigné, calme, souriant, et ne laissant
échapper aucune plainte. Un voiturier attiré par les

cris de M. Poiré se joignit à lui pour porter le saint homme à sa charrette. Ils le conduisirent au presbytère, d'où le bruit du fatal accident se répandit comme un éclair dans toute la paroisse. On l'étendit d'abord devant un grand feu pour le réchauffer, et tandis qu'on appelait le chirurgien(1), et qu'on s'empressait de toute part pour préparer les choses nécessaires à l'opération, on vit le courageux P. Sellier demander son bréviaire et réciter tranquillement l'office divin. Quand on l'eut placé sur son lit, on se mit en devoir de réduire la fracture. L'opération fut longue, difficile, douloureuse, mais réussit parfaitement. *Prenez des cordes pour moins vous fatiguer, et pour tirer plus à votre aise,* dit le patient, à la grande surprise des villageois qui étaient présents. Durant cette cruelle opération, il ne fit pas même entendre un soupir : seulement on s'aperçut à la sueur qui coulait de son visage combien il souffrait. Comme on le plaignait : *Ne me plaignez pas,* dit-il, *Notre-Seigneur n'a-t-il pas souffert bien davantage?* On dit aussi que, l'opération terminée, on lui offrit un verre d'eau sucrée pour le réconforter un peu. « *Eh!* dit-il avec ce ton qui lui était propre, *me prenez-vous donc pour une poupée?* »

Il parut également impassible les premiers jours qui suivirent; on ne l'entendit gémir que pendant son sommeil, lorsqu'il put prendre un peu de repos.

(1) M. Lartigue, père du célèbre prédicateur jésuite de ce nom. Il s'est toujours félicité d'avoir eu le bonheur de remettre la jambe d'un saint, et resta pénétré d'admiration pour les exemples de patience et de résignation dont il avait été témoin.

Le lendemain de l'accident, M. d'Acqueville, l'un des plus anciens et des plus dévoués amis du P. Sellier, vint le voir avec un chirurgien distingué d'Amiens, et à leur grande satisfaction, ils constatèrent que la jambe du bon Père avait été bien remise, et qu'il n'y avait rien à changer à l'appareil.

Ses douleurs néanmoins se prolongèrent; et ce qui n'exerça pas moins sa patience, ce fut cette inaction forcée de plus de deux mois, si pénible pour une âme aussi ardente, et pour un zèle aussi brûlant que le sien. Du reste il ne perdit pas son temps : il consacra les heures de ce loisir obligé à l'étude des Pères de l'Église; et aussitôt qu'il le put, au bout de quinze jours environ, il commença à entendre les confessions dans son lit, exerçant ce ministère avec la même assiduité que s'il eût été sur pied. Cet empressement prématuré à reprendre les occupations du saint tribunal mit obstacle à sa parfaite guérison. Le mouvement que, pour être plus à portée d'entendre ses pénitents, il était obligé de faire, au lieu de garder constamment la même position, lui laissa une infirmité dont il s'est ressenti à peu près toute sa vie, celle de boiter un peu. C'est à cette circonstance que M. Lartigue, son chirurgien, faisait allusion lorsqu'il lui dit un jour en plaisantant : « Savez-vous, Père Sellier, que vous m'avez beaucoup d'obligation ? — Et de quoi donc? — De quoi? — De vous avoir rendu semblable à saint Ignace (1). »

_____

(1) On sait que le saint fondateur de la Compagnie de Jésus

Non content d'entendre les confessions, le P. Sellier désira, après quelques semaines, avoir aussi la consolation de célébrer la sainte messe. Il s'adressa en conséquence à l'autorité ecclésiastique, qui lui permit de satisfaire sa dévotion dans une chambre du presbytère transformée en oratoire. C'était un grand sujet d'édification de voir d'un côté le vertueux prêtre, le genou sur un appui, soutenu par le bon frère Firmin (1), si connu des élèves de Saint-Acheul, offrant le divin sacrifice avec une ferveur toute céleste; de l'autre la foule de ses paroissiens inondant les chambres, la cour et le jardin du presbytère pour y assister par les fenêtres et les portes ouvertes. Le dimanche il faisait même une petite instruction aux pieux fidèles, réunis en aussi grand nombre que le local pouvait en contenir. Du reste, l'évêque d'Amiens s'empressa de lui donner un prêtre (2) pour suppléer à ce que la maladie ne lui permettait pas de faire dans l'administration de sa paroisse; et cet ecclésiastique puisa dans ce contact avec le saint homme une ferveur, un zèle, un désintéressement dont Rubempré conti-

boitait légèrement des suites de la blessure qu'il avait reçue à la jambe au siége de Pampelune.

(1) Firmin Heigny, aujourd'hui sacristain et portier de la maison de Saint-Acheul.

(2) Pierre-François Bullot, né le 7 août 1788, nommé curé desservant de Rubempré le 1er octobre 1814. Il fit en 1824 quelques tentatives infructueuses pour entrer dans la Compagnie de Jésus. Après avoir ensuite rempli différents postes dans le diocèse d'Amiens, il fut, le 1er janvier 1829, nommé à la cure de Rubempré, qu'il occupa jusqu'à sa mort, arrivée le 7 octobre 1843.

nua de profiter quand le P. Sellier, en se retirant, le lui laissa pour pasteur.

CHAPITRE XIII.

Le P. Sellier au petit séminaire de Saint-Acheul. — Fondation et organisation de cet établissement. — Première retraite donnée aux élèves.

Cependant l'époque approchait où le P. Sellier devait quitter sa chère paroisse de Rubempré. Le jour de cette séparation fut pour tous un jour de deuil.

De grands événements s'étaient accomplis en France et dans l'Europe entière. Au mois d'avril 1814, Louis XVIII était remonté sur le trône de saint Louis. Les Pères de la Foi dispersés crurent que le moment était venu de se rassembler et de fonder quelques établissements semblables à ceux qu'ils avaient possédés de 1801 à 1808. Le P. Sellier, de concert avec ses collaborateurs dans le collége de Montdidier, avait, dès le mois de mai, jeté les yeux sur la ville d'Amiens pour réaliser ce projet. Il députa en conséquence, le premier dimanche de mai, un de ses élèves (1) chargé de présenter à Compiègne un placet à Louis XVIII, à l'effet d'obtenir l'autorisation nécessaire. Il lui fut répondu par le duc Eugène de Montmorency, gouver-

(1) Achille Guidée, alors simple clerc minoré, et professeur à la maîtrise du chapitre de la cathédrale d'Amiens.

neur du château, auquel il s'adressa, que la présentation du placet était une démarche tout à fait inutile ; qu'on en présentait de toute part et de toute
sorte ; que le roi n'y répondrait pas, qu'il ne serait
pas même lu : mais que l'on pouvait commencer avec
confiance ; qu'une entreprise qui ne tendait qu'à donner de fidèles serviteurs à Dieu, et à former des ci-
toyens dévoués à leur patrie, loin d'éprouver aucune
contradiction, serait soutenue et protégée. Après une
assurance aussi formelle, aurait-on pu prévoir les tracasseries auxquelles devait être exposé l'établissement
projeté? De son côté, le P. Varin (1), supérieur de la
Société de la Foi en France, s'était rendu à Paris,
puis à Amiens, pour réunir ses anciens confrères, depuis longtemps retirés chacun dans son diocèse. Son
but était de les incorporer enfin à la Compagnie de
Jésus, et de préparer ainsi les voies au rétablissement
de cette Compagnie en France. Il était sur le point d'entreprendre à ce sujet le voyage de Russie, et d'aller
mettre aux pieds du R. P. général Thaddée Brzozowski
sa personne et toute la petite Société de la Foi, lorsqu'il
apprit que la fin de son voyage était obtenue, et que
le P. Picot de Clorivière (2), ancien jésuite, demeurant
à Paris, avait reçu la commission de travailler à faire
revivre en France la Compagnie de Jésus. À l'instant
il reprit le chemin de Paris, et se remit lui et tous les
siens entre les mains du commissaire nommé par le
R. P. général. Presque tous les membres qui avaient

(1) *Vie du P. J. Varin*, p. 113 et suiv.
(2) *Vie du P. J. Varin*, Notice du P. de Clorivière, p. 259.

fait partie de la Société de la Foi, fidèles à leur vocation, se hâtèrent de quitter les postes qu'ils occupaient dans leurs diocèses, et de solliciter leur admission.

Le P. Sellier fut un des plus empressés à s'enrôler dans cette sainte milice. Le P. de Clorivière l'y admit à Paris dès le 11 août 1814. Mais sur ces entrefaites l'académie d'Amiens ayant appris qu'il était question d'y ouvrir une maison d'éducation, et voulant prévenir le coup qu'un tel établissement pouvait porter au lycée de cette ville, fit offrir au P. Sellier, par l'entremise de l'évêque, Mgr de Mandolx, la place de proviseur du lycée. L'évêque transmit la proposition au P. Sellier. Celui-ci répondit sans hésiter qu'il se tenait fort honoré de cette marque de confiance, et du choix dont il était l'objet; mais qu'il ne pouvait accepter qu'à deux conditions, lesquelles probablement ne seraient pas agréées : 1° Il aurait le droit de ne garder parmi les maîtres et les élèves que ceux qui lui conviendraient. 2° Il jouirait d'une pleine et entière liberté dans le gouvernement intérieur du lycée. C'était, en d'autres termes, refuser la place. Le prélat s'y attendait bien : il ne fit que sourire à la réponse du P. Sellier, et notifia son refus au recteur de l'Académie.

Cependant les décrets concernant l'instruction publique n'ayant pas été révoqués, et ne paraissant pas devoir l'être de sitôt, il était dangereux, vu surtout les dispositions peu bienveillantes de l'Université, de former un établissement sous le titre de collége ou même de simple pensionnat. L'évêque d'Amiens, pour lever cette difficulté, proposa de le former sous le titre de petit séminaire diocésain. Cette offre fut acceptée avec d'autant plus d'empressement, qu'outre les services qu'elle permettait de rendre au diocèse, on avait la certitude qu'une ordonnance royale allait exempter les petits séminaires de la juridiction universitaire, et les replacer sous la dépendance immédiate des évêques, leurs supérieurs naturels. Le P. Sellier s'occupa donc de chercher un local propre à cet établissement. Aucun ne parut réunir plus d'avantages que la grande et belle abbaye de Saint-Acheul sur la route de Noyon, à un kilomètre seulement d'Amiens (1).

(1) L'église et la maison de Saint-Acheul ont été bâties, suivant une ancienne tradition, sur l'emplacement d'un temple du paganisme et d'une maison de campagne nommée Abladène, qui appartenait au sénateur Faustinien, vers le milieu du IIIe siècle. Ce sénateur vivait encore lorsque saint Firmin, étant venu apporter la lumière de l'Évangile dans cette contrée, y reçut, vers l'an 288, la couronne du martyre. Faustinien, converti à la foi avec toute sa famille, changea le temple d'idoles en une église, et déposa le corps du saint apôtre dans le tombeau qu'il avait préparé pour lui-même. Saint Firmin, surnommé le Confesseur, fils de Faustinien, fut le second successeur de saint Firmin le martyr. Il construisit sur son tombeau une église où les chrétiens du pays commencèrent à tenir leurs assemblées. Durant plusieurs siècles, le diocèse d'Amiens n'eut d'autre cathédrale que ce lieu, regardé par les peuples comme le berceau de leur foi, et consacré par les cendres des deux saints Firmin, des deux saints martyrs Ache et Acheul, leurs contemporains, et de plusieurs autres saints personnages des premiers temps du christianisme dans les Gaules.

Vers le milieu du VIIe siècle, saint Salve, évêque d'Amiens, bâtit dans la ville une église avec l'intention d'y transporter son siége épiscopal. A peine eut-il terminé cet ouvrage, qu'il fut averti par une révélation de se rendre à l'ancienne église où reposaient les restes de saint Firmin le martyr. Il y alla, et s'étant mis en prière, il vit un rayon lumineux descendre du ciel et se reposer sur un endroit du sanctuaire. Aussitôt il fit creuser la terre, et l'on trouva le corps du saint martyr, exhalant une odeur céleste. Ces précieuses reliques furent transportées solennellement à la nouvelle cathédrale, et déposées dans une châsse très-riche, où elles ont été honorées jusqu'à l'époque de la révolution.

L'ancienne église bâtie par saint Firmin le Confesseur avait été d'abord dédiée sous l'invocation de la très-sainte Vierge. Dans la suite, les miracles qui s'opérèrent au tombeau de saint Firmin le martyr lui firent donner son nom; mais après la translation dont nous venons de parler elle prit le titre des saints Ache et Acheul, qui y étaient vénérés de temps immémorial, et continua d'être desservie par un chapitre nombreux.

L'église et la maison de Saint-Acheul éprouvèrent dans la suite des siècles bien des révolutions et même des calamités. En 1085, on y établit des chanoines réguliers qui prirent la place de l'ancien chapitre, et l'église reçut le nom de Saint-Acheul, qu'elle a conservé jusqu'à la révolution. Pendant le règne de Charles V, la maison et l'église furent ruinées de nouveau, ce qui donna lieu de transporter les reliques des saints martyrs Ache et Acheul à l'église cathédrale, où elles furent déposées dans une châsse d'argent.

Après avoir été rebâtie, l'abbaye de Saint-Acheul fut de nouveau abattue en 1634, puis reconstruite par la congrégation de Sainte-Geneviève, à laquelle elle fut unie cette année-là, pour y rester jusqu'à la révolution. A peine sortie de ses ruines, elle servit d'hôpital à l'armée de Louis XIII, qui assiégait Corbie.

En 1697, en travaillant aux fondations du maître-autel qu'il s'agissait d'élever au-dessus du tombeau de saint Firmin, on découvrit un caveau renfermant six tombeaux de pierre, que l'on croit, d'après une tradition constante, avoir été ceux des deux saints Firmin, de saint Euloge, prédécesseur de saint Firmin le Confesseur, et du pieux Faustinien. Les deux autres restèrent complétement inconnus. On y pratiqua une ouverture qui donnait dans le sanctuaire, et ce lieu, jadis consacré par les reliques de plusieurs saints, offrit dès lors un aliment de plus à la piété des fidèles. L'église où l'on fit cette précieuse découverte était celle qui avait succédé à l'ancienne cathédrale bâtie par saint Firmin le Confesseur, et dont le chœur avait été construit en 1073.

De nouvelles transformations, nécessitées par de nouveaux malheurs, ne tardèrent pas à s'opérer à Notre-Dame de Saint-Acheul. En 1751, l'antique voûte du sanctuaire s'écroula; ce désastre et le mauvais état de la maison firent naître aux Génovéfains la pensée de rebâtir toute l'abbaye et l'église sur un plan nouveau. Ce projet fut exécuté dans son entier les années suivantes. C'est à cette époque qu'il faut faire remonter la construction du caveau actuel, au-dessus des tombeaux des évêques, et l'embellissement de la crypte de Saint-Firmin. L'ouvrage était à peine terminé, que la révolution vint enlever l'abbaye à sa destination primitive. La maison et les terres furent vendues à vil prix; l'église entra dans ce qu'on appelait le domaine national; elle fut d'abord pillée et dévastée. Après le règne de la Terreur, elle fut rendue au culte divin en faveur des habitants de la Neuville, qui, depuis sa reconstruction, n'avaient plus eu d'autre paroisse. Mais à peine pouvait-on subvenir aux besoins les plus pressants du culte. L'église était dans un état de dénûment et de délabrement sans exemple: un pavé de mauvaises briques usées, ou même enlevées, des murs nus, sales et dégradés, une toiture qui ne défendait plus une voûte percée de toutes parts, des vitraux en désordre et à moitié détruits, point de sacristie; ni vases sacrés, ni linge, ni ornements dont on pût décemment se servir.

Tel était l'état des choses, lorsqu'au mois de novembre 1814, les Pères de la Compagnie de Jésus fondèrent à Saint-Acheul le petit séminaire de ce nom. L'église n'était pas leur propriété, ils n'en avaient que l'usage; néanmoins, comme c'était là que se célébraient les offices du petit séminaire, ils crurent qu'un de leurs premiers soins devait être de réparer la maison de Dieu, et de faire sortir en quelque sorte de ses ruines un monument si cher à la piété. Ils mirent donc la main à l'œuvre; chaque année vit exécuter de nouvelles restaurations, de nouveaux embellissements en tout genre; et longtemps avant que le petit séminaire cessât d'exister, on était parvenu à rendre cette église digne du culte de Dieu et des saints tombeaux qu'on y venait honorer. (Extrait des Annales inédites du petit séminaire de Saint-Acheul, et d'une Notice sur Notre-Dame de Saint-Acheul, imprimée à Amiens, en 1854, chez Caron et Lambert.)

On écrivit à ce sujet au P. de Clorivière, qui envoya le P. Nicolas Jennesseaux (1), avec le pouvoir de conclure un bail de location (2). Le contrat fut passé au mois de juillet 1814; et l'on se hâta de disposer la maison pour recevoir des élèves. Mais l'autorité universitaire ne put voir de sang-froid ces préparatifs. Elle prit des mesures pour les arrêter. Le recteur de l'Académie requit le procureur du roi de faire examiner par un commissaire de police s'il était vrai que l'on entreprît d'ouvrir une école publique à Saint-Acheul. Le commissaire y vint en effet, vérifia l'état des choses, et dressa son procès-verbal. Il fallut suspendre les travaux intérieurs d'appropriation pendant quelques jours, après lesquels parut enfin l'ordonnance royale qui replaçait les petits séminaires sous la main des évêques.

Cet heureux incident calma toutes les inquiétudes, du moins pour le moment.

Dès que les réparations les plus indispensables furent à peu près terminées, le P. de Clorivière se rendit à Amiens, pour donner les exercices spirituels aux futurs directeurs de l'établissement. Pendant cette retraite, qui eut lieu au mois d'octobre, les

---

(1) *Vie du P. J. Varin*, Notice du P. Jennesseaux, p. 203.

(2) On nous pardonnera d'entrer dans ces détails multipliés sur les commencements de la maison de Saint-Acheul. Les souvenirs qui s'y rattachent et qui nous seront toujours chers, la part si active que le P. Sellier prit à la formation de ce célèbre établissement, les bénédictions que Dieu y a répandues par son ministère, nous serviront d'excuse.

4

travaux se poussèrent avec une nouvelle activité : mais, quelque ardeur qu'on pût y mettre, il s'en fallait de beaucoup qu'ils fussent terminés, lorsque arriva le 5 novembre, jour fixé pour l'ouverture du petit séminaire. Ce fut, en l'absence de l'évêque (1), le premier des vicaires généraux, M. Cottu, qui célébra la messe du Saint-Esprit, et prononça le discours usité dans ces sortes de cérémonies. L'auditoire l'entendit avec joie paraphraser ce passage d'Isaïe : *Étends l'enceinte de ton pavillon; développe les voiles de tes tentes... Le lieu est trop étroit. Faites-nous une enceinte que nous puissions habiter* (2). Il en fit l'application au nouvel établissement, et présagea ainsi ses destinées futures, et le nombre prodigieux d'élèves qui devaient dans la suite obliger Saint-Acheul d'ajouter sans cesse constructions à constructions, de s'étendre et de s'agrandir chaque année, pour contenir la multitude toujours croissante de ses enfants. La fête se termina par un repas auquel avaient été invités les principaux membres du clergé et quelques amis des plus zélés de la société renaissante. Parmi eux se trouvait un respectable vieillard (5), autrefois élève des Jésuites au collège d'Amiens : il

(1) Mgr de Mandolx ressentait les premières atteintes de la longue maladie qui l'enleva trois ans après.

(2) *Dilata locum tentorii tui, et pelles tabernaculorum tuorum extende* (Is. LIV, 2). — *Angustus est mihi locus : fac spatium mihi, ut habitem* (Id., XLIX, 20).

(3) M. Gensse Dumini, père de Mme Le Sellyer et de MM. Achille et Victor Gensse.

venait confier son petit-fils (1) à leurs successeurs.
« Voilà cinquante-deux ans, dit-il, que j'ai vu bannir
de leur maison vos Pères, dont j'étais l'élève : il n'est
pas besoin de vous dire quelle fut alors notre douleur. Je les vois rétablis; je mourrai content. » A
ces mots, les larmes coulèrent de ses yeux en abondance.

On peut à peine se former une idée de l'encombre-
ment qui eut lieu durant ces premiers jours. Qu'on
se figure un pensionnat rempli d'élèves, et en même
temps d'ouvriers de toute espèce. Point de salle d'é-
tude disposée, point de classes préparées, point de
réfectoire, trop peu de lits; et au milieu de ce chaos,
plus de cent quarante enfants à loger, à nourrir, à
occuper. La plupart passaient la nuit sur des matelas
étendus à terre; et chacun des maîtres avait dans sa
chambre deux ou trois élèves couchés de la sorte. Cet
état de choses se prolongea encore pendant près d'un
mois. Mais malgré le désordre qui devait, ce semble,
en être la suite, surtout dans un établissement nais-
sant, on peut dire que les attentions des maîtres, et
l'excellent esprit des élèves suppléèrent à tout, et
firent supporter avec joie des privations qui, dans
d'autres circonstances, eussent pu avoir de fâcheux
résultats.

Il est juste de nommer ici ceux des maîtres qui
composaient le collége en cette première année. La

(1) M. Achille Le Sellyer, avocat et ancien professeur à la faculté de Droit de Paris, trop connu et trop estimé pour qu'il
soit nécessaire de faire son éloge.

plupart étaient les élèves du P. Sellier, et avaient
puisé à son école le dévouement si nécessaire dans
les fondations, et qui exerça une si heureuse influence
sur les années suivantes. C'étaient le P. Nicolas
Jennesseaux (1), supérieur; le P. Sellier, d'abord
préfet des études, et bientôt après père spirituel du
pensionnat, charge qu'il conserva presque autant
d'années qu'en a compté le petit séminaire, et qu'il
exerça avec un succès proportionné à son insatiable
soif du salut des âmes; le P. Jean-Nicolas Loriquet (2), maître des novices (5), et professeur de
rhétorique; Louis Debussi, diacre, professeur d'humanités; Emmanuel Bayard, diacre, professeur de
troisième; Achille Guidée, sous-diacre, professeur
de quatrième, et premier préfet de santé; Roch
Legrand (4), professeur de sixième; P. Louis Leleu;

(1) *Vie du P. J. Varin*, Notice du P. Jeunesseaux, p. 203.

(2) *Vie du P. J. Varin*, p. vi et 81.

(3) Durant ces premières années qui suivirent le rétablissement de la Compagnie en France, il n'avait pas été possible,
vu la pénurie des sujets, d'établir pour tous un noviciat en
règle. Un certain nombre de jeunes Jésuites, en même temps
qu'ils suivaient quelques exercices propres au noviciat, étaient
appliqués au travail de l'enseignement et de la surveillance.
C'était pour eux une position critique, difficile, inconciliable
avec un état régulier. Aussi, dès que les circonstances le permirent, on forma un noviciat selon les constitutions et l'esprit de saint Ignace. Ce noviciat fut placé à Montrouge près
Paris, et confié à la direction du P. Jean-Baptiste Gury, mort
père spirituel à Dôle le 6 mai 1854.

(4) Roch Legrand, né le 16 août 1793, entré dans la Compagnie de Jésus le 1er novembre 1814, et mort à Lyon le
12 avril 1835.

professeur de septième, président de la salle d'étude ;
Jean-Baptiste Cailleux (1), sous-diacre, professeur
de huitième, second préfet de santé ; Maxime Debussi (2), diacre, et François Hallu (3), rhétoriciens
et surveillants. Les principaux frères coadjuteurs
étaient : François Suc, Amand Croquet, Firmin Heigny, Maximilien Faucon, Louis Crétin, Célestin De-
quesnes.

Les professeurs aidaient dans leurs fonctions les
deux surveillants, et cette disposition se perpétua
jusqu'au mois d'octobre 1818. Ainsi, durant les
quatre premières années, au travail des classes se
joignait pour eux le travail plus fatigant encore d'une
surveillance partagée entre tous, et s'étendant à tous
les lieux de la maison, comme à toutes les heures du
jour et de la nuit. Leur zèle les rendit supérieurs à
ces fatigues, et, par une protection particulière de la
Providence, leur santé n'en parut pas notablement
altérée.

Mais c'était peu de s'occuper ainsi des autres, s'ils
se fussent oubliés eux-mêmes, s'ils eussent négligé
le soin de leur propre perfection : oraison, examens,
lecture, tous les exercices spirituels recommandés
par l'Institut étaient remplis avec fidélité. On suppléa,
du moins en partie, aux autres pratiques du noviciat,

(1) Jean-Baptiste Cailleux, né le 14 mai 1784, entré dans
la Compagnie le 18 octobre 1814, et mort à Angers le 21 septembre 1851.

(2) Maxime Debussi. Voyez *Vie du P. Varin*, p. 397.

(3) François Hallu. Voyez à la fin du volume.

par des conférences sur le sommaire des constitutions. Elles commencèrent dès le mois de novembre, et elles eurent lieu d'abord trois fois par semaine; dans la suite, le défaut de temps força de les réduire à deux. Tous étaient censés novices, tous aussi y assistaient, excepté pourtant les prêtres, à raison du surcroît de travail que leur donnaient les prédications et les confessions. Outre ces conférences, qui se faisaient dans la soirée, il y avait tous les quinze jours, selon la règle, une exhortation domestique à quatre heures et demie du matin, avant le lever des élèves : c'était le seul moment de la journée où l'on pût réunir toute la communauté.

Dès cette première année, se montrèrent, du moins dans leur germe, la plupart des moyens imaginés pour contribuer au maintien de l'ordre et de la discipline, à l'émulation et au succès des études, aux progrès de la piété et à la pureté des mœurs, au bien-être physique des élèves, enfin à la pompe des cérémonies religieuses ou littéraires, et même de ce qu'on peut appeler fêtes de famille. Ainsi l'on vit naître le chant des cantiques, les leçons de musique qui donnèrent naissance à l'orchestre, le corps des enfants-de-chœur, les charges diverses confiées aux élèves. On vit commencer les grandes promenades, les pèlerinages, les retraites annuelles des élèves, les édifiantes processions du saint Sacrement, la solennité des premiers vendredis de chaque mois en l'honneur du sacré Cœur de Jésus, la méditation, le mois de Marie, les congrégations de la sainte Vierge et des saints Anges, et autres institutions, qui, les années suivantes, prirent de nouveaux développements, à mesure que le nombre des élèves s'accrut, et amena de nouveaux besoins.

Nous indiquerons en particulier l'usage de la visite au saint Sacrement après le repas, et la consécration annuelle à l'Immaculée Conception.

La visite au saint Sacrement avait lieu deux fois par jour. Les élèves de bonne volonté étaient autorisés à se détacher des rangs, en sortant du réfectoire, pour aller visiter Notre-Seigneur. Un d'entre eux lisait la visite au saint Sacrement et celle à la sainte Vierge, tirée du livre de saint Alphonse de Liguori. La lecture terminée, chacun se retirait, sauf ceux qu'une dévotion plus fervente retenait quelques instants de plus aux pieds du Sauveur.

Dès cette première année s'introduisit aussi la pieuse coutume, toujours conservée depuis, de faire, le jour de la Conception de la sainte Vierge, 8 décembre, fête patronale de la maison, l'acte solennel de consécration à Marie conçue sans péché. Cet acte (1),

(1) Voici en quels termes cette formule était conçue :

« Au nom du Père, du Fils, et du Saint-Esprit. Ainsi soit-il.

« Très-sainte et immaculée Mère de Dieu, auguste Marie, en finissant ce beau jour, si cher à votre Cœur, puisqu'il est destiné à honorer celui de tous vos priviléges auquel vous attachez le plus de prix, jaloux de vous témoigner notre reconnaissance, et de resserrer, s'il est possible, les liens qui nous attachent à vous comme à la plus tendre des mères, nous venons renouveler à vos pieds la protestation solennelle que nous faisons et souscrivons chaque année en l'honneur de votre Immaculée Conception. Recevez, ô Vierge Mère, ce faible hom-

après avoir été prononcé par le supérieur, en présence
et au nom de tout le pensionnat, était déposé aux
pieds de la sainte Vierge, et signé par les maîtres
d'abord, puis par les congréganistes; et enfin par
ceux des élèves qui le voulaient, c'est-à-dire par
presque tous.

Notons encore l'usage d'exposer à l'église, depuis
Noël jusqu'à la Purification, l'image de Jésus enfant,
et l'empressement avec lequel un grand nombre d'é-
lèves portaient à la crèche le fruit des sacrifices qu'ils

mage de vos enfants, qui reconnaissent qu'après Dieu ils vous
doivent toutes les faveurs dont le Ciel ne cesse de les com-
bler.

« C'est, pleins de confiance en vos bontés, que, réunis tous
ensemble, maîtres et élèves, et confondus dans un même sentiment d'amour et de gratitude, nous nous faisons un devoir,
avec les souverains Pontifes, avec les plus célèbres docteurs,
avec tout ce que l'Église a jamais eu de plus saint et de plus
éclairé, de reconnaître et d'honorer, parmi tous vos titres,
celui de Vierge immaculée, et conçue sans la tache du péché
originel. Nous déclarons solennellement adhérer à cette
pieuse croyance, et être prêts à la défendre jusqu'au dernier
soupir.

« En conséquence nous nous dévouons entièrement et irré-
vocablement au culte de Marie conçue sans péché, nous lui
consacrons toute la suite de nos années, mais spécialement le
temps de notre éducation, le choix d'un état de vie et le dernier moment qui doit décider de notre éternité. Daignez, ô
Vierge immaculée, ô vous la plus tendre de toutes les mères,
daignez accepter cet acte solennel de notre dévouement. Bénissez nos travaux, afin qu'ils ne tendent qu'à la gloire de
votre divin Fils. Bénissez tous vos serviteurs, tous vos enfants
réunis dans cet asile : obtenez-nous à tous la grâce de vivre et
de mourir dans votre amour et dans l'amour de votre divin
Fils, Notre-Seigneur Jésus-Christ. Ainsi soit-il. »

s'imposaient. Ces desserts, ces friandises de tout
genre étaient, à la fin de la quarantaine, vendus à
l'encan, et on en distribuait le prix aux pauvres.

Nous n'avons pas besoin de le faire remarquer, la
plupart de ces industries, celles surtout qui avaient
pour but d'inspirer ou d'entretenir la piété, avaient
pour auteur le P. Sellier, ou trouvaient en lui un
ardent promoteur. La Providence se servit aussi pour
répandre le bon esprit dans la maison d'une trentaine
de jeunes gens solidement vertueux, presque tous
anciens élèves du collège de Montdidier, où ils
avaient été formés par le P. Sellier. Depuis deux ans,
dispersés en différentes maisons d'éducation, l'innocence, et même la foi de plusieurs avaient subi de
rudes épreuves. Ils n'en devinrent que plus fermes
dans la pratique du bien. A la première apparition
de cette Compagnie de Jésus dont l'ombre leur avait
paru si belle à Montdidier, ils étaient accourus à
Saint-Acheul, où ils retrouvaient leur bien-aimé
P. Sellier; et leur ferveur, encore animée par les
obstacles qu'ils avaient eus à combattre, égalait la
joie qu'ils avaient de se voir réunis après tant de
périls. Ce furent eux qui levèrent au milieu de leurs
condisciples l'étendard de la vertu, et qui leur donnèrent cette première impulsion, souvent décisive
pour la destinée d'un établissement. Leur charité in-
dustrieuse, les insinuations de leur zèle, l'autorité
de leurs exemples, contribuèrent incessamment à
établir dans toute la maison la régularité, l'amour
du travail, la subordination et une piété franche, qui

semblait n'attendre plus qu'une étincelle pour devenir aussi vive qu'elle était sincère.

Cette étincelle fut la retraite annuelle que donna
le P. Sellier. L'esprit apostolique qu'il déploya dans
cette première retraite fit sur ses jeunes auditeurs la
plus profonde impression. Il faisait trois instructions
par jour; il confessait en outre presque tous les élèves;
de sorte qu'il ne sortait du confessionnal que pour
monter en chaire, et ne descendait de chaire que pour
entrer au confessionnal. Dieu bénit visiblement les
travaux de l'homme de Dieu.

On vit des élèves baigner de larmes leurs pu-
pitres (1) pendant et après les instructions. Parmi
plusieurs conversions frappantes, aucune ne fit plus
de bruit que celle d'un jeune homme qui, après avoir
passé quelque temps dans un séminaire, s'étant
insensiblement refroidi, avait abandonné l'état ecclésiastique, et s'était jeté dans un lycée pour y remplir
les fonctions de maître d'étude. Fatigué d'une vie où
il ne pouvait trouver la paix du cœur, il s'était décidé
à entrer à Saint-Acheul, dans le désir d'examiner sérieusement sa vocation, et de se mettre en état de la
suivre. La retraite fit de lui un autre homme. L'année
suivante, il rentra au grand séminaire d'Amiens; et,
ordonné prêtre deux ans après, il devint un zélé ministre des autels.

Enfin cette retraite, qui dura huit jours, et qui se

_____

(1) La retraite ne se donnait pas à l'église, mais dans une
vaste salle d'étude.

termina le jour de la Purification de la sainte Vierge,
fut singulièrement remarquable par les fruits de
sanctification qu'elle produisit dans presque tous les
cœurs. Deux mois après, la ferveur s'était conservée
si vive et si générale, que le P. Sellier, à son retour
d'une mission à Soissons, où ses supérieurs l'avaient
envoyé, était dans l'admiration à la vue des grâces
abondantes que le Ciel prodiguait à cette pieuse jeunesse. Quand un élève arrivait à Saint-Acheul, venant
ou de la maison paternelle, ou d'une maison d'éducation, il se croyait transporté dans un autre monde.
Saisi en entrant, et comme embaumé par la bonne
odeur des vertus, il ne voyait que bonté dans ses
maîtres, charité dans ses condisciples, dans tous,
régularité, piété, édification. Touché d'un spectacle
si nouveau, il laissait à la porte ce qu'il avait apporté
d'indévotion, d'insubordination, d'habitudes vicieuses,
quelquefois même jusqu'aux défauts de caractère; il
marchait à la suite des autres, se laissait entraîner au
torrent, étonné lui-même du changement qui s'était
opéré presqu'à son insu dans ses idées et dans ses
affections. Tels furent les fruits consolants de cette
première retraite.

CHAPITRE XIV.

Fruits merveilleux du ministère du P. Sellier auprès des élèves du petit séminaire de Saint-Acheul.

Nous avons dit que le P. Sellier remplissait les fonctions de père spirituel des élèves. Il nous serait difficile de rapporter ici tout le bien dont la maison de Saint-Acheul lui fut redevable. L'influence salutaire qu'il exerça ne contribua pas peu à former et à entretenir le bon esprit qui a toujours distingué ce célèbre établissement. Pendant bien des années il fut chargé de donner aux élèves la retraite, et de leur faire toutes les instructions, sans que cette voix toujours la même cessât de les intéresser et de les captiver : aucun prédicateur n'a joui au même degré que lui du privilége de ne pas s'user auprès d'eux, si je puis me servir de cette expression; ce qui paraîtra fort extraordinaire, et tout à fait exceptionnel à quiconque connaît le caractère de la jeunesse, et son attrait pour la nouveauté. Dans ses retraites, il électrisait les jeunes gens, il les remuait, il les bouleversait, et ne manquait jamais de triompher des volontés les plus rebelles, et d'opérer un renouvellement général. Il n'en est pas une qui n'ait été signalée par des conversions remarquables. Aussi, dans les premiers temps de Saint-Acheul surtout, le préféraient-ils à tous les autres prédicateurs.

Voici un trait de cette éloquence saisissante dont il avait éminemment le secret, et dont ses instructions offraient mille exemples. En 1824 ou 25, il prêchait dans une retraite sur le bonheur de servir Dieu, et avait développé à sa manière ce texte. *Servire Deo regnare est*, servir Dieu, c'est régner. En confirmation de cette vérité, il se mit à raconter, par forme de contraste et d'une manière pittoresque, l'histoire tragique et assez récente d'une jeune femme qui, le lendemain de ses noces, avait disparu tout à coup, et qu'après bien des recherches on avait enfin retrouvée au fond d'un puits où elle s'était précipitée. Puis, prenant l'air et le ton animés d'un apôtre : « Mes enfants, s'écria-t-il, avez-vous jamais entendu dire qu'une jeune personne se soit jetée dans un puits le lendemain de sa profession religieuse ? » On peut juger de l'effet que produisit le sermon après un pareil exorde.

Le fait suivant, qui nous a été raconté par un témoin oculaire, prouvera jusqu'à quel point il savait se rendre maître de son jeune auditoire, et l'attacher aux vérités qu'il lui annonçait. C'était encore dans une retraite. Il parlait sur la mort avec sa véhémence ordinaire, et il avait devant lui plus de sept cents élèves suspendus à sa parole. Tout à coup la houppe du bonnet carré qu'il tenait à la main se détache pendant qu'il gesticulait avec force, et elle va, en parcourant toute la largeur de la grande salle, atteindre l'autre mur opposé à celui contre lequel était adossée la chaire. Eh bien ! chose incroyable, mais vraie, l'émotion était si générale et si profonde, que pas une tête ne

se leva pour la regarder, pas un œil ne la suivit dans
son trajet. Seul le bon Père s'aperçut que son bonnet carré n'avait plus de houppe, et laissant échapper un léger sourire d'étonnement et de surprise, il
s'interrompit un instant et félicita les élèves de leur
attention et de leur recueillement.

Cependant la grande efficacité de l'action du P. Sellier sur les élèves de Saint-Acheul était dans sa direction individuelle. Plus de la moitié de cette nombreuse jeunesse s'adressait à lui au saint tribunal.
Dans leurs difficultés et leurs peines spirituelles, tous
recouraient avec un abandon filial à celui dont ils connaissaient la tendresse, l'expérience et le dévouement;
et c'était surtout quand ils s'occupaient de leur vocation que leur confiance en ses lumières était plus
prononcée. Les moins pieux pensaient et agissaient
en ce point comme les plus fervents. *Eh! bien,* disait l'un à son condisciple approchant du terme de
ses études, *que deviens-tu l'année prochaine? — Ma
foi,* répondait l'autre, *je ne le sais pas bien encore :
je suis embarrassé ; mais je vais me confesser pendant
quelques mois au P. Sellier, et il me dira cela.*

Un jeune professeur auxiliaire se sentait attiré à
la Compagnie ; mais d'un naturel bouillant et impé-
tueux, il oubliait quelquefois les règles de la modestie et de la gravité religieuse. Le ministre, homme
sévère à l'excès et peu expérimenté, voulait le faire
éloigner de Saint-Acheul et l'envoyer au noviciat. Le
confesseur du jeune homme, cédant aux insinuations
du ministre, demanda à son pénitent ce qu'il voulait

devenir : *Je crois,* répondit-il, *que je finirai par me faire Jésuite.* — Il faut donc en faire immédiatement la demande au Père provincial. Le jeune homme obéit, et déjà la lettre était commencée, lorsque se tournant vers lui : *Vous avez peur du noviciat, n'est-ce pas ?* lui dit le confesseur. — *Un peu, mon Père, mais j'obéirai.* — *Eh bien !* reprit le confesseur, *allez consulter le P. Sellier : c'est un saint homme; nous nous en tiendrons à sa décision.* — Il y courut, et voici quelle fut la réponse de l'homme d'expérience : *Non, mon enfant, vous n'irez pas au noviciat cette année : les fruits qui mûrissent trop tôt se gâtent.* Il resta à Saint-Acheul, et n'alla au noviciat que l'année suivante. C'est aujourd'hui un excellent religieux qui travaille avec zèle et succès au salut des âmes.

Le même professeur alla trouver un jour le bon Père pour lui communiquer quelques tentations importunes qui le fatiguaient : *Allez donc,* lui dit-il, *c'est que le bon Dieu demande de vous une grande chasteté;* et il se retira tout consolé.

Il est incroyable, pour le dire ici en passant, combien de jeunes gens il a, dans le cours de sa vie, dirigés vers les asiles de la religion. La Compagnie en particulier lui est redevable d'un grand nombre d'enfants. On aurait pu croire par ces résultats que c'était lui qui donnait cette impulsion vers l'état religieux ; mais ceux qu'il dirigeait savaient bien le contraire ; et quand on le suivait de plus près, on reconnaissait combien sa direction était discrète et surbordonnée à l'appel de Dieu même. « Un tel, disait-il un jour, vou-

drait bien échapper à la vocation divine ; mais il a
désiré savoir de moi ce que j'en pensais, et j'ai dû
lui dire la vérité. » — Je désire ardemment entrer
dans la Compagnie, répétait tout haut l'abbé duc de
Rohan aux novices de Montrouge ; mais le P. Sellier
s'y oppose. » — Un élève qui, pendant huit années,
avait vécu de très-près avec le bon Père, parvenu à
son cours de philosophie, alla s'ouvrir au P. Louis
Debussi, alors son directeur, du projet qu'il mûris-
sait de se donner à la Compagnie. Le P. Debussi conduisit aussitôt ce jeune homme à celui qu'il regardait comme le grand directeur des vocations. « Enfin,
s'écria le P. Sellier, il y a huit ans que je m'attends
à ce dénoûment ; » et cependant, malgré des relations
intimes et continuelles, loin de hasarder aucune pro-
vocation, il ne lui en avait jamais dit un mot.

Voici un fait d'un autre genre qui prouve sa grande
discrétion de confesseur ; on l'a appris par celui-là
même qui avait osé la mettre à cette épreuve. Un
élève avait commis une faute qui avait mis les supérieurs dans la nécessité de le renvoyer, et, malgré ses
dénégations, il avait été séparé du reste de la communauté, en attendant que l'arrêt fût exécuté. « Aussitôt, dit un de ses condisciples, le P. Guillaume Mur-
phy, alors élève de rhétorique, qui nous a transmis
ces détails, je demandai à le garder dans sa solitude ;
ce qui me fut accordé. Un jour il me pria de le conduire à l'église pour se confesser. Quand il eut fini,
nous sortîmes, et nous nous arrêtâmes un moment à
la porte de la sacristie. Peu après le P. Sellier, qui

venait d'entendre sa confession, passa à côté de nous
pour monter à sa chambre. Mon prisonnier l'aborde,
et lui dit d'un ton animé : *Monsieur, jusques à quand
me persécutera-t-on ainsi? Dites, je vous prie, au supérieur qu'il examine enfin mon affaire. Je ne me reproche rien.* Le P. Sellier lui répondit tranquillement
qu'il pouvait compter sur la prudence et sur la justice du supérieur, et qu'on ne tarderait pas sans
doute à prendre le parti convenable. *Quel sang-
froid! quelle présence d'esprit!* s'écria mon jeune
homme quand nous fûmes seuls, *je venais de lui tout
dire en confession.* »

Outre la direction spirituelle des élèves, le P. Sellier fut chargé pendant bien des années de celle des
Pères, et il remplit cette tâche avec une supériorité
que tous se plurent à reconnaître. Sa douceur et sa
charité envers ses frères n'étaient pas moindres que
son zèle pour leurs progrès dans la perfection. Autant
on le savait mortifié pour lui-même, autant on le
trouvait attentif à ménager leurs forces. Rien de plus
entraînant que les exhortations qu'il adressait à la
communauté : la piété, l'abnégation et le dévouement au service de Dieu y débordaient de son cœur,
pour se répandre dans celui de ses frères, et l'impression en était si vive, que plus d'une fois, même
après le repas qui suivait et au début de la récréation commune, on avait quelque peine à commencer
les entretiens ordinaires. Il était encore plus remarquable dans les retraites annuelles qu'il donnait à
ses frères durant les vacances; et l'on a entendu des

Jésuites polonais, exilés de la Russie en 1820, se féliciter en quelque sorte de cette catastrophe, qui leur avait procuré l'avantage d'être guidés par un tel maître dans les exercices de saint Ignace.

Ce n'est pas seulement en qualité de père spirituel que le P. Sellier exerça à Saint-Acheul cette heureuse influence. Ses avis, son expérience dans la conduite des jeunes gens furent plus d'une fois d'un grand secours pour triompher d'obstacles qui auraient pu entraver la marche du bien. Nous nous contenterons d'en citer un seul trait.

On sait que l'état plus ou moins satisfaisant d'un collége dépend ordinairement de l'activité qui règne dans les jeux, et que les conversations fréquentes entre élèves, trop facilement tolérées pendant les récréations, aboutissent le plus souvent à des liaisons suspectes, à des réunions de mécontents, à des plaintes et des murmures secrets contre quelqu'un des maîtres, contre la règle, contre l'ordre de la maison, enfin contre tout ce qui peut gêner un amour précoce de liberté. Dès les premiers jours de l'année scolaire 1816-17, on eut à dissiper une réunion de ce genre formée par une douzaine de jeunes gens nouvellement admis à Saint-Acheul, et qui n'en connaissaient pas l'esprit. Ils semblaient affecter de faire bande à part, passaient ensemble les récréations, conversaient beaucoup et jouaient peu. Après plusieurs avertissements infructueux, le P. Sellier imagina un expédient qui réussit. Il se chargea lui-même de l'exécution. Un jour donc on les appela tous; et on

leur déclara que, puisqu'ils se trouvaient si bien ensemble, on n'y mettrait plus d'obstacles; que même,
pour favoriser une réunion si amicale, on allait les
séparer entièrement des autres élèves; qu'en conséquence ils passeraient désormais leurs récréations
dans une salle particulière, où ils pourraient conver-
ser aussi gravement et aussi gaiement qu'il leur plairait, avec l'un des maîtres, qui se ferait un plaisir de
leur tenir compagnie. Il leur fallut se rendre à l'invitation : d'abord ils firent assez bonne contenance;
bientôt après la conversation languit, puis elle tomba;
ce fut en vain que le P. Séllier les exhorta à ne point
se gêner, à causer en toute liberté; ils demeurèrent
muets. Dès le lendemain, quelques-uns commencèrent à demander grâce. D'abord, on se montra difficile, ensuite on leur permit de quitter la salle de
réunion, à condition qu'ils ne s'exposeraient plus à
y revenir. Les jours suivants, il s'en détacha d'autres
aux mêmes conditions. Avant la fin de la semaine,
les plus obstinés, au nombre de trois ou quatre, se
trouvèrent heureux qu'on voulût bien les recevoir
aussi à composition ou plutôt à discrétion. Dès lors,
cette bande si opposée à l'esprit général de la maison
fut dissipée sans retour; et dans la suite la plupart
de ces jeunes gens donnèrent par leur conduite autant de satisfaction qu'ils avaient d'abord causé d'in-
quiétude.

CHAPITRE XV.

Maison du Blamont.

Pendant toute la durée de son séjour au petit séminaire de Saint-Acheul, le P. Sellier ne cessa de favoriser de tout son pouvoir les vocations ecclésiastiques. Son zèle pour la gloire de Dieu l'y poussait fortement. D'un autre côté Saint-Acheul portait le titre de petit séminaire : il devait soutenir ce titre, et justifier l'attente du diocèse, qui n'avait d'autre ressource que cet établissement pour préparer de nouvelles recrues au grand séminaire. Admettre dans l'intérieur de Saint-Acheul tous les aspirants à l'état ecclésiastique était une entreprise doublement inexécutable ; le local et les fonds manquaient également. En effet, pour les y recevoir, il aurait fallu refuser la plupart des élèves payants, et priver ainsi la maison du seul moyen qu'elle eût de donner l'instruction et l'éducation aux jeunes ecclésiastiques, puisque le diocèse, jusqu'en 1825, n'accordait aucun subside, et que presque tous les candidats au sanctuaire appartenaient à des familles peu aisées. On se résolut donc à exécuter sans délai un projet formé par deux des Pères dans un pèlerinage à Notre-Dame d'Albert au mois de juillet 1815 : celui de se procurer une maison où l'on pût réunir ces élèves, et les recevoir à un prix de pension moins élevé que celui de Saint-

Acheul. On prit à loyer la maison si connue depuis
sous le nom de Saint-Joseph du Blamont. On y reçut
à la rentrée des classes autant d'élèves que le local
pouvait en contenir, environ quatre-vingts. Cette succursale de Saint-Acheul fut placée sous la direction
du P. Sellier, qui s'intéressait vivement au bien du
diocèse d'Amiens, et dont le zèle ne reculait devant
aucune bonne œuvre. On lui donna pour le seconder
le P. Maxime Debussi, encore simple sous-diacre.
On continua toutefois d'admettre dans l'intérieur de
Saint-Acheul un certain nombre d'élèves ecclésiastiques, ceux surtout qui se distinguaient par leurs
vertus, leur bonne conduite et leurs talents. Mais
au mois de décembre 1818, la maison du Blamont
fut violemment attaquée; et à son occasion un orage
terrible éclata contre Saint-Acheul. Ce qui servit de
prétexte à l'accusation, c'est que les élèves ecclésiastiques, placés au Blamont, avaient à part les classes de
cinquième, de quatrième et de troisième, tandis que
ces mêmes classes se faisaient à Saint-Acheul pour
les élèves laïques, ou réputés laïques. C'était donc,
disait-on, deux établissements, deux petits séminaires distincts. De là grand émoi parmi les nombreux ennemis de Saint-Acheul. Il ne s'agissait de
rien moins que de réunir dans une des deux maisons, le Blamont ou Saint-Acheul, tous les élèves
ecclésiastiques, de reconnaître cette seule maison
comme petit séminaire, et de fermer l'autre ou de la
faire passer sous la main de l'Université. Pour renverser le fondement de l'accusation, qui pouvait

paraître plausible, surtout aux yeux d'une administration hostile, il fallait changer sur-le-champ le mode d'existence du Blamont, refondre ensemble cette maison et celle de Saint-Acheul, et disposer tellement l'état des personnes et des choses, qu'il devînt impossible de n'y pas voir un seul et unique établissement. Ce fut le parti auquel on s'arrêta. Sans perdre un seul moment, on se mit à l'œuvre; et cette grande opération fut terminée en moins d'une matinée. Des chariots furent retenus; longtemps avant le jour, ils commencèrent à transporter de Saint-Acheul au Blamont, et du Blamont à Saint-Acheul les literies et les malles de tous ceux qui devaient changer de domicile. Cent cinquante élèves ecclésiastiques revinrent à Saint-Acheul, et cédèrent le Blamont à autant d'élèves des classes inférieures. La translation des effets fut achevée dans la matinée; celle des élèves se fit dès le lever du soleil; et avant midi il fut vrai de dire que les deux établissements n'en faisaient qu'un, dont les classes élémentaires étaient au Blamont, et les autres, à partir de la sixième, à Saint-Acheul, sous une direction unique, mais placées dans des maisons différentes. C'est ce que le recteur de l'Académie, M. Dijon, et M. le comte d'Allouville, préfet de la Somme, furent appelés à constater, et ce qu'il leur fut impossible de ne pas reconnaître. Ainsi fut apaisée cette tempête qui avait failli renverser Saint-Acheul (1). Depuis

(1) En 1821 on reprit le projet d'un pensionnat spécial pour les élèves ecclésiastiques, et il fut placé dans la maison dite

lors, les classes élémentaires furent définitivement
fixées au Blamont, et la maison reçut une direction
en rapport avec l'âge de ceux qui l'habitaient exclusivement. Plus tard, en 1822, les bâtiments en furent
achetés. On les augmenta notablement, et on les ap-
propria de manière à satisfaire à toutes les exigences.
Une chapelle vaste et commode y fut construite sous
l'invocation de saint Joseph, et cette maison fleurit
et prospéra jusqu'à l'époque des ordonnances du 16
juin 1828. Après la suppression du petit séminaire,
l'établissement du Blamont subit diverses vicissitudes. Depuis 1836, il est devenu un refuge dirigé
par les dames du Bon-Pasteur d'Angers.

CHAPITRE XVI.

Premiers vœux du P. Sellier. — Congrégation des sœurs
de la Sainte-Famille.

Le P. Sellier ayant été admis dans la Compagnie
de Jésus le 11 août 1814, ses deux années de noviciat
étaient expirées le 12 du même mois 1816, et l'on
avait d'abord choisi pour l'émission de ses premiers

de Saint-Firmin. Nous verrons plus loin les notables accroissements de cette maison. Voisine de celle de Saint-Acheul, elle
offrit l'avantage de pouvoir réunir dans les mêmes classes les
élèves des deux maisons, et d'entretenir entre l'une et l'autre
une émulation qui devait tourner, et qui tourna en effet au
profit des études.

vœux le 15 août, fête de la glorieuse Assomption de
la sainte Vierge, pour laquelle il professait la plus
filiale dévotion. Mais les occupations si multipliées
de la fin de l'année scolaire déterminèrent les supérieurs à fixer une époque plus convenable, et à diffé-
rer jusqu'au 1er septembre de cette année. Ce fut à
Paris, à la messe du R. P. Picot de Clorivière, supérieur de la Compagnie en France, qu'il prononça ses
premiers engagements. Voici en quels termes, durant le cours de cette heureuse journée, il exprimait
les sentiments d'humble reconnaissance dont il était
pénétré: « Je vous rends grâces, ô mon Jésus, d'avoir
permis ces délais, car je suis bien peu disposé; mais,
hélas! je l'aurais été bien moins encore, si j'étais
resté à mon premier poste. A Paris j'ai eu le bonheur
de me recueillir un peu plus que je ne l'aurais fait à
Saint-Acheul; j'ai été témoin de plusieurs exemples
de vertu qui m'ont édifié, et qui n'ont pas peu contribué à me faire rentrer en moi-même, avantage
que probablement je n'aurais pas rencontré ailleurs.
C'est donc par un effet de cette providence d'amour,
qui agit toujours avec sagesse et avec douceur, que
tout s'est arrangé pour mon plus grand bien. Ce qui
m'afflige, c'est la pensée que peut-être je ne profi-
terai pas plus de cette faveur que je n'ai fait de tant
d'autres. »

On reconnaît encore ici ces sentiments d'humilité
dont on retrouve l'expression à chaque page des
écrits spirituels de l'homme de Dieu.

Après l'émission de ses premiers vœux, le P. Sellier fut renvoyé à Saint-Acheul pour y continuer son fructueux ministère. Mais ces travaux et ces fonctions à l'intérieur ne suffisaient pas pour offrir un aliment au zèle brûlant dont il était dévoré pour la gloire de Dieu et le salut des âmes.

Parmi plusieurs œuvres entreprises en dehors de ses occupations au petit séminaire, aucune n'a été plus bénie de Dieu dans le diocèse d'Amiens, ni laissé de traces plus profondes et plus durables, que la communauté de la Sainte-Famille. On nous permettra d'entrer dans quelques détails sur une œuvre si chère au cœur du P. Sellier, et l'objet constant de ses préoccupations, lors même que, sur la fin de sa vie, il cessa pour diverses causes de s'y employer aussi activement.

Nous avons raconté ailleurs (1) les circonstances qui amenèrent dans le diocèse de Besançon la création de cet institut. C'est en 1817 qu'il s'établit à Amiens, et voici à quelle occasion. Le P. Varin, qui en était comme le fondateur, avait éprouvé une vive peine du départ pour la Belgique des sœurs de la congrégation de Notre-Dame (2). Affligé de voir la France, et le diocèse d'Amiens en particulier, privés des services que ces religieuses rendaient à la religion par l'éducation de la classe peu aisée, il proposa au P. Sellier de faire remplacer la congrégation de Notre-Dame par une autre qui remplirait à peu près le même but: il lui indiqua l'institut de la

(1) *Vie du P. J. Varin*, p. 108.
(2) Ibid., p. 93.

4*

Sainte-Famille. Le P. Sellier entrevoyait de graves
difficultés à l'exécution de ce dessein. La ville et le
diocèse d'Amiens possédant déjà de nombreuses
écoles dirigées par les sœurs de la Providence de
Rouen, une nouvelle communauté du même genre
ne lui paraissait pas nécessaire pour la Picardie. Le
P. Varin ne laissa pas d'insister, et pressa le P. Sellier de soumettre le projet à l'autorité ecclésiastique. Mᵍʳ de Mandolx, évêque d'Amiens, auquel
s'en ouvrit le P. Sellier, l'accueillit favorablement,
et promit sa protection. Des sœurs furent demandées
en conséquence à la Sainte-Famille de Besançon pour
commencer l'établissement d'Amiens. La maison de
Besançon se trouvait alors dans une très-grande pénurie sous tous les rapports, par suite des difficultés
et des persécutions qu'elle avait eu à essuyer. La
demande néanmoins ne fut pas repoussée, grâce à
la recommandation du P. Varin, qui l'appuyait.
Mᵐᵉ Jacoulet, fondatrice et supérieure de la communauté de Besançon, dans un voyage qu'elle fit à
Amiens en 1816, se mit en rapport direct avec l'autorité ecclésiastique et avec le P. Sellier, et on détermina de concert les moyens à prendre pour assurer
le succès de l'œuvre. Une personne charitable ayant
promis les fonds nécessaires pour faire face aux premiers besoins, on fixa au commencement de l'année
suivante l'envoi des sœurs. En effet, le 25 janvier 1817,
la supérieure générale partit pour Amiens avec six
de ses compagnes; mais un de ces incidents que
Dieu permet pour éprouver la foi et la confiance de

ses serviteurs, faillit renverser toutes ces espérances.
Pendant le voyage même des sœurs, le bienfaiteur
qui avait offert son concours fut emporté en quelques jours par une maladie violente, sans avoir pu
réaliser sa promesse. Le P. Sellier s'empressa d'annoncer cette fâcheuse nouvelle au P. Varin, qui lui-
même en instruisit Mme Jacoulet, au moment de son
arrivée à Paris. Après un instant de recueillement,
la pieuse fondatrice répondit au P. Varin : « Si cet
accident avait eu lieu avant notre départ de Besançon,
je n'aurais pas tenté cette fondation : car l'état de
pauvreté de notre communauté ne nous permet de
faire aucune avance; mais, puisque nous sommes
parties, nous ne retournerons pas. Dieu me fait comprendre par là que la nouvelle communauté doit être
fondée sur la plus entière pauvreté, et que la Providence seule se chargera de pourvoir à ses besoins; »
et elle passa outre.

Les événements ont prouvé que sa confiance n'était
pas vaine; et le P. Sellier fut l'instrument dont Dieu
se servit pour conduire cette belle œuvre au point où
nous la voyons aujourd'hui.

Dès que les sœurs furent arrivées à Amiens, il s'occupa de pourvoir à leurs premiers besoins. On peut
dire qu'il se fit leur père spirituel et temporel; il
intéressa à cette œuvre plusieurs personnes charitables qui fournirent tout ce qui était nécessaire
pour que les sœurs pussent assister à la sainte
messe sans sortir de la maison, qu'il leur avait pro-
curée dans l'intérieur de la ville, cloître de la Barge.

Chaque jour il leur envoyait le pain quotidien, ce qui n'était pas facile dans l'année de disette 1817.

Au reste, Mgr d'Amiens n'avait pas attendu jusque-là pour donner aux sœurs des preuves efficaces de sa bienveillance. A la prière du P. Sellier, il avait annoncé leur établissement dans le diocèse, et engagé les jeunes personnes qui se sentiraient la vocation, à se présenter comme postulantes ou comme pensionnaires. L'appel du digne prélat fut entendu: dès le premier mois de leur séjour à Amiens, les sœurs avaient déjà un certain nombre de postulantes, que le P. Sellier s'appliquait à former à la vie religieuse. Deux mois après, il leur procura à bail un logement commode dans le faubourg Noyon ; c'est celui-là même dont la communauté fit plus tard l'acquisition. En 1858, grâce aux libéralités de divers bienfaiteurs, ces bâtiments firent place à d'autres beaucoup plus spacieux, qui servent aujourd'hui au noviciat et à la maison mère (1).

(1) En 1836, la communauté d'Amiens fut détachée de la souche première par le concours de l'archevêque de Besançon et de l'évêque d'Amiens; et la maison établie dans cette dernière ville est devenue maison mère pour le diocèse d'Amiens et les diocèses voisins, où elle dirige de nombreux établissements. Mgr Mioland, aujourd'hui archevêque de Toulouse, qui avait pu apprécier, lorsqu'il était évêque d'Amiens, les fruits attachés aux humbles travaux des sœurs de la Sainte-Famille, s'est adressé à la supérieure générale pour obtenir une colonie des sœurs de la maison d'Amiens, et implanter cette œuvre dans le diocèse de Toulouse. Trois sœurs y ont été envoyées en 1853. Depuis lors leur nombre s'est accru, et les heureux résultats de la nouvelle fondation commencent déjà à se faire sentir.

Un volume ne suffirait pas pour raconter tout ce que le P. Sellier a fait dans l'intérêt de la Sainte-Famille. Diriger vers cet institut les postulantes qu'il y croyait appelées, augmenter le nombre de ses établissements dans les villes et dans les campagnes, améliorer le temporel de la communauté, l'aider dans ses rapports avec l'autorité civile, son active sollicitude veillait à tout, s'étendait à tout. Il ne négligeait même pas le soin des études, et il procurait aux sœurs le moyen d'acquérir les connaissances nécessaires à l'accomplissement des devoirs de leur vocation. Rien n'égalait ses paternelles précautions pour la conservation et le rétablissement de la santé des sœurs; et lorsqu'il apprenait la maladie ou la mort de quelqu'une d'entre elles, il ne pouvait contenir la peine qu'il en ressentait. L'avancement spirituel des sœurs dans la perfection propre à leur genre de vie était particulièrement l'objet de son zèle; ce point capital excitait toute sa vigilance et toute son attention.

Il donnait les exercices des retraites annuelles; il présidait aux cérémonies religieuses, et quand il n'était pas occupé dans les missions, il offrait très-souvent le saint sacrifice dans la chapelle, et faisait à la communauté des instructions particulières, dans lesquelles il inculquait les vrais principes d'une solide spiritualité. Disons en un mot que le P. Sellier fut à Amiens comme le fondateur de la Sainte-Famille; qu'il en a été le père spirituel et temporel, le guide, le soutien et le protecteur le plus dévoué. Enfin il s'est, pour ainsi dire, multiplié lui-même en sa faveur, la recommandant aux différents supérieurs qui se sont succédé à Saint-Acheul, et inspirant aux Pères de cette maison ses bienveillantes dispositions pour la communauté.

Quant aux fruits qu'a produits, et que produit encore tous les jours cette admirable institution, nous ne craignons pas d'invoquer le témoignage des pasteurs et des populations au milieu desquels les sœurs de la Sainte-Famille exercent leurs utiles fonctions auprès des jeunes personnes. Ils peuvent dire si le but que se proposait le P. Sellier a été atteint.

CHAPITRE XVII.

Missions de Cagny et du faubourg Saint-Pierre. — Préparations aux visites pastorales dans le diocèse d'Amiens. — Missions de Corbie et de Villers-Bretonneux.

A tous ses travaux dans l'intérieur de la maison de Saint-Acheul, à toutes ses bonnes œuvres au dehors, le P. Sellier ajoutait l'exercice le plus actif du saint ministère. Avec l'agrément des supérieurs, il prêchait de temps en temps, comme il le faisait à Montdidier; il donnait des retraites soit aux communautés de la ville ou des environs, soit à des réunions de pieux laïques. Il donnait aussi parfois des missions que Dieu se plaisait à bénir. Plusieurs de ces œuvres méritent une mention spéciale, à raison des circonstances notables dont elles furent accompagnées.

Au printemps de l'année 1818, une personne riche et pieuse qui habitait le village de Cagny, éloigné de deux kilomètres de Saint-Acheul (1), ayant fait présent à la paroisse d'un très-grand et très-beau crucifix pour être placé dans l'église, le P. Sellier n'eut garde de laisser échapper cette occasion de travailler au salut des âmes. Il proposa de faire avec grande solennité l'érection de ce monument sacré, et d'y préparer les paroissiens par une petite retraite ou mission de huit jours. On agréa sa proposition, et le Père se chargea de donner les exercices. Cette grâce ne fut pas stérile ; elle ramena la plupart des habitants de Cagny à la pratique des devoirs religieux depuis longtemps négligés.

Le dimanche, à l'heure des vêpres, et pendant que l'érection du crucifix avait lieu dans l'église, un marchand d'une ville voisine était venu à Cagny dans une ferme, on ne sait pour quelle affaire, et il y dîna. C'était un impie déclaré, qui, échauffé par le vin, se mit à plaisanter sur le missionnaire, sur la cérémonie, puis à blasphémer contre la religion, contre la croix. Les convives l'écoutaient avec peine ; cependant, comme ils croyaient avoir besoin de le ménager, ils gardèrent le silence. Une servante fut

(1) Sa maison devint quelques années plus tard la maison de campagne du petit séminaire. Après avoir passé par différentes mains, elle est aujourd'hui la propriété des sœurs de la Sainte-Famille.

plus hardie : indignée de tant d'impiété, elle apos-
tropha le blasphémateur, et le menaça hautement de
la vengeance du Ciel : *Monsieur,* lui dit-elle, *vous
avez tort de parler ainsi contre la religion ; je suis
sûre qu'il vous en arrivera malheur.* L'impie se mo-
qua des menaces de la bonne femme, et continua sur
le même ton.

Après avoir bien mangé, et bu à proportion, il lui
prit fantaisie, quoiqu'il fût venu d'Amiens en ca-
briolet, d'y retourner à cheval. On ne pouvait lui
offrir ce jour-là qu'un cheval de selle très fougueux,
qui ne se laissait monter que par son maître, et l'on
faisait difficulté d'exposer l'étranger à un accident.
Celui-ci s'impatiente : *Quoi !* s'écrie-t-il, *après avoir
servi pendant quatre ans dans la cavalerie, je ne saurais venir à bout d'un cheval !* Les gens de la ferme,
étonnés de son obstination, cèdent enfin et le lui
amènent. Il le monte, mais non sans peine, et enfile
au galop la route d'Amiens. Au milieu du hameau de
Boutillerie, il rencontre une grande croix : à sa vue,
il veut s'arrêter pour renouveler ses blasphèmes
contre le signe du salut. Le coursier devient plus in-
traitable, bondit, se débat, semble vouloir se débar-
rasser de cet odieux fardeau. Cependant, comme il
était bon cavalier, il tient ferme, et parvient à passer
outre. Il n'alla pas loin. Arrivé à une éminence qu'on
trouve à moitié chemin de Cagny à Saint-Acheul, près
d'un moulin à vent, aujourd'hui détruit, le cheval,
au lieu de suivre la route qui était large et belle, se
détourne tout à coup pour monter sur le rideau qui

la borde, et aller au moulin. Le cavalier veut le retenir; l'animal se cabre, se dresse, retombe sur lui
de tout son poids, lui enfonce les côtes et lui brise
tout le corps. Ce malheureux ne mourut pourtant
pas sur la place. On le porta dans la ville, où il languit
quelques jours souffrant d'horribles douleurs, mais
persistant dans son impiété. Il avait défendu qu'on
laissât approcher de lui aucun ministre de la religion :
ses instructions ne furent que trop bien suivies; il
expira comme il avait vécu.

Il est à remarquer que le P. Sellier, dans l'exhortation qu'il fit à l'église pendant la cérémonie, vint à
dire, sans rien savoir de ce qui se passait à la ferme
et sur le chemin d'Amiens : « Autrefois, mes frères,
dans un siècle plus chrétien que le nôtre, lorsqu'il se
commettait publiquement quelque impiété, quelque
insulte à la croix, instrument de notre salut, ou aux
images de la sainte Vierge et des saints, l'autorité
civile ne manquait pas d'en punir sévèrement les auteurs. Aujourd'hui les magistrats ne s'en mêlent plus
guère; mais le sacrilége ne demeure pas pour cela
impuni. Dieu se charge de la vengeance, et le châti-
ment n'en est que plus sûr et plus prompt. » Tous
ceux qui avaient entendu ces paroles prophétiques,
et qui les virent sitôt accomplies, se sentirent frappés
d'une religieuse terreur; et ce funeste événement, où
il était impossible de méconnaître la main du Tout-
Puissant, ne contribua pas peu à consolider les fruits
de la mission à laquelle ils venaient de prendre part.

Vers la fin de l'année 1849, le P. Sellier, secondé

par le P. Brenot (1), professeur de philosophie du
petit séminaire, entreprit de donner une mission,
non moins remarquable que la précédente, à une
paroisse située dans le faubourg d'Amiens le plus
éloigné de Saint-Acheul, le faubourg Saint-Pierre.
Cette mission commença après Noël, et se continua
durant tout le mois de janvier. Le succès, quelque
temps incertain, répondit enfin aux travaux des deux
Pères, et surpassa toutes leurs espérances. Un té
moin oculaire, le P. Cyprien Margottet (2), alors
séculier, et absolument étranger à Saint-Acheul, nous
a laissé des détails curieux sur les obstacles qu'opposaient aux deux missionnaires les dispositions de ce
peuple, et sur la manière inattendue dont ils en
triomphèrent. Écoutons-le parler lui-même :

« Il me semble, dit-il, voir encore ces bonnes gens
grimper sur les confessionnaux, sur les embrasures
des fenêtres, et partout où ils pouvaient espérer de
mieux voir et de mieux entendre le prédicateur. Malheureusement la modestie de cette multitude et son
respect pour le saint lieu n'égalaient pas son empressement à y trouver place. L'église une fois remplie,
des conversations à haute voix s'y engageaient de toutes
parts. Les plaintes et les murmures de ceux qui se
voyaient forcés de demeurer dans le cimetière exposés

(1) Louis Brenot, originaire de la Franche-Comté, né le
11 décembre 1788, entré dans la Compagnie de Jésus le 10 octobre 1815, et mort à Grenoble le 13 janvier 1846.

(2) Cyprien Margottet, né le 6 octobre 1799, entra dans la
Compagnie de Jésus le 16 septembre 1824, et mourut au collége de Nice le 1er avril 1835.

aux injures de l'air et à toutes les rigueurs de la saison, venaient se joindre aux bruyantes conversations
de l'intérieur. Il en résultait une telle confusion, et on
peut le dire, un tel vacarme, que ni la voix du curé,
ni celle des chantres n'étaient entendues pendant les
vêpres qui précédaient le discours du soir. Ce désordre fut à son comble le jour où il devait y avoir une
conférence sur la danse. La nouveauté du sujet avait
attiré un concours plus grand que jamais. On s'attendait bien que les arguments du P. Sellier, avocat des
danseurs, auraient quelque chose de piquant, et il
est même à croire que la plupart des auditeurs étaient
venus plus disposés à goûter ses raisons que celles du
P. Brenot, son adversaire. La danse était le mal dô-
minant de la paroisse; cette passion, qui en favo-
risait de bien plus funestes, et qu'il semblait aussi
impossible de détruire que de tolérer plus longtemps,
avait frappé de stérilité les premiers efforts des missionnaires; ils résolurent de l'attaquer de front.

« Ils montèrent donc en chaire vis-à-vis l'un de
l'autre, au milieu du bruit confus que les admonitions
assez vives du curé n'avaient pu maîtriser ni affaiblir.
J'eus lieu alors d'admirer la prudence des missionnaires. Je m'étais imaginé d'abord qu'ils allaient à
leur tour déployer tout ce qu'ils avaient de vigueur
dans la voix et dans le geste pour commander le silence. Ils s'y prirent tout autrement. Le P. Brenot
commença à demi-voix un exorde de circonstance,
dans lequel, tout en louant l'assemblée de son zèle à
venir entendre la parole de Dieu, il s'efforçait de lui

faire comprendre l'inconvenance de la conduite du grand nombre, sans rien dire néanmoins dont personne pût s'offenser. On ne se tut pas encore; mais on causa beaucoup plus bas, plusieurs même cessèrent de parler : c'était déjà quelque chose.

« Bientôt le P. Sellier, prenant la parole, commença sur le même ton l'apologie de la danse et des danseurs. Le désir de ne rien perdre de ses raisons fut si efficace parmi les assistants, que dès les premiers mots qu'il proféra, le silence le plus parfait s'établit et régna partout. Le Père, qui avait atteint le but, éleva peu à peu la voix, et avec ces manières toutes populaires qu'il savait prendre à propos: «Monsieur, dit-il en s'adressant au P. Brenot, je ne me persuaderai jamais qu'il y ait du mal à danser. Que voit-on en effet dans une réunion de danseurs? quelques joueurs de violon et de clarinette; à cela il n'y a rien à dire : et puis des jeunes gens qui sautent à droite et à gauche, en avant, en arrière, etc.; tout cela est fort innocent. J'ai bien souvent dansé, et je n'ai jamais eu lieu de m'en repentir. » Quelques éclats de rire suivirent cette première argumentation. Les missionnaires n'en furent ni surpris, ni fâchés. Le P. Brenot répondit victorieusement. Cependant je remarquai en général que les réponses triomphantes du P. Brenot étaient écoutées avec moins d'attention que les saillies de son adversaire: cela tenait, on le comprend, aux passions qu'il avait à combattre encore plus que les objections.

« Mais quand la source des objections se trouva épuisée, le P. Brenot, dont le discours ne devait plus être interrompu par l'interlocuteur, prit un ton si terrible, qu'il jeta l'épouvante dans les cœurs. Il cita ce que saint Jean Chrysostome dit de plus foudroyant sur les joies mondaines, et menaça au nom de la justice divine, qu'on semblait vouloir braver dans cette paroisse. L'obscurité de la nuit, qui n'était dissipée que par la faible lueur de quelques flambeaux, la voix lugubre et retentissante de l'orateur, la force des vérités qu'il annonçait, atterrèrent cette multitude. Je n'oublierai jamais l'impression que fit sur moi le changement subit de scène qui venait de s'opérer sous mes yeux. Un profond recueillement avait succédé à la plus indécente dissipation Tous, les yeux baissés, semblaient abîmés de terreur. Le silence religieux, qui régnait au dedans et au dehors de l'église, n'était plus troublé que par des sanglots. La péroraison du discours acheva de tout entraîner, et assura le succès de la mission. Voici comment à peu près se terminait cette péroraison :

« Chrétiens ingrats, et jusqu'aujourd'hui sourds à
« la voix d'un Dieu qui vous appelait à lui, les vérités
« salutaires qu'il vient de vous faire entendre brise-
« ront-elles enfin la dureté de vos cœurs? A peine osé-
« je l'espérer. Votre passion aveugle pour des di-
« vertissements qui vous sont si funestes étouffera
« bientôt en vous les premiers germes de la parole
« sainte. Pasteur d'un troupeau qui depuis si long-
« temps méconnaît votre voix, prêtre du Seigneur,
« vous avez assez fait pour ces hommes qui n'ont
« presque plus de chrétiens que le nom. Que cette

« mission, s'ils en abusent, soit pour eux le dernier
« effort de votre sollicitude paternelle. Qu'ils retour-
« nent à leurs joies païennes, sources fécondes des
« plus infâmes désordres. Pour vous, cherchez ail-
« leurs des ouailles qui répondent mieux à vos soins.
« Mais, je vous en conjure, en quittant cette paroisse,
« ne laissez pas le Saint des saints exposé aux insultes
« des profanateurs; faites-le disparaître de ce taber-
« nacle. Alors, mes chers auditeurs, un nouveau
« théâtre sera ouvert à vos plaisirs. Ce temple saint
« où vous ne semblez venir que pour insulter au Dieu
« qui l'habite, vous en ferez le lieu de vos réunions
« criminelles; vous y viendrez danser sur la cendre
« de vos pères. Craignez cependant que l'enfer s'en-
« tr'ouvrant sous vos pieds ne vous ensevelisse à ja-
« mais dans ses abîmes. Dieu vous préserve d'un tel
« malheur ! »

« À ces mots l'orateur descendit de chaire, laissant
l'auditoire immobile, et comme pétrifié d'épouvante.
Je me trouvais dans la foule au sortir de l'église. On
y pleurait; on y prenait à haute voix ses résolutions.
Je me confesserai cette nuit, disait l'un; *je n'oserais
me mettre au lit dans un pareil état : je tremble de
tous mes membres. — Je ne danserai plus jamais*, disait un autre, *quand même je vivrais cent ans.* D'autres
s'épuisaient en paroles d'admiration sur le talent du
prédicateur. En effet le Père avait parfaitement prêché, parce que son sermon était parfaitement adapté
au besoin de ses auditeurs. Les larmes et les résolutions ne furent pas l'unique fruit de cette soirée mé-

morable. La foule des pénitents fut si grande, que le
P. Sellier passa la nuit suivante tout entière au confessionnal, et ce ne fut pas la seule. Il voulait continuer; mais le curé de Saint-Pierre se crut obligé de
mettre des bornes à un excès de travail qui aurait en
peu de temps épuisé les forces du missionnaire; et le
P. Sellier reçut ordre d'obéir au curé en tout ce qui
tenait aux nécessités du corps et de la santé. »

Ainsi s'exprime le P. Cyprien Margottet. Nous
ajouterons que, depuis la fameuse conférence, les
deux missionnaires, maîtres de tous les cœurs, en
firent tout ce qu'ils voulurent. L'affluence, devenue
plus considérable que jamais, ne nuisit en rien au
recueillement général, même au dehors de l'église.
Là comme dans l'intérieur, tous écoutaient, tous
aussi entendaient sans perdre un mot de ce que disait
le P. Brenot : car il savait donner à sa voix une force
et une étendue prodigieuses (1).

La plantation de la croix qui termina la mission de
Saint-Pierre fut des plus solennelles. Tout Amiens
et les environs y accoururent au nombre de vingt-
cinq mille personnes environ. Des Anglais protes-
tants logés près du lieu où l'on érigea le Calvaire

---

(1) C'est cette vigueur de poumons qui, pendant une mission donnée à Camon peu de temps après celle de Saint-Pierre,
attira au P. Brenot un compliment très-extraordinaire de la part
d'un de ses auditeurs chargé de le ramener tous les soirs à
Saint-Acheul. Cet homme s'entretenant avec lui, et parlant de
l'effet que produisait chacun des deux missionnaires, exprima
ainsi sa pensée : *Tenez, mon Père, le P. Sellier prêche bien;
mais vous, vous criez encore plus fort.*

qui devait perpétuer le souvenir des grâces reçues dans cette mission, voulurent de plein gré, et sans y être invités, contribuer pour leur part aux frais de la solennité.

Durant le court épiscopat de Mgr de Bombelles, c'est-à-dire depuis le mois d'octobre 1819 jusqu'au mois de mars 1822, le P. Sellier fut demandé par ce zélé prélat pour préparer le peuple des campagnes à la visite pastorale. Voici quelques détails édifiants qui nous ont été transmis sur ces courses apostoliques.

Le missionnaire se rendait au lieu désigné, soit à pied, soit à cheval, souvent en charrette. Il partait ordinairement de Saint-Acheul le dimanche après le dîner, et ne revenait que dans l'après-midi du vendredi suivant pour entendre les confessions, et faire les instructions dont il était chargé. Le dimanche, en arrivant au terme de sa course, il faisait sonner la mission, réunissait le peuple, prêchait avec son zèle accoutumé; puis il passait la nuit devant le saint Sacrement pour implorer les bénédictions du Ciel. Le lundi, il visitait les villageois de maison en maison, et prêchait de nouveau. A partir de ce moment, il était continuellement en action, prêchant, catéchisant, confessant. Il ne prenait de nourriture qu'une fois à midi. Il consacrait toute la nuit à entendre les confessions ou à prier devant le saint Sacrement.

On a remarqué que, quand le vendredi il rentrait à Saint-Acheul, il était défait, pâle, exténué. Une nuit suffisait pour le remettre dans son état normal;

et le samedi matin les traces de fatigues avaient disparu.

Après six semaines d'un aussi rude apostolat, Mgr de Bombelles eut connaissance de ces pieux excès. Il fit appeler le P. Sellier, le réprimanda fortement, le traitant d'homicide de lui-même, et le menaçant de ne plus l'employer. Le saint homme reçut avec humilité cette verte mercuriale, et promit de se conformer aux intentions du prélat. Parmi ces différentes missions, qui ne furent pas les seules données par le P. Sellier durant les dix premières années de son séjour à Saint-Acheul, nous ne mentionnerons que celles de Villers-Bretonneux et de Corbie. Il eut pour compagnon dans la première le P. Richardot (1), arrivé tout récemment de Russie, et qui reçut pendant cette mission sa nomination à la charge de provincial. La mission de Villers fut couronnée du plus heureux succès. Les fruits s'en sont perpétués jusqu'à présent; et aujourd'hui encore la paroisse de Villers est citée comme une des plus religieuses du diocèse d'Amiens.

La mission de Corbie procura aussi des consolations aux ouvriers évangéliques qui y furent employés. Le P. Sellier accompagné de plusieurs autres Pères de Saint-Acheul, s'y livra à toute l'ardeur de son zèle. Outre les âmes qu'il convertit en grand nombre, un des fruits de cette mission, fruit précieux aux yeux de la foi, fut de retrouver une mul-

(1) *Vie du P. J. Varin*; Notice du P. Didier Richardot, p. 337.

titude de reliques qui avaient été honorées dans l'ancienne et célèbre abbaye de Saint-Pierre, occupée par les Bénédictins. Dérobées aux spoliateurs de 1792, et conservées depuis longtemps par des personnes pieuses, elles furent recueillies par les missionnaires, apportées et déposées à Saint-Acheul au mois de mars 1824. Plus tard, en 1827, on fit construire deux grandes châsses, où ces restes sacrés, ainsi que d'autres, furent, avec l'approbation épiscopale, renfermés et exposés à la vénération des fidèles aux deux côtés du grand autel de l'église. Après la suppression du petit séminaire, on plaça ces reliques dans la chapelle domestique de la maison, où elles sont encore aujourd'hui déposées.

CHAPITRE XVIII.

Congrégation des Frères de Saint-Joseph.

Vers cette époque le diocèse d'Amiens vit commencer une œuvre à l'établissement de laquelle le P. Sellier contribua très-activement. Je veux parler de la congrégation des Frères de Saint-Joseph. Elle avait pris naissance en 1822, dans le diocèse d'Arras, aux environs de Boulogne, et reconnaissait pour son fondateur et son père M. Lardeur de Latteignant, originaire du même pays. Ce pieux laïque, plein d'un zèle ardent, chercha des hommes capables de le seconder

dans le bien qu'il méditait; il les trouva dans les
rangs inférieurs de la société, et les jugea plus propres
que d'autres à servir d'instruments à la divine Providence. Les liens qui le retenaient dans le monde ne
lui parurent pas un obstacle invincible à l'accomplissement de ses vœux. Déjà depuis plusieurs années sa
vertueuse épouse n'était plus que sa sœur : ses enfants
habitaient Saint-Acheul ou le Sacré-Cœur. Rien non
plus ne l'empêchait d'espérer le moment où il lui serait
permis de se consacrer totalement à Dieu; et le sacerdoce que le P. Sellier, son directeur, lui avait fait
envisager comme un moyen de faire quelque chose
de plus grand pour sa gloire, devint le premier objet
de ses désirs. Il demanda donc et obtint de Rome les
facultés nécessaires pour le recevoir du vivant même
de Mme Lardeur.

Lorsqu'il eut des compagnons, ou plutôt des disciples, il s'appliqua à les former aux vertus chrétiennes, en attendant qu'il pût les initier aux vertus
religieuses. Il ne leur découvrit pas d'abord le but
où il voulait les conduire; leur faiblesse eût été peut-
être effrayée d'avoir à prendre des engagements, et
surtout des engagements perpétuels. Ce ne fut qu'après
une sorte de noviciat assez long qu'ayant quitté en
1824 le diocèse d'Arras, dont l'évêque lui était peu
favorable, pour venir avec eux habiter provisoire-
ment le village de Longueau, tout près de Saint-
Acheul, il s'ouvrit à ceux qui lui parurent les plus
fermes et les plus courageux sur le projet d'ériger,
selon l'institut de saint Ignace et sous le nom de saint

Joseph, une congrégation, dont la fin serait de faire pour les campagnes ce que les frères des Écoles chrétiennes faisaient pour les villes. Le P. Sellier entra dans ses vues avec cette ardeur de zèle qui le portait à tout ce qui pouvait procurer la gloire de Dieu et le salut des âmes. L'exercice du ministère lui avait fait sentir la nécessité de procurer aux écoles de garçons dans les campagnes des secours analogues à ceux que les sœurs de la Sainte-Famille rendaient pour les écoles de filles. Il aida donc M. Lardeur de tout son pouvoir dans la formation des frères; plus tard même, il travailla à la rédaction de leur règle. D'après le plan projeté, on devait 1° ouvrir une maison pour recevoir des jeunes gens du monde, qui, après s'y être formés à la science et à la piété, iraient remplir où ils seraient appelés la double fonction de maîtres d'école et de chantres d'église; on devait 2° former aux mêmes fonctions ceux des frères de la nouvelle congrégation qui auraient les dispositions convenables; on devait 3° établir des pensionnats pour donner une éducation chrétienne à des enfants qui, faute de talents, ou de goût, ou de fortune, ne seraient pas jugés propres à faire ce qu'on appelle des études. Mais les deux premiers points rencontrèrent de sérieux obstacles dans les mœurs du siècle et l'esprit de cette époque. Le second surtout, après quelques essais infructueux, fut entièrement abandonné. Comment en effet de jeunes religieux laissés seuls à eux-mêmes, absolument isolés dans les bourgs et les villages, environnés de piéges de toute espèce, se seraient-ils soutenus contre le torrent des exemples, et contre leurs propres passions? Plus d'une vocation en effet y fit un triste naufrage.

M. Lardeur ne s'opiniâtra point à lutter contre des circonstances fâcheuses et indépendantes de sa volonté. Sans renoncer absolument au projet de former des maîtres d'école laïques, il se borna sagement aux pensionnats, jusqu'à ce que des temps plus favorables lui permissent de faire mieux. Il acheta donc en 1825 une partie de l'ancienne abbaye de Saint-Fuscien, située à quatre kilomètres de Saint-Acheul, et la mit en état de recevoir des élèves. Ce fut alors que les frères de Saint-Joseph prirent, avec l'agrément de l'évêque d'Amiens, un habit particulier, et parurent de véritables religieux. Sous les yeux de leur père spirituel, le pensionnat ne tarda pas à s'accroître; il mérita la confiance d'un bon nombre de familles, et prospéra au point de servir d'asile à tous les enfants que des raisons particulières ne permettaient pas de garder à Saint-Acheul.

Le P. Sellier, secondé par d'autres Pères du petit séminaire, donna au nouvel établissement tous les secours qui pouvaient favoriser ses succès: instructions, retraites, confessions, conseils sur la tenue matérielle et morale du pensionnat, sur la surveillance, sur les études. On admit dans les classes de Saint-Acheul ceux des frères qui avaient besoin de s'instruire, ou de fortifier leurs connaissances, surtout dans les mathématiques et les sciences naturelles. Enfin, pour satisfaire aux vœux de quelques parents, M. Lardeur introduisit à Saint-Fuscien des classes élémentaires de latin, qui, après la catastrophe de Saint-Acheul en 1828, prirent de l'extension, et formèrent un cours presque complet d'études. Le pensionnat primaire de Saint-Fuscien subsiste encore aujourd'hui sous la direction du vénérable M. Lardeur.

CHAPITRE XIX.

Troisième an du P. Sellier au noviciat de Montrouge.
— Retraite de trente jours.

Dix ans s'étaient écoulés dans ces œuvres de zèle et de charité soit au dedans, soit au dehors de Saint-Acheul; et le moment approchait où le P. Sellier, d'après les règles de la Compagnie de Jésus, devait être appelé à prononcer ses derniers vœux. Il n'avait cependant encore fait aucun séjour dans une maison de noviciat. Or les supérieurs avaient prescrit une mesure pleine de sagesse : tous les religieux de la Compagnie, à qui les difficultés des circonstances n'avaient pas permis de faire au moins un an de noviciat régulier, devaient, quels que fussent leur âge, leur mérite, leurs vertus et leurs emplois, y suppléer, s'ils étaient prêtres, par les exercices du troisième an faits dans une maison de probation, afin d'étudier les règles et constitutions de l'Ordre, et se bien pénétrer de son esprit. En conséquence de cette prescription,

le P. Sellier fut appelé au noviciat de Montrouge.
Avant de s'y rendre pour commencer cette année de
recueillement, il alla à Dôle en Franche-Comté donner la retraite aux élèves du petit séminaire de cette
ville dirigé par les Pères de la Compagnie de Jésus.
Parti d'Amiens le mardi 2 novembre 1824, il arriva à
Dôle le samedi suivant. De retour à Amiens vers le
18, il quitta cette ville le 22 pour aller prendre part
à la mission de Noyon. Au milieu des exagérations
ordinaires de son humilité, il est forcé de convenir
que Dieu répandit de grandes bénédictions sur cette
œuvre, et en particulier sur son ministère. « J'eus,
dit-il dans son journal du troisième an, j'eus la consolation de trouver des âmes vraiment touchées de la
grâce, des pécheurs sincèrement pénitents. »

Le P. Sellier resta jusqu'au 27 décembre à Noyon.
Delà il vint à Paris, puis à Montrouge, où il entra
le 2 janvier 1825, et où il devait remplir l'office de
compagnon du maître des novices (1), en même temps
qu'il se livrerait lui-même aux exercices de la troisième probation, que le pieux et spirituel évêque
d'Amiens, Mgr de Chabons, appelait *le dernier coup
de polissoir donné au Jésuite.*

Sous la date du 1er juin de cette année, le P. Sellier se rend compte à lui-même des impressions qu'il
avait éprouvées pendant les cinq premiers mois de
sa solitude souvent interrompus; écoutons parler
l'humble religieux :

(1) C'était le P. Jean-Baptiste Gury, qui était aussi instruc-
teur des Pères du troisième an.

« Je suis entré au noviciat du troisième an le dimanche 2 janvier de cette année 1825, il y a par conséquent cinq mois. Je puis dire dans toute la force
du terme que je n'ai encore rien fait; d'abord parce
que dans l'intervalle de ces cinq mois (1), je me suis
absenté bien souvent, et que joignant ensemble tout
le temps que j'ai passé au noviciat, on trouverait à
peine six bonnes semaines. La seconde raison, c'est
que je n'ai pas encore commencé à bien comprendre
pourquoi je suis venu ici : quoiqu'il y ait déjà plus
de dix ans que je suis dans la Société, que dès l'an
1801 j'aie été reçu dans celle des Pères de la Foi, je
dois avouer à ma honte que j'ignore encore ce que
c'est qu'un Jésuite. Je commence à m'en former une
petite idée depuis que j'étudie nos saintes constitutions; mais que je suis encore éloigné de concevoir et
la sublimité de cette vocation, et les vertus qu'elle
exige! J'avais d'abord pensé que j'étais venu ici pour
rentrer dans un saint recueillement : sous ce rapport
je ne m'étais pas trop trompé; mais si j'avais cru que
ce recueillement était la dernière fin du noviciat, que
du reste je n'avais rien à acquérir ni à changer, ah!
combien j'aurais été dans l'erreur! Ce recueillement,
ô mon Dieu, n'est qu'un moyen d'arriver à la connaissance de moi-même et à la connaissance de vous-
même, ô Vérité éternelle... *Noverim me, noverim te;*
oui, Seigneur, voilà le but, voilà le terme... voilà pour-

(1) C'est dans l'intervalle de ces cinq mois que le P. Sellier
fut envoyé pour prendre une part active à la mission d'Amiens,
dans la paroisse de Saint-Leu.

quoi vous m'avez conduit dans cette solitude. « Hélas ! Seigneur, ne puis-je pas, ou plutôt ne dois-je pas vous dire comme saint François d'Assise : Seigneur, défiez-vous de moi, car je vous attraperai encore. Le cœur de l'homme est un abîme impénétrable. *Pravum est cor omnium et inscrutabile* (Jer., XVII, 9.); le mien l'est plus que tout autre, vous le savez bien. Il n'a pas été droit devant vous. Redressez-le donc, ô mon Dieu, ou plutôt donnez-m'en un autre qui soit tout à la fois pur et droit : *Cor mundum crea in me, Deus, et spiritum rectum innova in visceribus meis* (Ps. L). »

« C'est aujourd'hui le premier jour de juin ; hier on a tiré les saints du mois, et j'ai eu le bonheur d'avoir saint Louis de Gonzague pour patron : il était difficile de mieux tomber. J'ai la confiance que ce jeune saint, qui avait tant d'ardeur pour la sanctification des âmes quand il était au collége Romain, s'intéressera pour moi, ne fût-ce que pour l'honneur de la Compagnie. Je sens que j'ai abusé de bien des grâces, que j'ai fait bien des fautes, même depuis que je suis dans la Société ; mais puisque saint Louis a tant de crédit dans le ciel, qu'il a tant de charité pour les pécheurs, tant de zèle pour le salut et la perfection des membres de la société, j'espère que, tout indigne que je suis de son assistance, il m'aidera de sa puissante protection. Déjà il me semble que j'ai expérimenté l'effet de son secours, d'abord en ce que j'ai vu clairement qu'il ne fallait pas chercher à acquérir des connaissances, à composer, etc.; mais à me corriger, à faire mes lectures, non pour devenir un peu plus instruit, mais pour devenir meilleur. Puis je me suis senti fortement pressé aujourd'hui à me rendre compte à moi-même par écrit, de mon état intérieur, des lumières qu'il plairait à la bonté divine de m'envoyer, comme aussi des affections que je ressentirais; à noter pareillement mes manquements et mes fautes; en un mot, de commencer à m'examiner, non plus superficiellement et par manière d'acquit, comme je l'ait fait jusqu'ici, mais en réalité, avec méthode et en toute conscience. »

D'après les lignes qui précèdent, on voit qu'aux exercices propres du trosiième an, le P. Sellier joignait les travaux du zèle. Il était employé au dehors à donner des retraites ou des instructions, à entendre les confessions, et au dedans à diriger les personnes qui venaient de temps en temps se recueillir pendant quelques jours dans la solitude de Montrouge.

Il trouvait aussi dans son office de compagnon du maître des novices l'occasion de se rendre utile aux jeunes gens qui peuplaient la maison du noviciat, et dont plusieurs, autrefois ses élèves, avaient en lui une confiance sans bornes. Ceux qui ont habité Montrouge en même temps que lui se rappellent encore combien ses conférences leur dilataient le cœur, et les animaient à marcher avec courage dans la voie de la perfection. Il en est qui furent redevables à ses avis, à ses encouragements et à son heureuse influence, de leur persévérance dans leur vocation.

Parmi les autres œuvres qui occupèrent le P. Sellier au dehors, nous nous contenterons de signaler la retraite qu'il donna du 2 au 9 octobre à la communauté des dames du Sacré-Cœur de Paris. « Le Seigneur, écrit-il dans on journal, a paru bénir mes faibles efforts, ou plutôt les saintes dispositions où j'ai trouvé cette fervente communauté. Je ne me rappelle pas avoir jamais fait de retraite où les âmes aient paru plus touchées; et moi-même j'ai ressenti une facilité, une certaine onction qui ne m'est pas ordinaire. C'est une grâce que le divin Maître a bien voulu accorder à cette maison en récompense des bonnes dispositions où se trouvent toutes les personnes qui la composent. Je me suis senti surtout pressé de parler de la confiance en la bonté de Dieu; et j'ai occasion de remarquer combien le démon s'efforce de détruire ce sentiment de la bonté divine, et combien il gagne à jeter les âmes dans l'abattement et la terreur. »

Cette retraite ne précéda que de quelques semaines celle que le serviteur de Dieu allait bientôt commencer pour lui-même. La Compagnie de Jésus demande en effet de ses enfants qu'ils consacrent, une fois au moins dans le cours de leur vie, trente jours entiers aux exercices spirituels de saint Ignace. Cette grande retraite se fait une fois durant le premier noviciat, et une seconde fois lors de la troisième probation. Le P. Sellier, qui, comme plusieurs autres de ses confrères, n'avait pu faire un premier noviciat en règle, devait, pendant le temps de son séjour à Montrouge, remplir cette prescription de la règle. C'est le 31 octobre 1825 que s'ouvrirent pour lui ces jours de grâce et de sanctification.

Voici comment il les apprécie lui-même dans le journal de sa retraite :

« Enfin les voici arrivés pour moi ces jours de salut! Seront-ils véritablement des jours de salut et de conversion? Il me semble que je le désire sincèrement : mais quand je réfléchis sur la perversité de mon cœur, sur ce fonds d'amour-propre qui est chez moi comme une seconde nature, j'ai tout lieu de craindre que cette grâce insigne ne produise qu'un fruit bien imparfait. Je me suis jusqu'ici contenté de l'écorce de la vertu; irai-je cette fois jusqu'à la pierre ferme, c'est-à-dire jusqu'au véritable anéantissement de moi-même? Car c'est là le fondement de toute vertu solide; sans cela on ne bâtit que sur le sable, comme j'ai fait jusqu'ici. Au reste je puis et dois regarder cette retraite comme décisive; c'est le *remède critique;* quand il ne profite pas, il n'y a plus de ressource. En effet, que peut-on espérer d'une âme qui se sera exercée pendant un mois entier à méditer ce que la religion a de plus terrible et de plus capable de faire impression, qui aura fait usage de tous les moyens que le Saint-Esprit a inspirés à notre saint fondateur pour la réforme de l'homme, moyens qui ont jusqu'ici opéré tant de merveilles, et qui n'en sera pas devenue meilleure, n'en sera pas plus détachée d'elle-même, plus zélée pour sa perfection, ou qui, après quelques mois de ferveur, retomberait dans la même langueur spirituelle?... O Marie! ô ma tendre Mère, ne permettez pas que j'aie ce malheur! C'est sous votre protection spéciale que j'entre dans cette soli-

tude; conduisez-moi vous-même comme par la main.
Vous voyez tous les obstacles que mon méchant cœur
peut encore mettre aux grâces que votre cher et divin
Fils a méritées par sa mort; commencez par faire
disparaître ces obstacles. Le plus grand, ou plutôt
l'unique, c'est ma volonté perverse. Changez-la donc,
vous le pouvez. Je vous l'abandonne tout entière.
C'est à vous que je dis aujourd'hui ce que j'ai souvent
répété à votre cher Fils : *Suscipe universam liber-
tatem, accipe memoriam et intellectum; præsertim
accipe totam meam voluntatem; hanc trado tibi, o
Virgo potens, o Regina clementiæ, o mea Mater!
trado tibi domandam, gubernandam, sanctifican-
dam* (1). »

Vient ensuite l'invocation aux saints sous la protection desquels il place sa grande retraite.

« Je commence par invoquer tous les bienheureux
habitants de la cour céleste dont nous célébrons demain la gloire et le triomphe : je m'adresse d'abord
et avant tout à la Reine du ciel, à l'auguste et divine
Marie; j'ai déjà dit que c'était entre ses mains que je
remettais mon âme tout entière. J'invoque ensuite
tous les ordres des élus, et parmi eux tous ceux qui
me sont plus chers et ceux pour qui je me sens une
plus tendre dévotion. Je mets à la tête saint Ignace.
Comment se fait-il que j'aie le bonheur de me trouver

(1) Recevez toute ma liberté, ma mémoire, et mon intelligence. Recevez surtout toute ma volonté. Je vous la livre, ô
Vierge puissante, ô Reine de clémence, ô ma Mère, je vous
la livre pour la dompter, la gouverner, la sanctifier.

au nombre des enfants d'un tel père ?... Saint François Xavier, saint Stanislas Kostka et tous les saints
de la Compagnie, en particulier Berckmans, le bienheureux Alphonse Rodriguez, qui vient d'être solennellement reconnu pour bienheureux; ensuite saint
Louis, mon glorieux patron; sainte Térèse et sainte
Marie-Madeleine, l'une et l'autre parce qu'elles ont
beaucoup aimé Notre-Seigneur Jésus-Christ... Le P. le
Gaudier recommande qu'on choisisse des patrons pour
chacune des quatre semaines. Pour cette semaine je
prends avant tout ma tendre et divine Mère, l'immaculée Vierge Marie, puis saint Ignace, sainte Térèse, sainte Marie-Madeleine et le bienheureux Alphonse. Je me recommande aussi à mon saint ange,
et j'invoque les neuf chœurs des anges. »

Nous ne multiplierons pas les citations du journal
de cette retraite, où nous trouverions bien des sujets
d'édification. Nous nous bornerons à un ou deux
extraits qui mettront en lumière les sentiments de
reconnaissance, d'amour de Dieu, de dévotion à
Marie, et surtout d'humilité et de componction dont
était pénétré le serviteur de Dieu :

« La lecture de table me frappe toujours. Hier, il
était question de tout ce que le divin Esprit opère
pour notre justification, des marques auxquelles on
peut reconnaître qu'il habite dans une âme. Il m'a
semblé que je pouvais sans témérité reconnaître en
moi quelques-unes de ces marques.

« Je dis *sans témérité*, car je n'ose souvent m'avouer
à moi-même les grâces que le Seigneur m'a faites.

J'ai peur qu'il n'y ait en cela de l'illusion et de l'orgueil; mais, d'un autre côté, c'est une ingratitude de ne pas remercier ce souverain bienfaiteur. Si je m'attribuais quelque chose, à la bonne heure; c'est alors que je m'abuserais et que je l'offenserais; mais tant que je conviendrai sincèrement que tout vient de lui, il n'y a point de danger.

« La très-sainte Vierge m'en donne elle-même l'exemple. N'a-t-elle pas publié hautement, à la face du ciel et de la terre, que le Tout-Puissant avait opéré en elle de grandes choses? *Fecit mihi magna qui potens est* (Luc, i, 49). Et loin d'avoir blessé en cela la vertu d'humilité qui lui était si chère, elle n'a fait que s'y affermir et la faire ressortir davantage, puisqu'elle reconnaît devoir tout à ce souverain Monarque, qui a disposé d'elle comme il a voulu.

« Je puis donc aussi, ô mon Dieu, que dis-je? je dois reconnaître et publier vos bienfaits. Et, en un sens, ne sont-ils pas plus étonnants que ceux dont vous avez comblé la divine Marie? Voici en quel sens. Ce n'est pas du côté de la grandeur de vos dons : qu'y a-t-il de comparable au titre de Mère de Dieu que vous avez conféré à cette auguste Princesse, et que nul ne partagera avec elle tant que vous serez Dieu? Mais je veux parler des dispositions que vos bienfaits ont trouvées dans mon cœur et dans celui de Marie. Quelle effroyable différence! En Marie, fidélité parfaite : pas une grâce sans retour de reconnaissance; pas un bon mouvement sans fruit, pas une inspiration sans effet. En moi, au contraire, ce n'a

été que déloyauté, abus, résistance, mépris de vos
avances. En Marie, vous trouviez tant de correspondance, que vous n'auriez pas pu vous empêcher
d'ajouter faveurs sur faveurs; plus vous donniez,
plus vous receviez : il y avait une espèce de combat
entre vous et elle, à qui donnerait plus et rendrait
davantage; voilà pourquoi vous lui prodiguiez les
noms les plus tendres, de sœur, d'épouse, de co-
lombe, de toute belle; vous lui disiez qu'elle avait
blessé votre cœur. Moi aussi, j'ai blessé votre cœur;
mais ç'a été par mes perfidies, par mes iniquités,
lesquelles surpassent en nombre les cheveux de ma
tête. Et cependant vous ne m'avez pas rejeté; que
dis-je? vous m'avez recherché! Vous en avez laissé
une multitude d'autres qui vous auraient mieux servi,
et vous m'avez pris! Oui, vous m'avez pris; le seul
de ma classe, le seul de tant de jeunes gens qui
étaient avec moi dans les administrations, le seul de
chez M. Bicheron, le seul d'abord de la ville et de la
province; et vous n'ignoriez ni ce que j'avais fait ni
ce que je ferais encore. Et quand vous m'avez choisi,
quand vous m'avez appelé, où étais-je? au centre de
l'iniquité, dans le fond de l'abîme! Encore, si une
fois revenu à vous j'avais été constant dans votre service! Mais, hélas! ma vie, même depuis mon retour
vers vous, n'a été qu'un tissu de bonnes résolutions et de tiédeur : disons mieux, d'offenses multipliées... Voilà, Seigneur, ce que vous avez vu en
moi; et rien de tout cela n'a arrêté le cours de vos
faveurs. Ne suis-je donc pas dans l'obligation de les

reconnaître, et de bénir votre bonté inépuisable?

« Je reviens à la remarque que j'ai faite au commencement de cet article, lorsque j'ai dit que, d'après les observations du vénérable P. de Grenade, j'avais cru trouver quelques preuves de justification. Ce saint homme avance pour maxime qu'une marque que l'Esprit-Saint habite dans une âme, c'est quand elle déteste le mal qu'elle aimait, et dont elle se doutait à peine. Or, il est certain qu'il y a beaucoup de choses mauvaises dont, par la grâce de Dieu, je suis détaché. J'aimais les habits pompeux, les compliments; j'avais de l'attache pour les créatures; il me semble que tout cela est mort dans mon cœur. Il me semble même que mes dispositions sont meilleures qu'en arrivant ici... A qui dois-je ces divers changements? à vous seul, ô Esprit d'amour! Marie, votre digne épouse, vous a prié pour moi, et vous avez écouté ses prières. *Quid retribuam...*

« Sur ces paroles : *Facite fructus dignos pœnitentiæ* (1), je me suis comparé au figuier stérile. Quel fruit ai-je porté jusqu'ici? Aucun! aucun de détachement, d'humilité, de charité. Je n'ai rien fait qui vaille dans toutes les fonctions qui m'ont été confiées! Quel fruit, comme professeur, comme missionnaire, comme confesseur? Ne puis-je pas craindre avec raison de n'avoir porté pour moi et pour les autres que des fruits de mort? Déjà peut-être la cognée est à la racine de l'arbre. Ces considérations m'ont vivement ému; et je

_____
(1) Faites de dignes fruits de pénitence. (Luc, III, 8.)

puis dire que cette méditation a été celle où j'ai été
le plus touché. Rarement il m'est arrivé de l'être
autant. Je me suis tourné vers mon refuge ordinaire,
l'admirable Marie, asile des pécheurs. Je lui ai rappelé que toujours je lui ai confié mes intérêts; qu'elle
devait me regarder comme son bien, ou plutôt son
esclave; qu'elle devait disposer de moi selon son bon
plaisir, sans avoir égard à mes goûts... Je me suis
jeté dans ses bras, comme un enfant dans ceux de sa
mère. Toutes ces effusions ont fait couler abondam-
ment mes larmes. »

Plus loin, à propos de la méditation sur Notre-Seigneur au désert, il écrit :

« J'ai été touché par la pensée que notre divin
Sauveur était là, priant pour son Église, pour sa
Société et en particulier pour moi. O mon Jésus, est-
il possible que j'aie été présent à votre souvenir durant les quarante jours que vous avez passés dans le
jeûne et la prière? En puis-je douter? C'est donc là,
ô mon Dieu, que vous avez sollicité et préparé ces
grâces innombrables qui doivent faire de moi un
chrétien, un prêtre, un membre de votre Compagnie! grâces, hélas! dont j'ai si peu profité....

« En faisant mon oraison, j'ai pensé que Notre-
Seigneur dans l'Eucharistie était à peu près comme
dans le désert durant sa vie mortelle. La différence,
c'est qu'il n'a été que quarante jours dans la solitude
du désert; et voilà dix-huit siècles qu'il supporte la
solitude de nos églises, et il la supportera jusqu'à la
consommation des siècles. Une autre différence, c'est

qu'au désert il ne fut pas outragé comme dans nos temples. Qui peut dire tout ce qu'il y endure? Dans le désert, il aima cette solitude, il la rechercha; il eût été fâché qu'on fût venu l'interrompre; dans nos églises, au contraire, il attend qu'on vienne lui tenir compagnie; il appelle tout le monde: *Venite ad me omnes...* O mon âme, que veux-tu faire pour consoler ton aimable Sauveur? J'ai pris la résolution de regarder nos églises comme autant de solitudes où se trouve sans cesse Notre-Seigneur; et là, de l'adorer en esprit, de lui tenir compagnie. Je puis faire cela en quelque lieu que je me trouve. J'aurai au moins ce désir quand j'irai à la chapelle. »

Parvenu à la fin de sa retraite, le P. Sellier la conclut en des termes où nous retrouvons ces sentiments d'humilité qui sont ceux de toute sa vie.

« Me voici arrivé au dernier jour de la retraite. Puis-je mieux faire que de le consacrer au divin Cœur de mon Jésus et à celui de sa très-sainte Mère? C'est là que je le dépose ainsi que toute ma retraite, les conjurant par leur infinie charité de vouloir bien la bénir et mettre le comble aux grâces dont il leur a plu de me favoriser, en m'accordant celle de la persévérance. C'est dans cette intention que j'invoque aujourd'hui, non quelques patrons particuliers, mais tous ceux que j'ai pris durant ce mois de salut. Je nommerai toutefois en particulier saint François Xavier, attendu que cette retraite finit au jour de sa fête, et que c'est sous sa protection spéciale que je veux la placer. O grand Saint, vous qui avez eu tant de zèle

pour la conversion des pécheurs et leur persévérance
dans le bien, soyez-moi favorable à ce titre de misérable pécheur. Je ne vous dirai pas de me secourir,
parce que je suis membre d'une Société dont vous
êtes une des plus inébranlables colonnes, Société
qui vous a été et qui vous sera toujours si chère ;
non, je ne mérite pas de porter le nom d'enfant
d'Ignace, mais souvenez-vous que je suis enfant de
Dieu. S'il plaît à la divine miséricorde de se servir
de ce vase d'iniquité et d'en faire un instrument pour
sa gloire, que sa sainte volonté soit faite. Dans ce cas,
priez pour que je ne mette plus d'obstacles à ses desseins... »

Le P. Sellier avait à peine terminé ses exercices de
trente jours, qu'il fut envoyé à Versailles pour donner
deux retraites, l'une au petit, l'autre au grand séminaire. Ces deux œuvres le retinrent du 5 au 20 décembre. Dieu les bénit d'une manière extraordinaire.
C'était la première fois que depuis la révolution on
donnait à Versailles une retraite diocésaine. Parmi
les assistants se trouvaient un grand nombre de prêtres qui avaient adhéré au schisme constitutionnel, et
dont la conduite ne répondait pas à la sainteté de
leur état. Ils furent profondément émus par l'éloquence entraînante du P. Sellier, et par la haute opinion qu'ils conçurent de sa sainteté ; la plupart rentrèrent en eux-mêmes. Il y en eut qui, effrayés d'une
série d'anathèmes que l'homme de Dieu avait ful-
minés contre les mauvais prêtres, allèrent le réveiller
au milieu de la nuit, et le conjurèrent de révoquer

ses anathèmes : *Convertissez-vous*, leur répondit-il; *sinon, pas de pitié.*

A son retour à Montrouge, il reprit les exercices du troisième an, autant que le lui permirent les occupations auxquelles on l'appliquait, soit pour l'intérieur du noviciat, soit pour les œuvres extérieures. A raison de ses absences multipliées, ces exercices se prolongèrent pour lui au delà du terme ordinaire d'un an, et durèrent jusque vers la fin de février 1826. Il nous a laissé par écrit les impressions qu'il emporta de cette année de solitude.

« Prière et mortification, voilà le double esprit dont j'ai besoin : sans cela, je serai bientôt comme une terre sans eau. O vous, divine Marie, vous ma tendre Mère, vous qui m'avez conduit comme par la main au travers de tant d'écueils, vous qui m'avez tant de fois sauvé de l'enfer, vous qui m'avez amené dans le saint asile que je vais quitter, qui m'y avez ménagé toutes les grâces que j'y ai reçues, et qui m'en aviez encore préparé d'autres, si j'avais été plus fidèle; ah! je vous en conjure, ne m'abandonnez pas; venez avec moi, il y va de votre gloire, puisque je suis votre ouvrage. Ma vocation, ma persévérance dans cette vocation, malgré tant de péchés et d'infidélités, oui, c'est vous qui avez tout fait. Que dirait-on de vous, si vous n'acheviez pas? Venez donc. Je vous dis comme Baruc à Débora : *Si venis mecum, vadam ; si nolueris venire mecum, non pergam* (1).

(1) Si vous venez avec moi, j'irai : si vous ne voulez pas venir avec moi, je n'avancerai pas. (Jud., iv, 8.)

5*

« Il eût été bien à souhaiter que j'eusse pu me recueillir pendant quelques jours pour faire mes provisions, ou plutôt pour ramasser celles que je dois avoir faites durant cette année si précieuse. Je n'ai pas pu jouir de cet avantage ; quand je l'aurais eu, hélas ! peut-être n'en aurais-je pas encore profité. Le Seigneur au moins m'a fait sentir ce qui me manque et ce que je dois m'efforcer d'acquérir, si je ne veux pas faire encore une fois naufrage. C'est l'Esprit de foi... intention droite : rien par nature, rien pour me satisfaire... tout pour mon Dieu. Voilà en deux mots le résultat et l'essence de mon troisième an. Voilà le but unique auquel je dois viser, et viser constamment. Saint Louis, saint François Régis, saint Ange gardien, et vous saint Sulpice, patron de l'église par laquelle je vais débuter, je réclame instamment votre assistance pour obtenir cet esprit de foi et d'abnégation. *Amen.* »

CHAPITRE XX.

Missions dans le diocèse de Chartres. — Derniers vœux.

Au moment où le P. Sellier achevait son troisième an, Mgr Clausel de Montals, évêque de Chartres, qui l'avait connu à Amiens avant d'être promu à l'épiscopat, pria les supérieurs de le lui accorder pendant un certain temps, pour préparer par quelques instruc-

tions ses diocésains à la visite pastorale. Il quitta
donc Montrouge à la fin de février 1826, et vint passer
à Paris près de six semaines. Pendant tout ce temps, il
fut occupé à entendre les confessions afin de disposer
les fidèles à un jubilé prêché à Saint-Sulpice. Puis il
partit pour Chartres, le 5 avril. Il se sentait si pénétré
de son impuissance, avant que de commencer cette
mission, qu'il avait cru devoir en prévenir le prélat.
Il lui disait que n'ayant jamais réussi dans la chaire,
il était devenu encore plus inepte; qu'il le priait en
conséquence de le dispenser de prêcher dans sa ville
épiscopale, ajoutant qu'il n'était bon qu'à faire tout
au plus le catéchisme aux peuples des campagnes. On
n'eut pas égard aux défiances de son humilité; et dès
son arrivée on lui proposa de donner la retraite au
séminaire. Il s'en acquitta à la satisfaction générale.
On l'obligea même de parler à la cathédrale : « Je
dois dire, écrit-il (journal, 1826), que vraiment le
Seigneur m'aida : car il y avait bien longtemps que je
n'avais ressenti cette chaleur de cœur, cette vigueur
de poumons, cette netteté dans les idées, telle que je
l'eus en cette occasion. Que Dieu en soit béni! Il est
vrai, pour faire compensation, qu'il m'échappa quelques expressions triviales, quelques comparaisons de
ma façon, qui ne furent pas goûtées. Tant mieux.
Cela servit à m'humilier, et à faire voir ce qui venait
de moi.... Chose étonnante! tant que dura la visite
(et elle a duré depuis le 10 avril jusqu'au 22 mai),
le Seigneur m'a laissé cette force de voix dont j'étais
moi-même surpris... C'était vraiment un présent du

Ciel : car depuis que je suis de retour, je parle comme auparavant, et même plus faiblement. »

Ce temps de mission fut très-laborieux pour le serviteur de Dieu. Chaque jour nouveaux voyages, nouveaux embarras pour le logement, privation de repos, parce que le sermon ayant lieu le soir, et se prolongeant dans la nuit, il était souvent dix heures quand on sortait de l'église. Mais ce qui lui fut le plus pénible, ce qui affligea sensiblement son cœur d'apôtre, ce fut de voir que cette course se réduisait presque à rien pour le salut des âmes, puisque tout se bornait à une prédication sans confessions; ce fut de rencontrer des peuples plongés dans la plus profonde ignorance, et dans tous les vices qui en sont la suite; ce fut de ne trouver presque plus de foi dans les campagnes, surtout dans la Beauce. Au milieu de ces travaux ingrats, la consolation du missionnaire était de penser qu'il était envoyé par l'obéissance; il reconnut du reste, et il avoua que cette mission, malgré sa stérilité pour les autres, avait été pour lui une source de grâces. Il sut conserver l'esprit de prière parmi tant d'occasions distrayantes. La fidélité à l'oraison du matin, la confession qu'il put faire tous les quatre ou cinq jours, la visite au saint Sacrement, entretinrent en lui la ferveur du troisième an. Il était rare qu'il n'allât pas vers midi passer à peu près une heure devant le saint Sacrement; et cette visite, dit-il, le ranimait pour le reste de la journée. Le soir il avait soin de réciter les litanies des Saints et ses autres prières avant le sermon, de sorte qu'il ne lui restait plus que l'examen de conscience avant de se mettre au lit. Il pouvait ainsi, comme à son ordinaire, se lever à trois heures du matin, pour vaquer à l'oraison. La dévotion à la sainte Vierge, qu'il ne manquait pas de prier devant ses autels partout où il s'en présentait dans ses courses, et en particulier la dévotion à Notre-Dame de Chartres lui fut aussi d'un grand secours. Souvent il allait la prier dans l'église cathédrale devant l'image miraculeuse qui y est conservée; et comme il voyait les gens du peuple s'avancer pour baiser la colonne sur laquelle elle est placée, il prit sur lui, quoiqu'il lui en coûtât un peu, de faire comme eux; après avoir prié quelque temps, il finissait sa visite en collant ses lèvres sur cette colonne.

Au commencement de juin, le P. Sellier revint à Montrouge, non pas pour y reprendre les exercices du troisième an, mais pour continuer à préparer les matériaux d'une retraite ecclésiastique qu'il devait donner à Versailles au mois d'août suivant, et se disposer à l'émission de ses derniers vœux. Il les prononça le jour de la glorieuse Assomption de la bienheureuse Vierge Marie, pour laquelle il avait une si tendre dévotion, et il fut admis au degré de profès des trois vœux. C'est un degré intermédiaire entre celui de coadjuteur spirituel et de profès des quatre vœux. On l'accorde à ceux qui, faute de certaines études préparatoires, ne pouvant faire la profession des quatre vœux, se distinguent par une éminente vertu. A ce titre personne n'en était plus digne que le P. Sellier.

CHAPITRE XXI.

Retour du P. Sellier à Saint-Acheul. — Développements de la maison de Saint-Firmin. — Détails édifiants sur cette maison.

Au mois d'octobre 1826, le P. Sellier reprit à Saint-Acheul ses fonctions de père spirituel des maîtres et des élèves, de missionnaire, et de directeur de la maison de Saint-Firmin.

On a déjà parlé plus haut de la maison de Saint-Firmin : mais le P. Sellier, qui en fut comme le fondateur, y exerça une si salutaire influence, que nous nous reprocherions de ne pas revenir ici sur cette intéressante succursale de Saint-Acheul.

Nous avons vu qu'en 1821, dans la pensée de réaliser le bien que l'on s'était proposé dès 1816, en créant pour les élèves ecclésiastiques la maison du Blamont, on avait, d'après les inspirations du P. Sellier, formé un pensionnat qui leur était spécialement destiné. Cet établissement, où le prix de la pension était moins élevé qu'à Saint-Acheul, fut placé, avons-nous dit, dans la maison de Saint-Firmin. Située sur la gauche de la route d'Amiens à Montdidier et à Noyon, cette maison était auparavant une espèce de cabaret, d'un voisinage d'autant plus incommode qu'il servait de rendez-vous aux buveurs des environs. Une personne pieuse l'acheta d'après le conseil du P. Sellier : elle en donna d'abord l'usage pour un modique loyer. Quelque temps après, elle céda la propriété à un prix avantageux, c'est-à-dire pour une simple rente viagère. Cette acquisition délivra le petit séminaire d'une fâcheuse servitude, et procura un local fort propre, qui se remplit rapidement.

Depuis 1821, la maison de Saint-Firmin n'avait pas été notablement augmentée. Mais au retour du P. Sellier en 1826, une nouvelle salle d'étude et un dortoir y furent construits et permirent de porter le nombre des élèves de quatre-vingt-dix à cent soixante; et afin de pouvoir admettre de jeunes enfants, on ajouta deux classes élémentaires parallèles à celle du Blamont. Pendant les vacances de 1827, on fit des augmentations plus considérables encore. On y disposa, ou plutôt on y créa tous les lieux nécessaires à une communauté nombreuse, de sorte qu'au mois d'octobre, époque de la rentrée, Saint-Firmin se trouva sur un pied où il avait peu de chose à envier à Saint-Acheul, et pouvait recevoir jusqu'à deux cent vingt-cinq élèves. On put alors mettre fin complétement à la position pénible d'un certain nombre d'élèves ecclésiastiques logés peu convenablement aux environs de Saint-Acheul, dont ils fréquentaient les classes et où ils recevaient gratuitement l'instruction en qualité d'externes.

La maison de Saint-Firmin devint ainsi une succursale de Saint-Acheul aussi remarquable par la régularité que par le nombre des élèves. Comme les maisons voisines, elle fut, grâce à l'excellente direction imprimée par le P. Sellier; la pépinière d'où sortirent un si grand nombre de sujets pour le séminaire d'Amiens. Ce nombre ne s'élevait pas à moins de quarante, année courante, dans les derniers temps de l'existence de Saint-Acheul.

Les détails dans lesquels nous allons entrer donneront une idée de l'esprit que le P. Sellier, secondé par le F. Hallu (1), et, après la mort de celui-ci, par le P. Cagnard (2), sut inspirer aux élèves qui habitaient la maison de Saint-Firmin. Leur caractère distinctif était la simplicité, la charité, l'obéissance.

(1) Voyez la Notice à la fin du volume.

(2) Le P. Charles Cagnard, né à Roye, diocèse d'Amiens, le 8 décembre 1799, fut reçu dans la Compagnie de Jésus le 20 septembre 1824. Il prononça les premiers vœux en 1826, et les derniers le 2 février 1835. Il était déjà prêtre lorsqu'il entra dans la Compagnie. Sa constitution maladive et l'extrême délicatesse de sa santé furent pour lui pendant toute sa vie la matière d'un exercice continuel de patience et d'abnégation. Après avoir fait ses humanités en particulier, il avait suivi le cours de première année de philosophie au petit séminaire de Meaux. Admis comme auxiliaire dans la maison de Saint-Acheul deux ans après, il y consacra trois ans à l'étude de la théologie, remplissant en même temps les fonctions de surveillant. Ses études, on le comprend, se ressentirent inévitablement de ces occupations distrayantes; mais la pratique assidue des vertus solides, la maturité du jugement, une prudence au-dessus de son âge rachetaient ce qui pouvait lui manquer de ce côté.

Le P. Charles ne fut jamais appliqué à l'enseignement dans la Compagnie : il ne s'y rendit pas moins utile, soit par les exemples d'une vie parfaitement régulière, soit par les emplois qui lui furent donnés au dedans et au dehors. Dans la maison, on le vit presque toujours, en même temps ou tour à tour, ministre, sous-ministre, confesseur de la communauté, père

L'union la plus parfaite régnait parmi eux. On voyait percer tant de bienveillance dans leurs rapports réciproques, qu'ils semblaient ne former ensemble qu'une

spirituel, catéchiste des frères coadjuteurs, consulteur de la maison et de la province. Deux fois il eut la principale direction des élèves ecclésiastiques, d'abord à Saint-Acheul, pendant trois ans, dans la maison de Saint-Firmin; plus tard à Paris, aussi longtemps qu'exista l'établissement des hautes études ecclésiastiques. De plus, à Amiens, depuis la suppression du petit séminaire de Saint-Acheul jusqu'à la fin de 1835, puis à Paris jusqu'à sa mort, il se consacra, autant que le lui permettaient ses forces, au ministère de la prédication dans les communautés, dans les maisons d'éducation, dans les paroisses de la ville et des campagnes. Il était assidu surtout au saint tribunal, où l'autorité et la sagesse de ses conseils lui concilièrent l'estime et le respect d'un grand nombre de personnes distinguées de l'un et de l'autre sexe.

A la fin de l'année 1845, ses forces s'affaiblirent de plus en plus : les poumons et les bronches furent gravement attaqués; et dès lors sa santé exigea les plus grands ménagements. Il ne renonça cependant jamais entièrement au ministère de la direction. C'était pour lui, au milieu des langueurs de la maladie, une diversion utile, et même une espèce de soulagement dont son âme retirait quelque profit.

Le P. Charles attendit ainsi avec calme la fin de sa carrière. Son unique désir, disait-il, était d'obtenir une mort précieuse par la méditation continuelle des fins dernières. Ajoutons qu'il ne l'obtint pas moins par la pratique de toutes les vertus, et surtout par une ponctuelle obéissance jusque dans les moindres choses. Enrichi du mérite de ses bonnes œuvres, il rendit son âme à Dieu le 29 juillet 1847, à neuf heures du soir, l'avant-veille de la fête de saint Ignace, comme si son bienheureux père eût voulu lui ménager le bonheur de célébrer cette solennité au sein de la Compagnie du ciel. Ses funérailles eurent lieu dans la chapelle de la maison de la rue des Postes, le jour même de saint Ignace, en présence du R. P. provincial, qui présida la cérémonie, et qui peu de jours auparavant lui avait administré le sacrement de l'extrême-onction.

seule famille toute composée de frères. Quelqu'un de leurs anciens condisciples venait-il les visiter pendant la récréation, ils laissaient là tous les jeux, et accouraient pour saluer le nouvel hôte. S'agissait-il de renoncer à une ou plusieurs récréations pour rendre un service, ou pour exercer une œuvre quelconque de zèle ou de charité, il n'était pas besoin de recommandation; c'était assez de l'indiquer, ou seulement de l'insinuer; ils s'y offraient à l'envi, et regardaient comme un gain ce qui pour d'autres aurait été un pénible sacrifice. Les avis, les ordres, les réprimandes même étaient toujours reçus avec une religieuse soumission; et personne, parmi les plus étourdis et les plus vifs, n'aurait osé se permettre d'y trouver à redire, ou d'en murmurer. Pleins de confiance en leurs maîtres, ils aimaient à se réunir autour d'eux pendant les récréations, surtout à l'approche des solennités, pour entendre quelque chose d'édifiant de leur bouche, et réchauffer ainsi, comme ils disaient, la piété dans leurs cœurs. Durant la dernière année surtout, ils avaient tant gagné en ce qui concerne l'exacte observation du règlement, qu'ils n'eurent plus besoin de préfet dans les salles d'étude. Un simple élève désigné pour cet office montait en chaire, et présidait à la première division; un autre en faisait autant pour la seconde division : et cette surveillance, qui ne leur donnait ni peine ni embarras, ne nuisait nullement à leurs études.

Deux exemples feront voir à quel point la généralité des élèves de Saint-Firmin savaient garder la

plus difficile de toutes les règles, celle du silence. Un
jour, pendant l'hiver, on avait oublié d'allumer les
quinquets du réfectoire, au moment où la cloche les
y appela pour le souper, et l'obscurité était si profonde, qu'on ne se voyait pas les uns les autres. Cependant, pressés par la pluie qui tombait à verse, les
élèves continuent d'entrer, et se trouvent, au milieu
des ténèbres, serrés, entassés les uns sur les autres.
Le supérieur demande plusieurs fois, mais en vain,
de la lumière; les lampadaires étaient absents. Ce ne
fut qu'après bien du temps que la lumière parut.
Dans tout cet intervalle si favorable à la légèreté, à la
dissipation du jeune âge, on n'entendit pas un mot,
pas le moindre chuchotement; tous, grands et petits,
gardèrent un silence aussi profond qu'ils auraient pu
faire dans le lieu saint. De même, pendant la retraite
annuelle, le son d'une clochette dans les heures de
récréation avertissait de temps en temps les élèves
de se recueillir et d'élever leurs cœurs à Dieu.
Au premier coup, ils s'arrêtaient subitement, sans
achever ni la phrase, ni le mot commencé : tous
semblaient avoir perdu l'usage de la parole, jusqu'au moment où un second signal venait le leur
rendre.

Dès l'ouverture de la maison de Saint-Firmin en
1821, on avait érigé une congrégation en l'honneur
du sacré Cœur de Jésus. On professait à Saint-Firmin
une dévotion toute spéciale envers ce divin Cœur; et
ce fut pour cet établissement une source abondante
de grâces. Deux ans après, on jugea utile d'y joindre,

sous l'invocation des saints anges, une seconde congrégation, qui pût recevoir les plus jeunes élèves, et les
préparer à entrer un jour dans celle du Sacré-Cœur.
Mais ils manquaient de chapelle pour leurs réunions.
Ce ne fut qu'en 1827, qu'au moyen des constructions
entreprises, il fut possible de songer à leur procurer cette consolation. La chapelle se trouva prête
dans les premiers jours de décembre, et reçut sa
bénédiction solennelle des mains de Mgr de Chabons,
évêque d'Amiens, qui lui accorda en même temps le
privilége de conserver le saint Sacrement. Une fois
en possession de leur chapelle, les deux congrégations semblèrent prendre un nouvel essor, et s'animer d'une nouvelle ferveur. Les jours et les heures
des assemblées furent distribués et fixés de manière à leur laisser tour à tour l'usage du local; il en
fut de même pour les fêtes propres à chaque congrégation; et c'était entre elles à qui ornerait mieux la
chapelle aux jours de leurs solennités particulières.
Les congréganistes du Sacré-Cœur se distinguèrent
surtout par leur tendre dévotion au saint Sacrement.
L'un d'eux, qui en ce point ne le cédait à personne,
demandait souvent la permission de passer tout le
temps de la promenade aux pieds de Notre-Seigneur.
Elle était tantôt accordée, tantôt refusée. Dans le
premier cas, on voyait briller sur son front et dans
ses yeux plus de joie que d'autres n'en auraient fait
éclater à la nouvelle d'un congé; dans le second cas,
il se soumettait de bonne grâce et savait quitter Dieu
pour Dieu.

Dans le principe, la congrégation du Sacré-Cœur jouissait seule du privilége de distribuer chaque jour aux pauvres les restes de la table, même de Saint-Acheul. Plus tard les congréganistes des Saints-Anges demandèrent et obtinrent à force d'instances d'être associés à cette œuvre de charité; et ils s'en acquittèrent avec un zèle qui ne le cédait guère à celui de leurs frères du Sacré-Cœur. Du reste il s'en trouva, principalement parmi ceux-ci, qui avaient tellement pris à cœur l'œuvre des distributions, que pour l'exercer ils n'hésitèrent pas à sacrifier pendant l'année entière toutes les récréations après le dîner. Un jour le directeur, voulant s'assurer de l'esprit dont était animé l'un d'eux encore plus ardent que les autres, lui dit : « Je ne vous vois jamais en récréation, que faites-vous donc de si pressant? — Je sers les pauvres, répondit le congréganiste; si vous le permettez, je continuerai. — Fort bien! mais n'avouerez-vous pas qu'en passant au milieu de vos condisciples chargé de plats et de marmites, ou en rencontrant des étrangers, vous avez de temps en temps à vous défendre de l'ennui ou du respect humain, peut-être aussi de la vaine gloire? — Non, mon Père, je puis vous assurer en toute vérité que je ne me trouve jamais plus heureux et moins occupé de moi, que quand, ainsi chargé, et ceint de mon tablier de cuisine, j'ai à traverser la grande route et l'esplanade, et les cours de Saint-Acheul, parce que c'est pour les pauvres que je travaille. »

Mais ce qu'il y avait de plus admirable dans ces

congréganistes, c'est le zèle dont ils se montraient animés pour le salut de leurs condisciples. Pendant les récréations, ils se dispersaient dans les différentes parties de jeux : leur but était de les animer, de prévenir ainsi tout désordre, d'entretenir partout l'esprit de douceur et de charité, en cédant toujours eux-mêmes les premiers dans les cas douteux. Ils demandaient grâce pour ceux qui avaient mérité quelque punition, et s'ouvraient ainsi la porte de leur cœur. Ils cherchaient à consoler ceux qui avaient essuyé quelque réprimande sévère, ou qui se trouvaient dans la peine. Ils se plaisaient surtout à exercer ce zèle envers les nouveaux venus ; et il y en avait bien peu qui ne cédassent aux aimables attentions, aux charitables prévenances dont ils se voyaient environnés.

Ces édifiants détails sont peut-être un peu longs : on nous pardonnera de les avoir multipliés. Nous les devions à la mémoire du P. Sellier, qui donnait l'impulsion à tout ce qui se faisait de bien parmi ces vertueux jeunes gens : nous les devions à ces jeunes gens eux-mêmes, presque tous destinés par leur vocation à l'état ecclésiastique, et qui à ce titre formaient la plus précieuse portion du petit séminaire de Saint-Acheul (1).

(1) Après la suppression du petit séminaire, la maison de Saint-Firmin resta inhabitée jusqu'en 1832. Elle fut alors vendue, et elle est aujourd'hui occupée par une filature.

CHAPITRE XXII.

Congrégation des Fidèles Compagnes de Jésus. — Ordonnances de 1828, et suppression du petit séminaire de Saint-
Acheul. — Retraites de l'institution de Boulogne et du petit
séminaire de Saint-Ricquier. — Missions de Franleu et de
Cayeux.

Pendant les années 1827 et 1828, le P. Sellier
continua de remplir les mêmes fonctions de père spirituel dans l'intérieur de Saint-Acheul, et celles de
prédicateur, de confesseur et de missionnaire dans la
ville et dans le diocèse d'Amiens; et il s'en acquitta
avec le même zèle, le même dévouement et le même
succès.

C'est à l'année 1828 que nous devons rapporter
l'établissement d'une œuvre à laquelle l'homme de
Dieu ne fut pas étranger. Il s'agit de la congrégation
des Fidèles Compagnes de Jésus. Elle eut pour fonda·
trice une vertueuse dame, originaire du Berri, et
appartenant à l'une des familles les plus distinguées
de cette province. Mᵐᵉ d'Houet de Bonnault, c'est
son nom, était restée veuve après quelques années
de mariage. Désirant ne plus s'occuper que de sa
propre sanctification, et voulant procurer une éducation véritablement chrétienne à son fils unique, elle
vint se fixer à Amiens, et le plaça à Saint-Acheul au
mois de novembre 1814. Elle se mit alors sous la

direction du P. Sellier, et d'après ses conseils elle
s'appliqua uniquement aux bonnes œuvres. Son saint
directeur lui suggéra la pensée de venir au secours
de la classe la plus délaissée de la société. Il l'engagea à réunir auprès d'elle de jeunes orphelines
pauvres, exposées aux désordres qu'entraînent à leur
suite l'indigence et l'abandon. Grâce aux soins de la
fondatrice et de son directeur, cet établissement ne
tarda pas à se développer. Pour assurer son existence
et ses progrès, Mme d'Houet s'associa quelques personnes pieuses qui s'unirent par les vœux de religion. Elles prirent le nom de *Fidèles Compagnes de
Jesus*, et la fondatrice leur donna des règles em-
pruntées en partie à celles de la Compagnie de Jésus.
Cette congrégation se répandit bientôt de la Picardie
dans d'autres provinces, et même jusque dans les
pays étrangers, où furent fondées plusieurs maisons
de cet institut sur le modèle de celle d'Amiens.

Cette année 1828 fut la dernière du petit séminaire
de Saint-Acheul. La conjuration ourdie depuis plusieurs années en France contre la Compagnie de
Jésus, ou plutôt contre la religion et la monarchie,
finit par triompher des scrupules religieux du faible
et malheureux Charles X, et par lui arracher la signa-
ture des fatales ordonnances du 16 juin 1828, qui
faisaient passer sous le régime universitaire les petits
séminaires dirigés par les Jésuites. C'était, en d'autres
termes, prononcer leur dissolution. Saint-Acheul par-
tagea le sort des autres établissements. Cette maison
qui avait jeté un si grand éclat, et dont le nom était

devenu européen, fut supprimée. Il n'entre pas dans
notre sujet de peindre les scènes de douleur qui
accompagnèrent le départ des élèves, et leur séparation d'avec leurs maîtres chéris. Contentons-nous de
dire que ce fut un spectacle aussi extraordinaire que
déchirant de voir huit cents jeunes gens de tout âge,
de tout rang, de tous pays, se réunir dans un même
sentiment de douleur, embrasser tendrement leurs
maîtres, les arroser de leurs larmes, ne pouvoir s'arracher de leurs bras; et cela le jour même où l'ouverture des vacances les rendait à leur patrie, à leurs
parents, à leurs plaisirs, et à un repos dont la plupart avaient besoin après les travaux d'une année
entière. Tout disparaissait à leurs yeux devant la
triste pensée qu'ils ne reverraient plus ni leurs
maîtres ni Saint-Acheul. Le spectacle de cette douleur parut encore plus sensible et plus frappant sur
la route de Saint-Acheul à Amiens, dans les rues et
les places de la ville, dans les auberges et aux bureaux des diligences. Quelques-uns des plus anciens
dans la maison restèrent jusqu'au lendemain du départ général. Ils voulurent laisser passer tous les
autres devant eux, pour pouvoir embrasser plus libre-
ment tous leurs maîtres ou plutôt (comme ils les appelaient) tous leurs pères sans en oublier aucun.
Après avoir rempli ce triste devoir, reçu leurs derniers avis et s'être arrachés d'auprès d'eux, ils partirent, et leurs larmes attestèrent au dehors l'affliction
profonde dont ils étaient pénétrés.

On comprend sans peine ce que dut souffrir le

P. Sellier dans ces douloureuses circonstances. Lui
dont le cœur était si sensible, qu'il ne pouvait entendre un récit un peu touchant sans être attendri
jusqu'à verser des larmes, il voyait ces jeunes gens,
la plupart ses enfants spirituels, qu'il avait formés à
la vertu et à la piété, obligés de quitter l'asile de leur
innocence, et son cœur d'apôtre était déchiré à la vue
des périls que leur réservait un avenir incertain. Au
milieu de ces désolantes pensées, son unique consolation fut de s'abandonner sans réserve aux dispositions impénétrables de la divine Providence.

L'exercice du zèle offrit aussi à sa douleur une
utile diversion. Désormais nous allons le voir presque
continuellement donnant des instructions, des retraites, des missions, en un mot se livrant à tous
les travaux du saint ministère. Ce fut son occupation
presque unique de 1828 à 1851, époque où la surdité, la perte de la vue, l'âge et les infirmités le
forcèrent d'y renoncer.

Saint-Acheul, en cessant d'être école secondaire
ecclésiastique, était devenu maison de mission et
séminaire pour les jeunes religieux de la Compagnie
qui devaient étudier la théologie. Le P. Sellier y
fut fixé par les supérieurs en qualité de missionnaire. La première œuvre qu'à cette époque de la
vie du saint homme nous trouvons mentionnée dans
les mémoires que nous avons sous les yeux, est
une retraite donnée par lui vers la mi-janvier 1829
aux élèves de l'institution dirigée à Boulogne par le
digne abbé Haffreingue, dont le nom seul est un

éloge (1). Ce vertueux ecclésiastique avait admis dans
l'établissement qu'il dirigeait, et qu'il dirige encore
avec tant de succès, un grand nombre d'élèves sortis
de Saint-Acheul après la dissolution de cette maison.
Il crut avec raison qu'une voix connue et amie serait
plus favorablement écoutée et produirait des fruits
de salut plus abondants. Il appela donc le P. Sellier.
Son attente ne fut pas déçue. Il serait impossible de
peindre avec quel enthousiasme le P. Sellier fut
accueilli par ces bons jeunes gens. Les marques d'attachement qu'ils donnèrent à leur P. Sellier, ainsi
qu'ils l'appelaient, furent si franches et si cordiales,
et en même temps si vives et si bruyantes, que tous
les professeurs, peu accoutumés à un pareil spectacle,
en étaient dans l'admiration. Cette multitude d'écoliers se jetaient en masse au cou du bon Père, l'em-
brassaient avec tendresse, et semblaient ne pouvoir
s'éloigner de lui. Ceux mêmes qui n'avaient pas connu
le P. Sellier partagèrent l'ivresse de leurs condisciples. Ces scènes touchantes préparèrent merveilleusement le succès de la retraite. De nombreuses
conversions eurent lieu non-seulement parmi les
pensionnaires, mais même parmi les externes, qui,

(1) Il n'est personne qui n'ait entendu parler de la magnifique église que cet homme vraiment extraordinaire a construite en l'honneur de Notre-Dame de Boulogne. Il commença
ce grand ouvrage en 1827, et l'a continué jusqu'ici au milieu
des révolutions qui se sont succédé, n'ayant pour faire face
à cette colossale entreprise que ses ressources personnelles, les
dons de la charité privée et une confiance sans bornes dans la
Providence, qui ne lui a jamais fait défaut.

au sortir des exercices, reparaissaient dans la ville l'air modeste et recueilli, et comme absorbés dans une profonde méditation. « Le P. Sellier a opéré des prodiges, écrivait l'abbé Haffreingue. Aucune retraite précédente n'a produit autant d'effet. Aussi les maîtres et les élèves sont-ils tous dans la joie et pénétrés de reconnaissance : ils sont aussi pleins de l'espérance que leur a donnée le Père de les venir visiter au printemps. » Voici encore ce qu'écrivait un ancien élève de Saint-Acheul à l'un des Pères de cette maison : « Le P. Sellier vient de nous donner une retraite, mais une retraite admirable. Je ne sais vraiment s'il a mieux parlé que de coutume, ou si cette voix d'un de nos Pères que nous avons entendue dans l'exil et au milieu des regrets, nous a paru plus douce et plus éloquente; mais ce que je sais, c'est qu'ici on n'a plus de respect humain pour faire le bien. Loin de là, celui dont la conduite ne serait pas régulière et qui ne se montrerait pas foncièrement religieux serait fort mal venu auprès du reste des élèves. »

A la retraite de Boulogne succéda, dès les premiers jours de février, celle du petit séminaire de Saint-Ricquier. Le succès y fut complet comme dans le pensionnat de Boulogne. L'ancienne et célèbre abbaye de Saint-Ricquier avait été depuis quelques années relevée de ses ruines par M. l'abbé Padé (1). Il y avait établi un pensionnat ecclésiastique qui devint petit séminaire après la suppression de Saint-Acheul. Saint-

(1) M. l'abbé Louis Padé, chanoine honoraire de la cathédrale d'Amiens, et aujourd'hui curé de Saint-Ricquier.

Ricquier renfermait, comme Boulogne, un grand nombre des anciens élèves de Saint-Acheul, deux cents environ sur quatre cents. Là se trouvait réunie presque tout entière cette fervente communauté de Saint-Firmin dont nous avons parlé plus haut. C'é-taient les enfants de prédilection du P. Sellier. Aussi dès que l'homme de Dieu eut ouvert la bouche, l'es-prit de prière, de recueillement et de componction prit un nouvel élan dans le cœur de tous ces jeunes gens. Pendant les récréations, ils se promenaient par petites bandes avec une modestie au-dessus de leur âge; ils s'entretenaient de sujets pieux, ou des discours qu'ils avaient entendus. Dans l'intervalle des instructions, on en voyait toujours un certain nombre prosternés devant le saint Sacrement, ou devant une relique de la vraie croix exposée à leur vénération. La plupart voulurent se préparer à la communion par une confession générale; et les larmes qu'ils répandaient, les sanglots qui s'échap-paient de leur poitrine au sortir du saint tribunal étaient une preuve non équivoque des heureuses dis-positions de leur cœur. Tous, sans exception, appro-chèrent de la sainte table avec une ferveur de dévo-tion vraiment extraordinaire. Les remercîments et les adieux eurent lieu le lendemain; ils offrirent un spectacle non moins touchant, surtout quand le su-périeur, qui avait été autrefois élève du P. Sellier, se jetant à ses genoux, le pria de le bénir, lui et toute sa maison. Les assistants l'ayant imité par un mou-vement spontané, le Père n'osa s'y refuser; mais, se précipitant lui-même aux genoux du supérieur, il lui demanda à lui-même sa bénédiction et le pardon de tous les manquements dont il s'était rendu coupable pendant la retraite. Ce fut en vain. On ne répondit à sa prière que par de nouveaux embrassements, et on se sépara.

Le P. Sellier, dont le zèle infatigable ne connaissait pas le repos, donna, pendant tout le carême de cette année 1829, une mission dans le village de Franleu, où il s'était rendu après la retraite du petit séminaire de Saint-Ricquier. Le début ne fut pas heureux, et ne semblait guère promettre de grandes consolations; mais à partir du 25 mars, fête de l'Annonciation de la sainte Vierge, l'ébranlement commença : il se communiqua même aux environs, de sorte que le P. Sellier, un de ses confrères qui lui avait été donné comme compagnon (1), et les pasteurs des villages voisins recueillirent une abondante moisson. Les retours à Dieu furent très-nombreux à Franleu; et sur une population de sept cents âmes, on ne compta que quatre ou cinq habitants qui restèrent sourds à l'appel de la grâce. Une circonstance bien consolante pour l'homme de Dieu, c'est qu'étant retourné dans cette paroisse, il eut la joie de constater la persévérance de la plupart de ceux qui étaient revenus à Dieu. La plantation de la croix qui eut lieu le dimanche de la Trinité consolida le bien opéré quelques mois auparavant.

(1) Le P. Jean-Pierre Céleyrette, né le 9 juin 1795, entré dans la Compagnie le 4 avril 1816, et mort à Alger le 15 décembre 1849.

À douze kilomètres de Franleu est situé un village nommé Cayeux, qui fut, peu de temps après, le théâtre des travaux du P. Sellier. Cayeux est moins un village qu'une agglomération de hameaux et de manoirs répandus sur les bords de la mer, et habités par des pêcheurs, formant une population d'environ trois mille âmes. Il n'y avait pour le service religieux qu'une seule église; elle était vaste, mais différentes causes en rendaient l'accès difficile: son éloignement des habitations; le terrain qui n'était qu'un sable mouvant, et enfin les vents et les tempêtes très-fréquents dans ces parages. A ces obstacles venaient se joindre la cherté du pain, et le manque de poisson, principale nourriture de la classe pauvre. De plus les travaux de la journée ne permettaient de faire l'instruction que le soir; c'était dans les ténèbres que les fidèles devaient se rendre à l'église et en revenir. Ajoutez encore que le missionnaire paraissant au milieu d'eux ne leur offrait qu'un secours momentané; car la paroisse était depuis longtemps privée de pasteur; et les supérieurs ecclésiastiques refusaient de nommer un curé jusqu'à ce qu'on lui eût assuré un logement convenable. Les habitants y eussent été tout disposés; mais les autorités locales, peu favorables à la religion, opposaient une résistance opiniâtre; et surtout elles s'effrayaient au seul nom de mission. C'était un épouvantail contre lequel rien ne pouvait les rassurer; et quelques apparitions préliminaires du P. Sellier ou de son compagnon avaient été constamment accueillies avec une extrême froideur. Telles étaient les difficultés que présentait cette œuvre.

D'un autre côté la foi, la simplicité, la pureté des mœurs de la population faisaient bien augurer du succès. La plupart se portaient avec zèle et tout naturellement aux exercices religieux, et d'antiques usages fidèlement conservés faisaient autant d'honneur à leurs sentiments qu'à ceux de leurs pères. Ainsi, quand les hommes se mettent en mer pour la grande pêche, qui dure plusieurs mois, tous, hommes, femmes et enfants chantent à genoux sur le rivage le *Veni Creator*, qu'entonne le capitaine, et qui est suivi d'autres prières. Sur la mer il règne dans l'équipage un ordre parfait. La prière s'y fait en commun trois fois par jour. Si l'époque du retour est retardée, si quelque tempête soudaine vient à éclater, les femmes se précipitent vers l'église, et principalement aux autels de Marie; elles font dire en son honneur des messes votives, allument des cierges devant ses images, et promettent des pèlerinages. Le P. Sellier disait n'avoir remarqué nulle part une dévotion aussi tendre envers Celle que l'Église appelle l'Étoile de la mer; et c'est à cette source de bénédictions qu'il attribua le succès de ses travaux. Les jeunes filles ne le cédaient point sous ce rapport à leurs mères. On les voyait souvent prosternées devant une statue de Marie placée dans l'église et honorée sous le nom de Notre-Dame du Rosaire; sur le rivage on les entendait réciter le chapelet en commun, et chanter des cantiques. On jugera par un seul trait de la simplicité et de la candeur des petits matelots. Un jour que beaucoup d'entre eux s'étaient confessés le matin au compagnon du P. Sellier, il en revenait à chaque instant quelques-uns pour faire connaître au Père des fautes oubliées, et sans détour ni respect humain ils avouaient à haute voix ce qu'ils avaient omis, souvent même en présence d'un ou de plusieurs témoins.

Ce fut vers le 15 du mois de mai que le P. Sellier arriva à Cayeux, non plus pour une visite passagère, mais pour y ouvrir la mission. Après dix jours de travaux et de fatigues, et quoique son compagnon eût préparé les voies par un séjour de deux mois environ, l'homme de Dieu n'avait obtenu que des résultats insignifiants : il ne laissait pas cependant de semer et d'arroser, abandonnant à Dieu le soin de donner l'accroissement. Sa providence ne tarda à se montrer d'une manière éclatante. Un vertueux prêtre du diocèse (1), qui avait formé le projet de se consacrer à Dieu dans la Compagnie, vint se joindre au P. Sellier, et en organisant des chœurs de cantiques et de pompeuses cérémonies, il attira un concours prodigieux. Dans le même temps une pêche presque miraculeuse mit fin à la cherté des subsistances, et fit cesser les craintes pour l'avenir. Une montagne, l'expression n'est pas exagérée, une montagne mouvante d'une espèce de poissons qu'on avait coutume de pêcher sur ces côtes, et qui cette année paraissaient les avoir désertées, vint tout à coup s'y

(1) M. Bullot, mort curé de Rubempré, dont nous avons déjà parlé.

précipiter, et même s'y fixer, tandis qu'elle abandonnait les côtes voisines. Bientôt la sainte parole annoncée avec feu, écoutée avec avidité, détermina un heureux ébranlement. Les autorités civiles elles-mêmes, cédant au mouvement général ou ramenées à des sentiments plus chrétiens, se décidèrent à faire l'acquisition du presbytère exigée par Mᵍʳ l'évêque. Peu après le P. Sellier quitta ce peuple au milieu des bénédictions et des regrets universels. Avant de se rendre à Saint-Acheul, il passa par Franleu pour y planter la croix de la mission ; et, de leur plein gré, malgré une distance de douze kilomètres, les habitants de Cayeux vinrent en procession assister à cette pieuse cérémonie.

CHAPITRE XXIII.

Missions de Fressenville, de Broye, du Mesnil-Saint-Firmin et de Plainville. — Conversions remarquables.

De retour à Saint-Acheul, le P. Sellier consacra son temps, comme toujours, soit à donner des retraites, soit à entendre les confessions. Il y resta jusqu'au mois d'octobre, époque où il recommença ses courses apostoliques. Il fut alors appelé à Fressenville pour disposer la population à gagner l'indulgence du jubilé. Cette paroisse de douze cents âmes, située à huit ki-

lomètres d'Abbeville, était depuis dix-huit mois privée
des secours de la religion. L'âge et les infirmités de
son pasteur ne lui permettaient plus de remplir les
fonctions de son ministère. La foi cependant était vi-
vante dans le cœur des habitants, et leurs heureuses
qualités les rendaient propres à recevoir avec fruit
la divine semence. Mais, par suite du défaut d'instruction et de culture, ils perdaient insensiblement
l'habitude d'entendre la messe le dimanche; ils pro-
fanaient ce saint jour par le travail et par des divertissements dangereux : ils avaient cessé de fréquenter
les sacrements ; et déjà les vices, que la pratique des
devoirs religieux peut seule écarter, commençaient
à s'introduire parmi eux. Mais l'heure de la divine
miséricorde était arrivée pour ce bon peuple. Le 6 octobre était le jour fixé par Mgr l'évêque pour l'ouverture de la mission de Fressenville. Quelque temps
auparavant, le P. Sellier fit prendre les devants au
P. Boullé, qui lui avait été assigné pour collaborateur.
Le P. Boullé fut accueilli avec des transports extraordinaires de joie et de respect, qui lui parurent du
plus heureux augure. Le P. Sellier, de son côté, ne
tarda pas à venir joindre son compagnon. Dès les
premiers jours les instructions furent suivies avec la
plus édifiante assiduité. On remarqua cependant que
les femmes seules se présentaient au tribunal de la
pénitence. Étonnés de cette singularité, les Pères en
recherchèrent la cause, qu'ils n'eurent pas de peine à
découvrir. Elle tenait au genre de travail auquel se
livraient les hommes. En s'y employant toute la jour-

née, ils pouvaient à peine suffire à gagner ce qui était rigoureusement nécessaire pour leur subsistance et pour celle de leur famille, de sorte qu'il leur était impossible de se confesser pendant le jour. Le dévouement des Pères trouva aisément le remède au mal. On annonça en chaire que les hommes seraient admis au saint tribunal pendant la nuit, et les femmes pendant le jour. Dès ce moment, et surtout le dimanche suivant, l'église fut presque remplie d'hommes qui se préparaient pour la confession. C'était un redoublement de fatigue pour les deux missionnaires : ils ne restèrent pas au-dessous de leur tâche. Jour et nuit ils étaient à l'œuvre, sans prendre d'autre repos que quelques moments de sommeil, de minuit à quatre heures du matin. Un oubli de soi-même aussi complet fit une vive impression sur les habitants; et un jour, touchés de compassion pour le P. Sellier qu'ils voyaient harassé de fatigue, ils se retirèrent tous vers le milieu de la nuit, dans la crainte que l'homme de Dieu ne se couchât pas un seul instant. Mais dès quatre heures du matin, ils étaient tous rendus à l'église; et le P. Sellier en y entrant fut très-surpris d'y trouver autant de monde qu'il en avait laissé la veille au soir. Ce fut un spectacle touchant de voir l'ardeur que beaucoup de personnes déployèrent pour la conversion de leurs concitoyens. Les filles pressaient leurs parents de ne pas manquer cette heureuse occasion de se réconcilier avec Dieu; les mères conduisaient elles-mêmes leurs enfants, quoique déjà grands; des pères de famille, non contents d'envoyer aux instructions

tous ceux qui dépendaient d'eux, travaillaient la nuit
pour pouvoir y assister eux-mêmes. Un ouvrier cou-
vreur surtout se distingua par son zèle à remplir
cette espèce d'apostolat. Appelé à travailler dans
une maison où l'on ne paraissait pas disposé à profiter de la grâce, il fit si bien par ses exhortations,
qu'il parvint à amener au confessionnal du P. Sellier toutes les personnes de cette maison. Le maire,
joignant l'exemple aux paroles, seconda efficacement
l'action des missionnaires, et contribua à ramener
bien des habitants à la pratique de leurs devoirs.
A toutes les messes, on voyait bon nombre de fidèles approcher de la sainte table : chaque dimanche
environ deux cents, et le dernier jour jusqu'à cinq
cents.

L'ébranlement se communiqua même aux paroisses
voisines d'où l'on venait entendre les instructions du
P. Sellier, et Dieu bénissait visiblement la parole de
son serviteur.

Le zèle des jeunes filles pour le chant des cantiques
fut encore un des moyens dont Dieu se servit pour
assurer le succès de la mission. On en avait réuni
jusqu'à quatre-vingts qui chantaient avec beaucoup
d'ensemble et de goût. Le P. Sellier crut qu'il trouverait aisément dans ce chœur de cantiques des éléments pour former une congrégation de la sainte
Vierge, et il communiqua son projet aux habitants :
mais quelle fut sa surprise, lorsqu'il vit que presque
aucune de ces filles devenues si pieuses, si zélées ne
se présenta pour se faire inscrire ! C'est qu'elles avaient

conçu une si haute idée de cette consécration d'elles-
mêmes à Marie, que, dans leur pensée, toutes celles
qui la faisaient promettaient par là même de ne pas
se marier. Un mot d'explication donné par le P. Sellier
fit tomber ce préjugé. Dès lors toutes les filles voulurent entrer dans la congrégation; et l'on n'éprouva
plus d'autre embarras que celui du choix à faire parmi
tant d'aspirantes.

La première communion des enfants termina la
mission. Cette cérémonie fut si touchante, que les
Pères ne se lassaient pas d'admirer et de bénir la
puissance de la grâce. Tout dans ces enfants respirait
la candeur, l'innocence et la piété : ils fondaient en
larmes en approchant de la sainte table. Les parents
de leur côté pleuraient de joie et de bonheur. Le concours des fidèles fut si prodigieux, qu'on voyait hors
de l'église autant de monde que dans l'intérieur, et
qu'elle ne cessa d'être remplie depuis le matin jusqu'au soir.

Cependant le moment de départ était venu. La joie
des habitants avait été vive à l'arrivée des Pères
qu'ils ne connaissaient pas encore et qu'ils n'avaient
pas vus se dévouer pour le bien de leurs âmes : qu'on
juge de leur douleur quand il fut question de se séparer. Ils avaient conçu pour le P. Sellier tout l'amour
et toute la vénération qu'inspirent les saints; et ils le
voyaient près de les quitter pour jamais. Aussi les larmes coulaient de leurs yeux; et les principaux chefs
de famille s'étant rendus auprès du P. Sellier, ne
purent, en l'abordant, lui adresser d'autres paroles

que cette interrogation si éloquente dans sa simplicité : *Eh quoi! monsieur Sellier, est-il donc vrai que
vous allez nous abandonner?* Leurs larmes ne leur
permirent pas d'en dire davantage. Le bon Père, profondément ému, ne put leur répondre que quelques
paroles embarrassées, et il se déroba à cette scène
déchirante. Comme le vent soufflait avec violence, et
qu'il tombait une pluie froide, le P. Sellier engagea
ces bons villageois à ne pas l'accompagner à son départ. Ce fut en vain : ils ne le quittèrent que fort loin
du village, où ils rentrèrent désolés de la perte qu'ils
faisaient, et pleins d'anxiété pour l'avenir. Ils ne se
laissèrent cependant ni abattre ni décourager. Résolus
de n'épargner aucun sacrifice pour obtenir un curé,
ils firent d'actives démarches en ce sens, malgré les
graves difficultés qui semblaient s'opposer à leurs
désirs, et Dieu leur vint en aide : il ne pouvait pas,
disait le P. Sellier, refuser de bénir des efforts accom-
pagnés d'un retour au bien si éclatant et si sincère.
En effet Mgr l'évêque (1), apprenant qu'il y avait à
vingt kilomètres de Fressenville une paroisse dont
les habitants se montraient indignes des soins de leur
pasteur, donna aussitôt l'ordre à celui-ci de se transporter à Fressenville, où il fut reçu avec un enthousiasme qu'il est impossible de décrire. Ce bon prêtre
en fut lui-même si touché, que, voulant adresser quelques paroles à ses paroissiens en arrivant parmi eux,
il ne put s'expliquer que par ses larmes ; et dans ses

(1) Mgr de Chabons.

lettres au P. Sellier, il ne cessait de se répandre en
éloges sur leur docilité et leur bon esprit. La preuve la
moins équivoque des admirables dispositions dans lesquelles les avait laissés la mission, c'est qu'ils s'impo-
sèrent des sacrifices pécuniaires considérables vu leur
pauvreté, soit pour loger le précédent curé, âgé et
infirme, soit pour procurer à leur église un mobilier
plus décent et plus convenable.

Au jubilé de Fressenville succéda sans interruption celui de Broye, dont les résultats, moins consolants, ne doivent pas cependant être passés sous
silence. Broye est une paroisse du diocèse de Beauvais sur les confins de celui d'Amiens et dans les
environs de Breteuil. Le P. Sellier fit l'ouverture du
jubilé le 2 novembre 1829 ; et presque en même temps
il commença les mêmes exercices au Mesnil-Saint-
Firmin et à Plainville. Malgré les travaux pénibles
auxquels se livra l'homme de Dieu, il n'obtint d'abord
aucun résultat sensible. On venait l'écouter avec assez
d'intérêt et d'assiduité : mais le confessionnal de-
meurait désert. Avant de couronner son zèle. Dieu
ménageait à son serviteur une rude épreuve. Un jour
qu'il se rendait à Plainville monté sur un cheval fougueux, le coursier saisi d'une frayeur soudaine jeta
son cavalier au loin, et le laissa dangereusement
blessé. Réduit à se traîner péniblement dans des
chemins boueux, et par un temps pluvieux et froid, le
bon Père arriva enfin au village. N'écoutant que son
zèle, et suivant l'exemple de saint François Régis, qu'il
se proposait pour modèle dans ses missions, il se mit

aussitôt à prêcher et à confesser. Mais le soir en vi-
sitant sa plaie, il la trouva si fort envenimée, qu'il ne
crut pas pouvoir sans imprudence rester sur le théâtre
de la mission, et qu'il prit le parti de retourner à
Saint-Acheul. Quelques jours de repos suffirent pour
le mettre en état d'aller rejoindre le P. Céleyrette,
qui lui avait été donné pour compagnon. Celui-ci avait
obtenu quelques succès à Plainville : le P. Sellier lui
laissa le soin de continuer le bien commencé dans
cette paroisse. Quant à Broye, dont la population
s'était jusque-là montrée sourde à la voix de la grâce,
il s'en chargea lui-même. L'insensibilité des habitants
de Broye avait sa source dans un fonds d'incrédulité
causé par la lecture des mauvais livres et des journaux
irréligieux répandus alors de toutes parts, et dans
un esprit d'indépendance et d'orgueil qui les mettait
souvent en opposition soit entre eux, soit avec leur
curé. Il régnait même une mésintelligence prononcée
entre le pasteur et ses ouailles. A ces obstacles venait
se joindre le froid rigoureux de cet hiver de 1829
qu'on n'a pas oublié. Pour triompher de semblables difficultés, les moyens ordinaires étaient insuf-
fisants. La justice de Dieu intervint d'une manière
terrible. Quatre personnes furent frappées de mort
subite. Ce fut d'abord un homme signalé par son
irréligion, qui plaisantait publiquement sur la confession : *Rien ne presse*, disait-il, *il sera toujours
temps au moment de la mort*. Le soir même du jour
où il avait tenu ces sortes de propos avec le plus d'ef-
fronterie, il fut saisi d'un malaise extraordinaire ; et

la nuit suivante il mourut d'une attaque d'apoplexie foudroyante, sans avoir eu le temps de se reconnaître. Le second trait de la justice divine ne fut pas moins tragique. Celui qui en fut la victime était un homme qui professait la plus scandaleuse indifférence pour la mission. Il affectait de paraître ignorer ce qui se passait, et s'il en entendait parler, il ne s'en exprimait qu'avec mépris. Revenant dans sa voiture d'un village voisin, où il avait assisté à une noce, il laissait aller son cheval au hasard. Tout à coup l'animal se cabrant lança son maître hors de la voiture, et une des roues écrasa le malheureux sur la place. On ne nous a pas transmis les circonstances des deux autres morts; mais ces coups réitérés de la vengeance céleste frappèrent les plus endurcis d'une salutaire terreur; et dès ce moment on vit de nombreux retours.

Vers la fin de la mission, le P. Sellier voulut en consolider les heureux effets par l'établissement d'une congrégation de la sainte Vierge. Il y éprouva de grandes difficultés causées par le respect humain et par l'opposition qu'il rencontra dans ceux qui n'avaient pas profité de la mission. Il en triompha néanmoins, secondé par le zèle et la piété d'une jeune personne qui n'était âgée que de dix-neuf ans. Son père, riche propriétaire, remplissait alors les fonctions de maire. Cette vertueuse demoiselle se sentant intérieurement appelée à la vie religieuse, et n'ayant que de l'éloignement pour le monde, mettait tout son bonheur dans les pratiques de la vie chrétienne. Elle

supportait avec une patience angélique les contradictions qu'elle avait à essuyer pour pouvoir vaquer
à ses exercices de dévotion. Vivant dans une union
continuelle avec Dieu, auquel elle s'était consacrée
par le vœu de virginité perpétuelle, chaque jour elle
donnait à la méditation et à la prière tout le temps
dont elle pouvait disposer. Une vertu si pure, jointe
au rang qu'elle occupait dans la société, semblait la
désigner au choix du P. Sellier comme une présidente
accomplie. Il la choisit en effet, et l'autorité qu'elle
se concilia, surtout auprès des jeunes personnes, fut
un des moyens dont Dieu se servit pour conserver les
fruits de la mission.

Nous devons, en terminant, mentionner deux conversions remarquables qui furent regardées comme
une preuve éclatante de l'efficacité des prières du
fervent missionnaire. Nous en tenons le récit de la
bouche même de M. Bazin, agriculteur et industriel
distingué, habitant le Mesnil-Saint-Firmin.

Les deux personnes dont il s'agit ici étaient placées
dans des conditions bien différentes, mais n'avaient
ni l'une ni l'autre rempli aucune pratique religieuse
depuis leur première communion. M. Bazin, qui
voyait l'influence que pourrait exercer dans le pays
leur retour à Dieu, les recommanda d'une manière particulière aux prières du saint homme, dès
qu'il fut question de donner une mission dans ces
parages.

L'un, M. Ribet, capitaine de cavalerie, s'était retiré à Broye, après avoir fait toutes les campagnes

de l'Empire. Il réunissait à la loyauté et à la la valeu
apanage ordinaire du soldat français, une r' rare i1
telligence, et une activité extraordinaire qu'iu'il ava
mises à la disposition de M. Bazin. M. Ribet s1 se tro
vait au Mesnil, lorsqu'il apprit que des Jésuiuites d
vaient venir y donner une mission. À ce mot d de mi
sion prêchée par des Jésuites, il sentit se réréveille
toutes les préventions que, depuis l'âge de qiquatorz
ans, il avait puisées au milieu des camps, , et q
étaient alors si généralement répandues. Il delemand
donc l'autorisation de quitter le Mesnil avantat l'arri
vée des missionnaires, ne voulant pas, disait-it-il, s
trouver en présence d'hommes qu'il n'aurait t jamai
consenti à recevoir chez lui, et qu'il reçegardai
comme les plus mortels ennemis de la F.France
Mais Dieu avait entendu les prières de son n servi
teur. Dans des vues de miséricorde sur ce j pauvr
pécheur, il permet que des obstacles imprévusis le re
tiennent jusqu'à la nuit, et enfin l'empêchent d de par
tir. M. Ribet était assis auprès du feu, lorsque e.entra l
P. Sellier, et l'impression qu'il éprouva fut plusis vive,
au dire de M. Bazin, que celle qu'il aurait resessentie
à l'arrivée de tout un régiment de Cosaques fcfondant
à l'improviste. Il se borne à offrir sa place à un n prêtre
respectable, qui venait de faire trente-deux kilonmètres
à cheval dans des chemins de traverse, par uñn froid
très-rigoureux, et en grande partie pendant la a nuit;
il n'a du reste pour lui pendant le repas qque les
égards commandés par la simple politesse. Apprès le
souper néanmoins il ne put s'empêcher de prprendre

part à la conversation. Le Père, comprenant qu'il s'a-
gissait de gagner une âme à Dieu, sut la rendre intéressante.

Le lendemain, au lieu de s'absenter, comme il
l'avait projeté, M. Ribet se sentit attiré vers le P. Sellier; et il prenait plaisir, chaque fois que l'occasion
s'en présentait, à se rencontrer avec lui. Il put
bientôt apprécier les éminentes qualités du bon Père,
et le soir il chercha à prolonger le plus longtemps
possible la conversation qui suivit le souper.

M. Bazin avait remarqué avec plaisir cet heureux
changement, et il ne fut pas moins étonné, lorsque
le matin M. Ribet lui dit avec sa franchise habituelle
qu'il a éprouvé pendant les deux dernières nuits une
agitation extraordinaire, qu'il n'a pu fermer l'œil,
que jamais, durant toutes ses campagnes, il n'a
ressenti de pareilles émotions; continuellement il a
été poursuivi de la pensée de se confesser au P. Sellier; mais il n'ose le faire, et il ne saurait d'ailleurs
comment s'y prendre. M. Bazin le rassure, le conduit à la chambre du Père, auquel il raconte ce qui
vient de se passer, et il les laisse seuls. M. Ribet ne
quitta le Père qu'après avoir fait une confession générale, et dit en sortant qu'il était plus facile de se
confesser qu'il ne le pensait. La confession terminée,
le P. Sellier lui remit un chapelet qu'il l'engagea à
conserver pendant le reste de sa vie, l'assurant que,
s'il le récitait chaque jour, il répondait de son salut.
Le capitaine en prit l'engagement, et tint parole. On
le voyait souvent le matin ou le soir, en quelque lieu

6*

qu'il se trouvât, récitant pieusement son chapelet.
Les plaisanteries, les sarcasmes de ses amis ne pourent
jamais lui faire abandonner cette armure saluutaire
qui lui paraissait une défense plus assurée quue ne
l'e2t été son sabre sur le champ de bataille. Se 2 trouvant un jour dans une réunion d'hommes irréligjieux,
il leur tint tête pendant quatre heures consécutitives;
et l'un d'eux s'étant permis de dire, qu'on : nous
pardonne l'expression, que *le chapelet était unne bê-
tise*, il n'hésita pas à tirer le sien de sa poche et à
le montrer hardiment, ajoutant ces paroles : «]Pour
moi, depuis l'époque de la mission, je le récite2 souvent plusieurs fois par jour; et je ne m'en senss pas
plus bête. »

Il fit plus : non content de donner l'exemple (de la
fidélité à toutes ses obligations religieuses, il exerça
auprès des habitants une espèce d'apostolat, s'efffor-
çant par ses entretiens de les ramener à la prattique
du bien, et d'apaiser leur antipathie contre le cœuré.
Il ne manquait pas d'assister aux offices de l'Église.
Arrivé le premier dans le lieu saint, il en sortait le
dernier, et il avouait ingénument qu'il n'y avait
jamais de distractions. M. Ribet a continué depuis à
remplir avec exactitude les devoirs de la religiom, et
il mourut quelques années après dans les sentiments
les plus chrétiens.

La seconde conversion, due également aux prières
du saint missionnaire, fut celle de M. Caussin, notaire à Plainville. Il n'avait eu de rapports avec le
Père que pendant des repas de famille et dans des

conversations où il n'était point question de matières religieuses. Il fut, comme M. Ribet, touché par la grâce, et demanda à se confesser au moment où l'on s'y attendait le moins. Il jouait aux cartes après le souper en présence du Père, lorsque tout à coup s'adressant à celui-ci : « Mon Père, lui dit-il, si vous voulez monter dans votre chambre et prier pour moi, aussitôt que ma partie sera terminée j'irai vous trouver et je me confesserai. »

Il alla en effet joindre le Père quelques instants après, et fit une confession générale avec les sentiments de la plus vive contrition. Il eut des luttes à soutenir pour s'élever au-dessus du respect humain, et pour surmonter les difficultés qu'il rencontrait dans sa position. Mais, fidèle à suivre les avis qui lui furent donnés, il persévéra jusqu'à la fin ; et, quoique frappé inopinément par la mort, Dieu lui ménagea assez de temps pour pouvoir se confesser à ses derniers moments.

CHAPITRE XXIV.

Révolution de 1830. — Séjour du P. Sellier à Montpellier. — Mission de Chambéry.

La révolution de 1830 vint apporter des modifications assez importantes au genre de vie du P. Sellier, et le condamner pour quelque temps au repos. Ce fut à Metz que vinrent le surprendre ces tristes événements. Depuis le 5 juillet qu'il était arrivé dans cette ville, il avait consacré tout son temps à donner des retraites dans trois maisons religieuses. La révolution de juillet y causa peu de mouvement : cependant on dirigea quelques poursuites contre le P. Sellier; quoiqu'elles ne parussent pas très-sérieuses, ses amis jugèrent que la prudence commandait de le faire disparaître pour quelque temps. Il resta caché dans un petit village distant de Metz d'environ huit kilomètres chez de bonnes religieuses, les sœurs de Sainte-Chrétienne, qui lui prodiguèrent toute espèce de soins et qui pourvurent à ses besoins avec profusion. « Je n'oublierai jamais, écrit-il (1), les preuves de dévouement, d'intérêt et de charité qu'elles me donnèrent. Dans l'impuissance où je suis de reconnaître comme il convient les services que j'en ai reçus, je prie le Seigneur, pour l'amour duquel ces pieuses personnes ont exercé envers moi ces actes de miséricorde, de leur accorder la récompense qu'elles méritent. »

Après être resté une douzaine de jours dans ces lieux hospitaliers, le P. Sellier crut pouvoir reparaître à Metz la veille de l'Assomption. Il y passa le jour de la fête, mais dans une situation bien différente de celle où il s'était vu jusqu'alors. Il resta enfermé toute la journée, et ne se montra dans les rues que sous l'habit de laïque. Il conserva ce déguisement pendant son voyage : car, d'après l'assurance

(1) Retraite de 1830.

qui lui fut donnée que le calme commençait à se rétablir, il crut pouvoir se mettre en route pour Paris, et de là pour Amiens.

Pendant le séjour du P. Sellier à Metz, et dès les premiers moments de la révolution de juillet, la maison de Saint-Acheul avait été victime d'une attaque nocturne. Dans la journée du 29 juillet, une troupe de trois à quatre cents émeutiers, soudoyés par quelques révolutionnaires d'Amiens, avaient parcouru les rues de la ville, hurlant les cris de : *Vive la Charte! A bas Charles X!* brisant les réverbères, détruisant partout les écussons des notaires et les divers signes de l'autorité royale. Ils s'étaient ensuite portés à l'hôtel de la préfecture, puis au domicile du maire, le respectable M. Daveluy-Bellancourt; et enfin ils avaient marché sur Saint-Acheul, où ils arrivèrent à dix heures du soir environ. Après avoir fait voler en éclat les fenêtres extérieures de la maison, les uns escaladèrent les murailles, les autres enfoncèrent la porte cochère à coups redoublés de barres de fer, tous se répandirent comme un torrent dans la cour, saccageant, mutilant, mettant en pièces tout ce qui leur tombait sous la main au rez-de-chaussée. Enfin, après un sac de trois heures impossible à décrire, on parvint à les attirer dehors en promettant de leur donner à boire et de faire cesser le son du tocsin, qui les irritait. Un détachement de cavalerie arriva quand tout était fini, et les mit en fuite. La dévastation fut telle, que, d'après une expertise faite contradictoirement par l'autorité et par un des frères, on évalua à 4,500 fr. le dégât causé par le seul bris des portes et des fenêtres. Dès lors le poste n'était plus tenable pour les habitants de Saint-Acheul. Force leur fut de se disperser, déguisés en laïques, et de chercher leur sûreté dans la fuite. Les scolastiques partirent les uns pour la Suisse, les autres pour l'Espagne. Il ne resta que quelques frères pour garder la maison et soigner l'exploitation de la ferme.

Telle était la situation, quand le P. Sellier reparut à Amiens vers la fin du mois d'août. Ne pouvant rentrer à Saint-Acheul, il accepta l'asile que les sœurs de la Sainte-Famille s'estimèrent heureuses de lui offrir, aussi bien qu'à quelques-uns de ses confrères, avec un dévouement qui, dans ces moments d'effervescence, n'était peut-être pas sans quelque danger.

Écoutons maintenant les réflexions qu'inspiraient à l'homme de Dieu les événements dont la France était le théâtre. Elles sont consignées dans la retraite qu'il fit alors à la Sainte Famille : « N'est-ce pas dans les circonstances présentes que la pratique du renoncement devient plus nécessaire que jamais ? La divine Providence semble nous faire un devoir à tous, et à moi plus qu'à un autre, de cet esprit d'indifférence, d'abnégation. Nous n'avons plus d'asiles certains. Les lieux mêmes qui, depuis les ordonnances du 16 juin 1828, étaient devenus comme autant de paisibles retraites où nous goûtions un calme, une paix si profonde, ces lieux, dis-je, nous sont maintenant interdits. Nous pouvons dire en un sens, à l'exemple du divin Maître : *Les oiseaux du ciel ont des nids, les renards ont des tanières;* mais nous n'avons pas un endroit en France où nous puissions mettre le pied et rester avec une certaine sécurité. Il est vrai que quelques âmes charitables nous donnent l'hospitalité : car le bon Dieu ne permet pas encore que tous les cœurs soient de bronze à notre égard; mais qui sait si l'enfer, à qui le Seigneur a donné le pouvoir de persécuter la Compagnie, ne viendra pas bientôt à bout de nous bannir de ces asiles? Que la sainte volonté de Dieu soit faite! »

Le saint homme ne put voir sans une vive émotion les attentats qui souillèrent les premiers mois de la révolution de juillet. Il fut surtout profondément affecté de la profanation sacrilége de l'église Sainte-Geneviève redevenue le Panthéon, et de la destruction des croix tolérée par l'autorité publique. Voici comment il s'en explique dans sa retraite de 1830 : «Voyez, s'écrie-t-il avec cet accent de foi qui était comme inné en lui, voyez ce que les impies viennent de faire, en enlevant le premier temple de la capitale à la gloire de Jésus-Christ et de ses saints, pour en faire un lieu de sépulture profane. Par ce seul acte, n'est-ce pas encore une fois chasser Dieu de ses tabernacles? N'est-ce pas renouveler en abrégé l'apostasie générale qui a eu lieu au commencement de la révolution? N'a-t-on pas fait disparaître aussi le signe de la croix des lieux les plus éminents où la piété des fidèles l'avait érigé? Éveillez-vous, Seigneur, et prenez en main la cause de votre Fils... Malheur, trois fois malheur à ceux qui ont consommé cette œuvre sacrilége! malheur même à ceux qui par faiblesse ou sous de spécieux prétextes l'ont laissé consommer! La croix est l'abrégé de la religion, la fin, la réunion de tous les mystères : l'outrager, c'est outrager toute la religion; la détruire, c'est, pour ainsi dire, profaner tous nos mystères... Je ne puis dire combien je souffre de ces destructions. Ce qu'on a fait à Saint-Acheul n'est rien en comparaison. »

Retiré à la Sainte-Famille, où il était caché et à demi reclus, le P. Sellier ne laissa pas d'exercer encore le saint ministère, mais avec la prudente réserve qu'exigeaient les circonstances. Le reste du temps, il le donnait à la prière, à la lecture, à la méditation et à la composition.

Tel fut son genre de vie jusqu'au mois d'avril 1851, époque où les supérieurs l'envoyèrent à Montpellier pour y remplir les fonctions d'aumônier dans la maison dite de la Providence. Il y arriva le 50 avril, précisément pour l'ouverture du mois de Marie; et il mit son œuvre sous les auspices de Celle qu'il aimait avec une si filiale tendresse. On ne nous a transmis aucun document sur les travaux divers auxquels il se livra dans ce poste. D'après le compte qu'il se rend à lui-même de ses dispositions (1), nous avons lieu de croire qu'il y fut soumis à des épreuves assez pénibles, et que son zèle parfois un peu trop ardent lui suscita quelques désagréments. Quoi qu'il en soit, après un séjour de six mois environ à Montpellier, il

_____

(1) Retraite de 1831.

quitta cette ville pour n'y plus revenir ; cependant des
personnes dignes de toute confiance nous ont assuré
que dans ce court espace de temps il y fit un bien
immense ; et c'est le souvenir qu'a laissé l'odeur de ses
vertus dans la partie la plus chrétienne de la population qui a préparé les voies à l'établissement d'une
résidence de la Compagnie de Jésus formée dans cette
ville en 1851.

En quittant Montpellier, le 20 novembre 1851, le
P. Sellier se rendit à Avignon, où il fit sa retraite
annuelle. Il apprit dans cette ville sa nouvelle destination. « Je dois aller d'abord à Grenoble pour une
retraite, écrit-il (1) ; puis à Chambéry pour une mission. Je suis bien incapable de ces emplois, surtout
de celui de missionnaire... Vous m'accompagnerez, ô
Marie, ô mon refuge, bonne et tendre mère ; alors
je viendrai à bout de tout. Veillez sur moi comme sur
une chose qui est à vous... Arrangez tout, disposez
de tout comme il vous plaira. Faites-moi parler, rester, venir selon votre bon plaisir. Je ne veux m'appartenir en rien. Tout pour vous et pour la gloire de
votre divin Fils. »

Après la retraite de Grenoble, le P. Sellier partit
en effet pour Chambéry, où une mission devait être
donnée par quelques Pères de la Compagnie de
Jésus, sous la direction du P. Guyon. On ne s'attendait pas que dans un pays aussi religieux que la
Savoie, les ennemis de la religion pussent avoir

_____

(1) Retraite de 1831.

assez d'influence pour empêcher une mission. Ce fut néanmoins ce qui arriva; car si le fonds de la population était excellent, il se trouvait là comme ailleurs des ennemis de l'ordre et de la paix. La Savoie ayant fait pendant plus de vingt ans partie de la France, l'esprit de la révolution y avait pénétré. Beaucoup de Savoyards avaient servi dans les armées de la République et de l'Empire, et, retournés dans leurs foyers, ils y avaient porté les préjugés alors malheureusement trop répandus. Les journaux français circulaient dans ce pays. Il n'était donc pas étonnant que la propagande révolutionnaire y eût ses affidés. Une mission, et une mission donnée par des Jésuites, déplut à ces amis de la liberté qui se plaignaient de l'intolérance des prêtres. Cette mission était ordonnée par Mgr l'archevêque; le gouvernement en avait été informé, et avait promis de la protéger, s'il en était besoin. Elle commença le jour de l'Épiphanie, l'ouverture s'en fit par une procession solennelle, qui, sur la place de Saint-Léger, fut accueillie par les huées d'une centaine de jeunes gens. Aux cris de: *A bas les Jésuites! A bas la mission!* se mêlaient ceux de: *Vive le roi! Vive le gouverneur!* C'était une tactique alors en usage pour donner le change à l'autorité. La procession continua néanmoins; quand on fut rentré à l'église, le P. Guyon monta en chaire: aussitôt les cris de: *A bas Guyon! A bas les Jésuites!* retentirent de toutes parts. Le prédicateur chercha à se faire entendre : les cris recommencèrent avec plus de fureur; quelques ouvriers s'étaient joints aux jeunes gens;

dès pétards éclatèrent dans plusieurs parties de l'église: les femmes eurent peur, et se précipitèrent vers les portes. Le lendemain le P. Guyon monta encore en chaire; mais il fut interrompu par les mêmes cris que la veille. Les auteurs du trouble avaient en outre de petites bouteilles d'eau-forte qu'ils jetaient sur les habits, sur les châles et sur les soutanes. Ils essayèrent de forcer la porte du collége des Jésuites; et ils auraient peut-être réussi, sans un officier d'artillerie qui survint, et qui prit des mesures de défense. C'est ainsi qu'avorta la mission de Chambéry, au grand regret de la majorité d'une population aussi religieuse que paisible; et les missionnaires français quittèrent la Savoie peu de temps après leur arrivée.

CHAPITRE XXV.

Le P. Sellier à la Louvesc. — Mission de Rochepaule. — Congrégation des Sœurs de Saint-Régis. — Voyage en Picardie et retour à la Louvesc. — Hommage rendu aux vertus du Père. — Épreuves intérieures.

Rentré en France vers le milieu de janvier 1852, le P. Sellier alla à Besançon, où il passa un mois environ prêchant, donnant des retraites et exerçant les autres fonctions du ministère sacré.

Cependant les supérieurs l'avaient choisi pour

fonder une résidence à la Louvesc (1), auprès du
tombeau de saint François Régis, et pour être le

(1) La Louvesc est un petit village, dont on connaîtrait à
peine le nom, s'il n'avait été illustré par la mort de saint Jean-
François Régis, arrivée le 31 décembre 1640, et par la présence
de ses reliques, qui y sont religieusement conservées. Ce village, célèbre par le concours des fidèles qui vont y vénérer le
tombeau du Saint, l'est encore plus par les miracles sans
nombre obtenus par son intercession. Saint Régis, né à Font-
couverte, près de Narbonne, le 31 janvier 1597, après s'être
consacré à Dieu dans la Compagnie de Jésus, se dévoua à la
conversion des peuples du Vélais et du Vivarais, qui le regar-
dent comme un protecteur tout spécial, et ne le nomment pas
autrement que *le saint Père.*

L'église où sont honorés ses restes fut souvent visitée pendant
la révolution par les démagogues, et dépouillée successivement
de tous les ornements dont la piété des peuples l'avait enri-
chie. On enleva jusqu'à la grille qui environnait la chapelle
du Saint, et qui servait à contenir la foule des pèlerins. Là,
comme ailleurs, les profanations de tous les genres avaient
signalé le passage des Vandales modernes : mais leur audace
s'était toujours arrêtée devant le corps vénéré du saint patron.
Il était aisé cependant de prévoir le moment où, s'enhardissant
dans le crime, ils finiraient par franchir cette dernière barrière.
On les prévint. Une famille d'honnêtes propriétaires de la Louvesc, la famille Buisson, ancienne et très-considérée dans le
pays, forma le dessein de faire disparaître ce précieux dépôt.
Quatre fils de cette respectable famille, bravant tous les dangers
attachés à cet enlèvement, se chargèrent de l'exécution. Ils
proposèrent leur plan au curé, qui, caché dans ces montagnes,
continuait d'exercer en secret son saint ministère. Le pasteur
approuva et bénit leur projet, et les accompagna de ses prières.

Ils se rendirent donc de nuit dans l'église de la Louvesc,
ouvrirent la châsse d'argent de saint Régis, placée sous l'autel,
et en retirèrent le coffre scellé qui renfermait les ossements
du Bienheureux. Pour déguiser ce pieux larcin, on avait apporté une caisse remplie d'ossements ramassés dans le cimetière, et qu'on substitua à ceux du Saint ; et les quatre frères,

premier supérieur de cet établissement. Il y arriva le 25 février, veille du dimanche de la Sexagésime;

abandonnant la châsse d'argent à la rapacité des patriotes, emportèrent le corps du Bienheureux, trésor plus cher à leur chrétienne famille que l'or et les pierres précieuses. Ils étaient attendus par M. le curé et par M. Cartal, prêtre de Saint-Sulpice, et depuis vicaire général du diocèse de Vienne, dont la Louvesc faisait alors partie. Ces deux messieurs dressèrent procès-verbal de l'enlèvement, et le signèrent, ainsi que les quatre frères.

Comme on l'avait prévu, les spoliateurs ne purent résister longtemps à la tentation d'enlever la châsse de saint Régis. Un reste de pudeur les avait retenus jusque-là; mais, aveuglés par la cupidité, ils ne virent plus que l'argent dont ils pouvaient s'emparer, et consommèrent ce vol sacrilège. Dieu ne permit pas que les ossements profanes qui avaient remplacé ceux de son serviteur reçussent les honneurs dus à la dépouille mortelle des saints. Un des ravisseurs, pressé sans doute par le remords, enleva la caisse d'ossements substitués par les frères Buisson, et la porta chez lui, croyant conserver les véritables reliques et s'en faire comme un bouclier contre la vengeance qu'appelait son impiété; elle y resta en dépôt jusqu'à ce que, instruit de la vérité, il la fit reporter au cimetière.

Malgré la spoliation du sanctuaire de la Louvesc et l'absence de la précieuse relique, les pèlerinages continuèrent pendant la Terreur; la confiance dans les mérites du Saint était supérieure à la crainte qu'inspiraient les profanateurs des temples.

Enfin, le concordat conclu entre le souverain pontife Pie VII et le premier consul Napoléon Bonaparte ayant rendu la paix à l'Église, on crut pouvoir reporter les saintes reliques dans la chapelle où elles étaient honorées avant la révolution. En conséquence, le 12 juillet 1802, Mgr de Chabot, évêque de Mende, dont dépendait alors la paroisse de la Louvesc, se rendit dans la maison de la famille Buisson, accompagné de M. l'abbé Vernet, son vicaire général, et de son secrétaire. Là, en présence d'un certain nombre d'ecclésiastiques, du père et des enfants Buisson, et de plusieurs autres assistants, on commença par lire le procès-verbal de l'enlèvement. On ouvrit ensuite le

7

mais il ne fit qu'y paraître; et dès le lendemain il ouvrit une mission à Rochepaule, village distant de deux heures environ de la Louvesc.

Le P. Sellier nous a tracé lui-même le récit de cette mission dans une lettre écrite à Mlle C^*** le

coffret, et l'on reconnut l'identité des reliques qui y étaient contenues. On dressa un nouveau procès-verbal de cette ouverture. Il fut dicté par Mgr de Chabot, et signé par lui et par tous les assistants; puis plié dans un linge, et déposé avec la tête et les ossements du Saint dans le coffret, qui fut exactement fermé, et scellé en plusieurs endroits du sceau de l'évêque de Mende.

Le lendemain, 13 juillet, on organisa une procession solennelle, à laquelle présida Mgr de Chabot. Au milieu d'un concours nombreux de prêtres et de fidèles, et avec toute la pompe que comportait une époque où la religion se relevait à peine de ses ruines, on transféra le précieux dépôt de la maison des messieurs Buisson dans la chapelle du Saint.

Après la cérémonie, cette vertueuse famille recueillit les bénédictions de tous les assistants pour l'acte courageux qui valait à la commune de la Louvesc la conservation de ce riche trésor.

Depuis cette translation, le concours des pèlerins, qui n'avait pas cessé pendant la révolution, devint encore plus considérable qu'auparavant. On peut évaluer à cent vingt mille le nombre des fidèles qui accourent annuellement au saint tombeau; mais dans les années calamiteuses, ce nombre augmente: on le porte à environ deux cent mille.

Une nouvelle translation plus solennelle eut lieu le 3 septembre 1834, lorsque les ossements du Saint furent placés dans une riche et élégante châsse gothique, en bronze doré, sortie des ateliers de M. Choiselat, à Paris.

Cette translation, à laquelle le P. Sellier prit une part active, fut un grand sujet de consolation pour son cœur apostolique. Il fut heureux du nombreux concours de pèlerins qu'un admirable élan conduisit alors au tombeau de saint Régis. Mgr de Bonnel, évêque de Viviers, au diocèse duquel avait été attachée en dernier lieu la paroisse de la Louvesc; Mgr Devie,

22 mars 1852. Nous la transcrivons ici d'autant plus
volontiers, qu'elle donne d'intéressants détails sur
l'aspect du pays, sur les mœurs et le caractère des
religieuses populations auprès desquelles son zèle
allait s'exercer.

« Je suis au milieu des montagnes qu'a parcourues
le Saint que vous aimez tant, le bienheureux Jean-
François Régis. Ah! que n'ai-je son zèle, sa charité,
sa patience! Si cet homme de Dieu revenait sur la
terre, il opèrerait encore les mêmes merveilles dans
ces contrées à demi sauvages, mais où la foi n'a presque rien perdu de son empire sur ces âmes si simples, si droites. Il y a bien des vices; mais ils ne
tiennent point contre l'autorité de la parole de Dieu.
Jeunes et vieux, tous obéissent comme des enfants;
le seul obstacle que nous rencontrions, c'est l'esprit
d'intérêt. Ces pauvres gens tiennent beaucoup au peu
qu'ils ont; mais pour les autres défauts, on n'a qu'à
leur faire entendre que c'est un péché, ils vous répondent à l'instant, avec l'ingénuité qu'on rencontre à
peine en d'autres pays dans les enfants qui vont faire
leur première communion : *Mon Père, je ne le ferai
plus, je vous le promets de tout mon cœur ; je ne sa-
vions pas que c'était si défendu...* » Des personnes de
soixante, de quatre-vingts ans tiennent ce langage.

évêque de Belley, Mgr de Pins, archevêque d'Amasie, admi-
nistrateur du diocèse de Lyon, y assistèrent entourés d'un cor-
tége de plus de quatre cents prêtres.

La relation de la cérémonie est consignée dans la *Vie de
saint Jean-François Régis,* édit. de Lyon; Pélagaud, 1851;
p. 398.

Voilà quatre semaines que nous avons commencé une espèce de mission dans un village situé sur la cime d'une des plus hautes montagnes du Vivarais, à deux lieues environ de la Louvesc, mais encore plus inaccessible que ce pays. L'église, le presbytère et quelques maisons sans jardins sont situés sur le plateau de la montagne; le reste des habitations est épars çà et là, à une et même à deux lieues de l'église, les unes sur le sommet d'autres montagnes, d'autres dans le creux des vallées, d'autres sur le penchant des ravins : on n'y peut arriver que par des sinuosités, par des sentiers étroits, pratiqués sur le bord des précipices. Les sommets des montagnes, ainsi que les chemins qui les coupent, sont presque toujours couverts de neige; dans le moment où je vous écris, une bise piquante souffle continuellement, et dure depuis plusieurs jours. La pluie se convertit en neige avant de tomber, ou, si elle arrive sur la terre, c'est pour se changer en verglas. Eh bien ! croiriez-vous que rien de tout cela n'arrête ces braves gens? Le premier coup de la cloche se donne à quatre heures du matin : un grand nombre sont déjà arrivés à la porte de l'église avant qu'on ait commencé à sonner; et souvent il faut ouvrir la porte dès trois heures, pour ne pas les laisser grelotter sur la place. Hier mardi, c'était le jour indiqué pour la communion générale des femmes; un des missionnaires était resté jusqu'à deux heures et demie du matin pour confesser. Comme il sortait de l'église pour aller prendre un peu de repos, une troupe de jeunes filles et de femmes arrivèrent des quartiers les plus éloignés, afin de se préparer à la communion qui ne devait se faire que vers huit heures du matin, de sorte que ce confrère n'eut pas la peine de fermer l'église. La pieuse caravane, qui avait dû se mettre en route dès minuit, s'empara du lieu saint, et y resta, ainsi que les autres personnes qui arrivèrent successivement, depuis deux heures et demie jusqu'à la fin de la cérémonie, laquelle ne fut terminée que vers dix heures et demie du matin. Les enfants le disputaient de zèle, d'assiduité avec les grandes personnes, les vieillards avec les jeunes gens. On a vu une vieille femme de quatre-vingt-treize ans, qui, chaque jour, venait de près d'une lieue, à travers des chemins dont il est impossible de se faire une idée quand on ne les a pas parcourus; elle arrivait pour l'exercice du matin qui commençait vers cinq heures.

« La plantation de la croix doit se faire lundi dans l'après-dîner : un habitant a donné l'arbre, qui a plus de cinquante pieds de haut; plusieurs chevaux auraient eu peine à le traîner sur un terrain uni; mais dans ce pays, où ce ne sont que précipices et montagnes, quel que soit le nombre de bœufs ou de chevaux qu'on eût employés, on n'aurait pu réussir à l'amener. Il a donc fallu le porter à bras : on a invité les jeunes gens à aller chercher cette énorme masse. Il y avait plusieurs lieues de chemin à faire; tous sont accourus. Après des fatigues incroyables, ils sont venus à bout de transporter cet arbre, au risque de s'estropier et d'être écrasés, tantôt à la descente des montagnes,

tantôt dans les sinuosités des sentiers étroits et irré-
guliers qu'ils avaient à parcourir ; il leur a fallu une
journée entière pour cette opération ; ils étaient partis
dès le matin, et ne sont arrivés que la nuit close, avec
cette masse, qu'ils avaient tantôt traînée avec des cor-
dages, tantôt soulevée sur leurs épaules, ne faisant
souvent pas un quart de lieue dans l'espace d'une
heure ; et comme c'était le temps du carême, et que
dans ces contrées tout le monde jeûne, même ceux
qui travaillent à la terre, même ceux qui seraient
exempts dans tous les pays du monde, ces bons jeunes
gens n'avaient pris un peu de nourriture que vers
midi ; et beaucoup étaient encore à jeun à six heures
du soir... Voilà de la foi, ou il n'y en a nulle part!...
On avait parlé d'inviter les jeunes gens des paroisses
voisines, qui avaient aussi pris part à la mission; la
jeunesse de Rochepaule n'a point voulu de ce concours. *Non, non*, ont-ils dit, *c'est à nous à porter
notre arbre, nous ne voulons partager cette gloire
avec personne...*

« La paroisse n'a qu'environ neuf cents communiants. On a fait deux communions générales, auxquelles participèrent les habitants des paroisses
voisines : la première communion eut lieu pour les
femmes, la seconde pour les hommes; il eût été impossible de réunir les deux sexes; l'église eût été trop
petite. Celle des femmes était d'environ neuf cents
personnes, celle des hommes de huit cents; voilà déjà
au moins dix-sept cents personnes. Demain aura lieu
la dernière communion générale pour l'un et l'autre

sexe : elle sera moins nombreuse que les précédentes ;
mais, telle qu'elle sera, elle eût suffi pour me bien
satisfaire dans d'autres missions... Les habitants des
villages voisins ont été presque aussi empressés que
ceux de Rochepaule à profiter de la mission. On appelle ici une paroisse voisine celle qui n'est éloignée
que de deux à trois heures de chemin, et quels
chemins !... Dans l'église il n'y a ni bancs ni chaises,
on ne s'y tient qu'à genoux et debout. Les femmes sont
toujours dans la première posture, et elles y persé-
vèrent trois à quatre heures de suite ; mais les jours
de fête et de cérémonie, il faut qu'elles se tiennent
debout comme les hommes ; et tous sont si serrés,
si pressés, que chaque individu occcupe à peine
trente centimètres de terrain, pas un pouce de vide :
le sanctuaire, le marche-pied de l'autel, tout est plein,
tassé. Aussi, quelque froid qu'il fasse, on y étouffe de
chaleur.

« Plus de deux cents jeunes personnes ont donné
leurs noms pour la congrégation de la sainte Vierge,
avec un empressement, une bonne volonté dont j'ai vu
peu d'exemples La messe de réception a duré plus de
deux heures et demie, et cependant une seule de
chaque groupe prononçait la formule de consécration :
si toutes l'eussent répétée, nous n'eussions pas fini
pour midi, quoique la cérémonie ait commencé à sept
heures du matin... A une heure on s'est mis en
marche pour la plantation de la croix. Bien que ce fût
un jour ouvrable, le concours était aussi considérable
que si c'eût été un dimanche. Au moment où, à force

de machines et de bras; la croix s'est trouvée droite
sur sa base, après deux à trois heures d'attente, ce
fut une explosion de cris : *Vive la Croix! Vive les
Missionnaires! Vive la Croix! Vive la Religion!...*
Ces cris, répétés à chaque mouvement que les ouvriers faisaient faire à la croix, retentissaient sur
toutes les montagnes voisines. Jusque sur les toits des
maisons, jusque sur le sommet des montagnes, les
spectateurs étaient tous pénétrés de respect, de joie et
de reconnaissance, je dirai presque d'exaltation... Ce
jour a été vraiment un jour de triomphe pour Notre-
Seigneur et même pour les missions.

« Aujourd'hui nous avons fait la cérémonie pour les
morts : même concours. Des larmes abondantes ont
coulé, quand nous avons annoncé notre départ. Il y
a encore eu de nombreuses communions pour les défunts. J'ai donné le scapulaire à plus de deux cents
personnes, hommes et femmes... Je quitte ce pays
avec regret et avec joie; avec joie, en voyant ce que
le Seigneur y a opéré; et avec regret, de ce qu'il y en
a si peu qui lui ressemblent. Ce soir je retourne à la
Louvesc, où j'aurai la consolation d'offrir le saint sacrifice à l'autel du saint Père, c'est le nom qu'on
donne ici à saint Jean-François Régis... Je n'ai pas le
temps de vous parler aujourd'hui de ce séjour de
sainteté, ni de l'odeur de vertu que l'on semble respirer dans le sanctuaire où reposent les reliques de
l'homme de Dieu, ni de la confiance que témoignent
les pèlerins à ce protecteur si puissant auprès de
Dieu; je vous dirai seulement : 1° Que j'ai été boire

de l'eau d'une fontaine auprès de laquelle on prétend qu'il s'est reposé lorsqu'il est arrivé de Vérène, où il contracta la maladie dont il mourut... Chaque pèlerin ne manque jamais d'y aller, et croirait avoir manqué son pèlerinage s'il se dispensait de cette cérémonie... 2° Que je suis entré dans la pauvre masure où il est mort. Cette maison subsiste encore; on y voit l'entaille faite dans un des appuis de la cheminée, sur laquelle le saint homme appuya son coude lorsque, déjà frappé à mort, il continuait à entendre les confessions, après avoir été rapporté mourant de l'église. Cette maison était alors le presbytère : il est difficile de rien voir de plus pauvre. Il est d'usage de baiser la terre de cette demeure où saint François a expiré, et d'emporter un peu de la terre et du pilier contre lequel il s'est appuyé. »

Après avoir terminé la mission de Rochepaule, le zélé missionnaire continua de se livrer sans relâche à l'exercice du ministère le plus actif, pendant près de quatre mois. Ce fut une suite non interrompue de missions, de retraites, de plantations de croix, de premières communions, en sorte qu'il ne put s'installer à la Louvesc avant le 5 du mois de juin suivant.

Laissons maintenant l'homme de Dieu s'épancher dans le secret de la méditation, et nous raconter les sentiments d'humble reconnaissance que lui inspirait la nouvelle position dans laquelle la Providence l'avait placé.

« La Louvesc (1), terme de ma destination, poste
le plus désirable, puisqu'en m'y envoyant la divine
Providence semble m'avoir choisi non-seulement
pour habiter une terre sanctifiée par les travaux de
saint Régis, mais pour recueillir quelques-uns des
fruits de salut que ce saint homme a laissés partout
où il a porté ses pas, et qui se font sentir à la Louvesc plus encore que partout ailleurs. Le sanctuaire
où reposent les saintes reliques est un des lieux les
plus vénérés de la France. Chaque année des milliers
de pèlerins y viennent offrir leurs vœux et leurs hommages, et ce qu'il y a de particulier à ce pèlerinage,
c'est la foi, la piété qu'il semble inspirer à tous ceux
qui le font. Jamais je n'ai vu nulle part prier avec
plus de ferveur; dans aucun autre lieu de dévotion
je n'ai vu autant de communions. C'est donc là que le
Seigneur m'a envoyé. Ce bon maître a fait plus que
je n'eusse jamais espéré et même souhaité. Je désirais seulement aller quelque jour visiter ce saint
asile : il m'est donné non-seulement de le visiter,
mais de demeurer à côté de la chapelle de l'homme
de Dieu, de célébrer les divins mystères presque
chaque jour à son autel. Les grâces que les autres
viennent chercher de si loin, je les ai, pour ainsi
dire, sous la main. Mais que j'ai lieu de craindre le
sort de tous ceux qui sont à la source et dans l'abondance des faveurs célestes! D'ordinaire, ce sont ceux-
là qui en profitent le moins. Ne permettez pas, ô mon

(1) Retraite de 1832.

Dieu, que je ressemble à l'infidèle Jérusalem. A quoi lui a servi d'avoir été la plus privilégiée de toutes les villes d'Israël ? Elle n'a répondu à cet excès de faveur que par un excès d'ingratitude qui a attiré sur elle un déluge de malédictions... Les reliques du saint apôtre semblent me reprocher ma tiédeur, ma lâcheté, ma vie toute sensuelle, tout animale. Vous-même, Seigneur, semblez me répéter, en me montrant ces précieux ossements : *Inspice, et fac secundum exemplar quod tibi monstratum est* (1). Je t'ai appelé ici pour marcher sur les traces de ce serviteur fidèle... Hélas ! ne puis-je pas répondre avec plus de fondement que Jérémie : *A, a, a, Domine Deus; puer ego sum* (2)? Je ne suis qu'un enfant, et ce saint était un géant. Ah ! faites au moins, ô Dieu des vertus, que je le suive de loin. Heureux si, en sortant de cette retraite, je pouvais avoir quelques petits traits de ressemblance avec cet ouvrier incomparable ! »

Plus loin, après avoir parlé des désirs que Dieu lui inspirait d'une vie encore plus parfaite, il ajoute :

« Un autre motif non moins puissant, c'est le bonheur que j'ai de vivre dans une terre de sainteté, dans cette terre où l'homme de Dieu, le glorieux, l'admirable saint François Régis a laissé sa dépouille mortelle, d'avoir été choisi pour être comme le gardien du sanctuaire où reposent ses saintes reliques, de respirer l'air qui est comme embaumé de l'odeur

(1) Regardez, et faites selon le modèle qui vous a été montré. (Exod., xxv, 40.)

(2) Jerem., i, 6.

de ses vertus, d'être le témoin de la dévotion des
peuples qui viennent en foule, malgré la difficulté et
la longueur des chemins, vénérer son tombeau, d'être
le dépositaire de tant de merveilles corporelles et
spirituelles qui s'opèrent par sa puissante intercession... O saint Régis, si puissant dans le ciel, vous
dont le crédit se manifeste ici d'une manière si frappante, opérez le prodige de ma conversion : ce sera
une des merveilles qui vous feront le plus d'honneur.
Hélas! à quoi me servirait d'être venu habiter les
lieux où vous êtes mort, où le Seigneur a voulu vous
glorifier, si je restais toujours aussi imparfait, aussi
mauvais religieux, aussi attaché à moi-même que je
l'ai été jusqu'ici (1)? »

Pendant son séjour à la Louvesc, le P. Sellier s'intéressa d'une manière toute particulière et contribua
au développement d'une congrégation religieuse fondée, sous le nom de Sœurs de Saint-Régis, par le
respectable M. Terme, missionnaire du diocèse de
Viviers. Le but de cette congrégation était d'offrir un
asile aux personnes qui désiraient passer quelques
jours en retraite auprès du tombeau du saint apôtre
des Cévennes. M. Terme, dont l'estime pour le P.
Sellier allait jusqu'à la vénération, aimait à prendre
ses conseils pour tout ce qui tenait à la conduite de
sa congrégation. Aussi, lorsque, frappé dans la force
de l'âge par une mort inattendue, le vertueux fondateur laissa ses filles orphelines, le P. Sellier se char-

(1) Retraite de 1833.

gea du soin de la communauté, et durant le peu de temps qu'il entretint des rapports avec ces pieuses filles, il eut l'occasion de leur rendre de grands services. Son souvenir est demeuré cher à celles qui l'ont connu, et qui ont pu apprécier ses éminentes vertus (1).

Au mois de mars 1835, le P. Sellier fit un voyage en Picardie pour des affaires qui y rendaient sa présence nécessaire. Pendant les trois semaines qu'il passa à Amiens, il sut rendre son séjour utile au bien des âmes, et prit une part active aux travaux de ses confrères dans le diocèse d'Amiens. Le jour de Pâques

(1) Cette congrégation fut autorisée en 1836 par l'évêque diocésain, Mgr Bonnel, évêque de Viviers; mais c'est à son successeur immédiat, Mgr Guibert, qu'elle a dû en 1844 l'approbation de ses constitutions et de ses règles, sous le nom de *Congrégation de Notre-Dame de la Retraite* ou de *Notre-Dame au Cénacle.*

Son objet spécial est l'instruction religieuse des femmes de toutes conditions : elle tend à ce but par le moyen des retraites, son œuvre principale, et par celui des catéchismes qui se font dans ses maisons, individuellement ou en commun, à toutes les personnes adultes qui y viennent dans cette intention.

Parmi les œuvres de la congrégation, on peut désigner, à Paris, l'*Association des Institutrices,* et celle de l'Immaculée Conception, destinée à offrir aux jeunes personnes employées dans le commerce un soutien au milieu des dangers qui les environnent. A Lyon, elle est chargée de la *Congrégation des jeunes Ouvrières de Notre-Dame de Fourvières.*

La Congrégation de Notre-Dame de la Retraite compte jusqu'à ce moment (1857) quatre maisons, toutes soumises à la même supérieure générale : une à la Louvesc, près le tombeau de saint Régis, berceau de l'institut; une seconde à Tournon sur le Rhône; la troisième à Lyon. La quatrième a été établie en 1850 à Paris, rue du Regard, 15.

au soir, il prêcha dans l'église de Saint-Acheul sur la résurrection avec un zèle et un feu qu'on ne s'attendait pas à retrouver dans un homme de son âge. Cette circonstance, jointe au bonheur que tous éprouvaient de le revoir, fit sur l'auditoire la plus salutaire impression. Le mardi suivant il se rendit à Hangest-sur-Somme, son pays natal, pour y établir le chemin de la croix. La cérémonie commença vers le soir, et dura jusqu'à minuit, selon les uns; selon d'autres, jusqu'à une heure et deux heures du matin. Pendant ce temps, le Père prit la parole jusqu'à quinze fois; et le peuple, intéressé par le chant des cantiques et par la variété des exercices, ne donna pas le plus léger signe d'ennui ou de fatigue. L'homme de Dieu fut écouté avec la plus constante et la plus religieuse attention.

De retour à la Louvesc, le P. Sellier reprit le cours de ses travaux ordinaires, soit dans les missions et les retraites, soit pour le service du pèlerinage, s'employant sans relâche à instruire les pèlerins, à entendre leurs confessions, à prévenir ou à corriger les abus qui pouvaient s'introduire à l'occasion du prodigieux concours des fidèles au tombeau du saint apôtre. Mais il cessa de remplir les fonctions de supérieur au mois d'octobre 1835. Depuis cette époque jusqu'au mois de septembre 1856, il fut attaché comme simple missionnaire aux résidences de la Louvesc et de Vals près le Puy.

Il ne nous serait pas possible de le suivre dans chacune de ses courses apostoliques. Qu'il nous suf-

fise de nommer quelques-uns des lieux qu'il a
évangélisés. Outre Rochepaule, dont nous avons
parlé, nous mentionnerons Saint-Victor (1), Ruons,
Sorlhac, Langeac, Annonay, Saint-Julien-Vocance,
Marcole, le Pont-d'Aubenas, Vaudevant, le Chey-
lard, Chandeyrolles (2), Chavignac, Josat, Borne,
Polignac, Lempde, Issengeaux, etc. etc. Au Puy,
dans l'antique cathédrale de Notre-Dame, il donna

(1) Nous raconterons ici, d'après une lettre du P. Sellier,
une des cérémonies de cette mission qu'on ne lira pas sans intérêt. Il s'agit de la cérémonie de l'amende honorable. « Il y
avait environ deux mille personnes, dit-il; presque toutes
avaient un cierge à la main. Nous avons commencé par une
procession. Il était nuit. On voyait deux files de cierges allumés
occupant un espace d'un quart de lieue environ. Le temps était
fort calme, de sorte que les flambeaux ne s'éteignirent pas; les
montagnes voisines réfléchissaient la lumière, et répétaient les
cantiques en l'honneur de Marie; une multitude de jeunes filles
vêtues d'habits blancs accompagnaient la statue de leur bonne
mère. D'un bout à l'autre de la procession on n'entendait que
des *Ave Maria* ou de pieux cantiques. Je n'ai jamais rien vu
de si frappant que cette procession nocturne, qui a duré environ une heure. Il y avait de jeunes enfants et des vieillards
courbés sous le poids des années; ceux-ci avaient peine à marcher; on les voyait s'appuyant sur leurs bâtons noueux, en
sabots, compter pour rien la fatigue qu'ils ressentaient bien
plus que d'autres dans ces chemins si inégaux... Au retour, on
a fait l'amende honorable au nom de toute la paroisse; l'église
semblait en feu; mais le plus ravissant spectacle, c'était la
componction dont ces braves gens semblaient pénétrés... La
cérémonie était déjà finie qu'à peine pouvaient-ils quitter le
lieu saint. Aussi tous se sont approchés du saint tribunal. »

(2) Chandeyrolles, paroisse située sur le Mézin, l'une des
montagnes des Cévennes. Le P. Sellier eut la consolation d'y
planter une croix sur le pic le plus élevé, au milieu des populations protestantes.

en 1855, la retraite annuelle de la Pentecôte à cinq cents jeunes personnes réunies des campagnes voisines pour venir étudier leur vocation, selon une pieuse coutume établie au XVIIe siècle par Messieurs de Saint-Sulpice.

La charité sans bornes du fervent missionnaire, son zèle infatigable pour le salut des âmes, laissèrent dans ces contrées, comme partout où il a porté ses pas, un souvenir ineffaçable, et l'ont fait comparer par les populations au saint apôtre du Velay et du Vivarais. On en jugera par des extraits de lettres où des personnes qui avaient été en rapport avec l'homme de Dieu pendant son séjour dans le Midi, nous ont transmis l'expression de leur admiration pour ses vertus.

« Les travaux du P. Sellier dans ce pays, écrit Mme de Vazelhes de Montfaucon, ont été admirables; et quoiqu'il y ait près de vingt ans qu'ils ont eu lieu, leur souvenir en est encore vivant. On a vu à la Louvesc cet apôtre infatigable soutenir presque seul pendant plusieurs années tout le poids d'un travail qu'on ne peut comparer qu'à celui du pieux curé d'Ars. Aidé de M. Blachette (1), digne curé de la Louvesc, il passait sa vie en chaire, ou au saint tribunal, occupé à recevoir les confessions des nombreux pèlerins qui affluent de toutes parts, pendant la saison d'été, au tombeau de saint Régis: heureux d'y trouver un imitateur de son zèle, ils venaient avec plus d'ardeur pour

(1) Au nom de M. Blachette nous joindrons celui de M. l'abbé Terme, dont nous avons déjà parlé.

entendre les instructions simples et pathétiques du
P. Sellier, et pour lui faire leur confession. Après
ces longs et pénibles travaux, le bon Père reprenait
ses missions pendant l'hiver. S'il lui restait quelques
moments, il les employait à sa correspondance, et
jamais on ne le vit s'accorder le délassement d'une
promenade à la suite de ses grandes occupations.
Dieu soutenait visiblement ses forces. Un jeûne continuel, des macérations effrayantes ne parvenaient
pas à l'affaiblir. Un de ses confrères, le P. Garnier (1),
mort missionnaire au Maduré, entendant un jour
d'une chambre voisine de celle du P. Sellier le bruit
des coups multipliés de discipline dont l'homme de
Dieu s'accablait, prit la liberté de l'engager à user
de ménagement, vu son âge et ses travaux : *L'âne,
lorsqu'il est vieux*, répondit le P. Sellier en riant,
a besoin qu'on l'étrille davantage. Levé à trois heures
du matin, il donnait un temps considérable à l'o-
raison, et se préparait par de fervents entretiens avec
Dieu aux labeurs de l'apostolat.

« La réputation de sa sainteté s'étendait chaque
jour de plus en plus. On venait le consulter de
toutes parts, ou décharger à ses pieds le poids de sa
conscience. Un homme du monde violemment tenté
contre la foi, le pria de lui indiquer un remède à sa
peine. L'homme de Dieu lui recommanda la récitation
de cette prière : *Sainte Vierge, souvenez-vous de moi:*

(1) Louis Garnier, né le 12 février 1805, entré dans la Compagnie le 17 octobre 1825, et mort le 6 octobre 1843, victime
de son zèle et de son dévouement pour le salut des Indiens.

jetez un regard de miséricorde sur moi. Présentez-moi à votre fils, et ne souffrez pas que ma pauvre âme périsse. Fidèle à la redire chaque jour, celui-ci vit ses tentations se calmer. Il mourut de la mort des justes en la répétant pour la dernière fois.

« Ses avis furent encore très-utiles aux personnes qui souffraient de l'application des principes rigoristes d'après lesquels on les avait dirigées jusque-là. Les impressions qu'elles en avaient reçues leur faisaient méconnaître la bonté et la miséricorde de Dieu, pour ne voir en lui qu'un maître sévère et inflexible. Elles ignoraient la suavité du saint joug; il était réservé au P. Sellier d'apporter la lumière et la paix dans ces consciences troublées, et d'amener à la fréquente communion des âmes que d'imaginaires prétextes tenaient éloignées de la table sainte. »

« A la Louvesc, dit M. l'abbé de Serres, vicaire général de Lyon, et neveu de S. E. le cardinal de Bonald, les prêtres, comme les simples pèlerins, étaient pénétrés pour lui d'une grande vénération, et sa mémoire sera longtemps bénie au milieu de ces religieuses populations. Leur esprit de foi le touchait profondément. Il ne pouvait se lasser d'admirer un spectacle auquel le nord de la France ne l'avait pas habitué. J'eus le bonheur de le voir dans cette résidence en 1855; et je fus témoin de ce qu'inspirait à tout le monde sans exception sa réputation de sainteté. On avait en lui une confiance sans bornes, et il semblait quelquefois partager les honneurs du pèlerinage avec saint François Régis. »

Une autre personne, Mlle Elise Paschal du Puy, en exprimant le regret de ne pouvoir envoyer sur-le-champ les renseignements qui lui étaient demandés sur le séjour du saint homme dans le Midi, ajoute: « Plus tard je pourrai peut-être m'acquitter d'une manière plus satisfaisante pour vous et pour moi d'une chose que je regarde comme un hommage dû à la mémoire d'un saint que je ne crains pas de nommer la providence de mes jeunes années, et qui a toujours été pour moi un père tendre, un ami sincère autant que zélé, un consolateur même au besoin. Toujours simple et bon, son cœur s'oubliait pour n'oublier personne, consolait toutes les infortunes qui l'approchaient, et priait pour celles qu'il ne pouvait atteindre. J'ai eu pendant longtemps le bonheur d'être dirigée par le R. P. Sellier; et je m'estime heureuse d'avoir pu apprécier ce cœur noble et généreux, cette âme d'élite qui ne se montra jamais mieux qu'en se cachant. Je puis vous assurer que je n'ai jamais quitté le tribunal de la pénitence sans m'écrier: *Oh! que je suis heureuse d'être dirigée par un saint!* »

Dans une autre lettre la même personne entre dans quelques détails biographiques que nous aimons à consigner ici:

« Les pécheurs furent toujours l'objet des prédilections du saint Père. Son cœur était tout à Dieu, et de cet amour pour le Sauveur découlait, comme d'une source, une ardente charité pour le prochain. Dans l'ardeur de son zèle il me disait souvent: *Oh!*

que je voudrais avoir à ma disposition les cœurs de tous les hommes pour les porter à Dieu ! On était généralement persuadé au Puy et à la Louvesc qu'il faisait pénitence pour les pécheurs qui s'adressaient à lui. Le trait suivant en est une preuve ; il m'a été raconté par un Frère de la maison :

« Un voyageur passant par la Louvesc, et ayant entendu parler du pèlerinage de saint Régis, conçut la pensée de visiter l'église dont il avait ouï dire tant de merveilles. Un simple mouvement de curiosité l'y poussait. Mais c'était là que la grâce de Dieu l'attendait. Il entre la tête couverte, sans même remarquer qu'il est dans un lieu saint. Ses regards s'arrêtent seulement sur quelques tableaux qui décorent la chapelle. Le P. Sellier, qui dans ce moment était à son confessionnal, aperçoit l'élégant voyageur qui continuait ses observations. Son cœur lui fait reconnaître une brebis égarée ; et l'Esprit-Saint semble le pousser au secours de cette pauvre âme. Soudain il se lève, laisse la personne qu'il confesse, et, s'approchant de l'étranger, lui dit avec douceur : *Monsieur, vous voulez sans doute vous confesser ?* A cette question inattendue, celui-ci se retourne, surpris de cette hardiesse ; il considère durant quelques instants la figure pleine de bonté du P. Sellier, et se trouve tout à coup changé. Il répond : *Je le veux bien, Monsieur.* Il s'avance vers le confessionnal. *Mais, mon Père,* reprit-il, *il y a quarante ans au moins que je ne me suis confessé, et je ne suis point préparé. — Soyez tranquille, j'en réponds ; je me charge de tout ;* lui

dit le Père. Il fait sa confession, et reçoit pour pénitence de réciter quelques prières. Cette pénitence si
légère le surprend, et, se rappelant le visage austère
et mortifié du vénérable prêtre, il s'écrie : *Oh! certainement, ce saint homme fera pénitence pour moi.*
M*** a été sincère et persévérant dans sa conversion.
Depuis cette époque, il n'a jamais manqué d'approcher tous les mois du tribunal de la pénitence et de
la sainte table. Il a fait là mort la plus édifiante, bé-
nissant dans ses derniers moments le nom du bon
P. Sellier. »

Mme la comtesse de Montravel, née de la Rochette,
en répondant à quelques questions qui lui avaient été
adressées sur le séjour du P. Sellier à la Louvesc,
signale en ces termes une faveur dont elle se croyait
redevable aux prières du vertueux missionnaire : « Je
pense bien, pour mon compte, lui devoir la guérison
d'une de mes enfants âgée de dix-huit mois, attaquée
d'une fièvre cérébrale et réduite à l'extrémité. Le bon
Père se décida, non sans peine et sur nos instances,
à prier auprès du berceau de l'enfant, et il dit avec
effusion de cœur : *Pour ton bonheur, je voudrais
que tu fusses au ciel : pour celui de tes parents, que
Dieu te guérisse;* et il commença une neuvaine à
sainte Philomène : ma petite fille a été sauvée, et j'ai
toujours aimé à attribuer cette guérison au P. Sellier,
qui a laissé dans nos contrées une juste et grande
réputation de sainteté. »

Ces témoignages prouvent de quelle vénération le
serviteur de Dieu était environné; et le P. Garnier,

qui partageait alors ses travaux, disait qu'il venait à
la Louvesc autant de pèlerins pour le P. Sellier que
pour saint Régis. Mais tandis qu'au dehors les populations le respectaient comme un saint, Dieu, pour
l'entretenir dans l'humilité, l'éprouvait par des peines
spirituelles et par une espèce d'agonie intérieure.
C'est la marche ordinaire de la grâce à l'égard des
âmes qu'elle veut élever à un haut degré de vertu.

« Ma manière de faire oraison, dit-il (1), est aujourd'hui pour moi un martyre. Toutes les facultés
de mon âme sont comme liées et garrottées. Pas une
pensée, pas un mouvement du cœur, pas une goutte
de dévotion. Sans doute je ne dois pas m'attacher aux
goûts sensibles : mais ne dois-je pas être effrayé de
cette étrange impuissance dé m'unir à Dieu ? N'y a-t-il
pas quelque cause secrète qui éloigne de moi le souverain bien, la souveraine lumière ? Ne sont-ce pas
mes péchés qui ont élevé cette barrière entre vous et
moi, ô mon Dieu ? Vous le savez, Vierge sainte ; priez
en ma faveur, et faites-moi connaître l'état de ma
conscience. Après tant d'infidélités, ne dois-je pas
craindre qu'il n'y ait en moi quelque serpent caché ? »

« Vraiment, dit-il ailleurs (2), je ne sais plus où
j'en suis : pas un mouvement, pas un sentiment. Les
rochers qui bordent la Louvesc ne sont pas plus durs
que mon pauvre cœur. O mon Jésus, m'auriez-vous
donc délaissé ? Oh ! que cet état est crucifiant ! Une
heure d'oraison semblable est un vrai tourment. Ce

(1) Retraite de 1833.
(2) Ibid.

qu'il y a de plus déplorable, c'est que je sors de là
sans lumière, sans goût pour les choses divines,
froid, insensible comme le marbre. Je me trompe. Si
je me laissais aller, je n'aurais de goût que pour tout
ce qui tient à la vie de la nature, à la vie animale.
Je me plairais à voir les objets qui pourraient me distraire... *Deus, in adjutorium meum intende; Domine,
ad adjuvandum me festina* (1). O Marie, ayez pitié
de moi ! *Ad te clamo ; ad te suspiro gemens et flens
in hac lacrymarum valle. Redde mihi lætitiam salu-
taris mei, quod est Jesus Christus filius tuus bene-
dictus* (2). »

Plus loin il s'écrie (3) : « Que deviendrai-je, ô mon
Dieu ! je n'ose presque plus prier. Je fais mes actes
de religion presque comme une machine, parce qu'il
faut les faire. Oh ! que le joug me paraît pesant ! J'ai
encore recours à Marie ; mais c'est sans ardeur, sans
tendresse de cœur. Il me semble que je suis abandonné du ciel et de la terre. Mon cœur est dans une
espèce d'agonie. La vie m'est à charge. Je crois bien
qu'il y a de la diablerie là dedans ; c'est vrai ; oui,
l'ennemi profite de ma peine pour me porter au découragement : mais toujours est-il que je suis dans
cet état de tristesse, que les nuages les plus sombres
m'environnent, que les dégoûts les plus amers se sont

(1) O Dieu ! venez à mon aide : hâtez-vous, Seigneur, de me
secourir. (Ps. LXIX, 1-2.)

(2) J'élève mes cris vers vous ; je soupire vers vous, gémis-
sant et pleurant dans cette vallée de larmes. Rendez-moi la
joie de mon salut, qui est Jésus-Christ, votre fils béni.

(3) Retraite de 1833.

emparés de mon âme. Je puis dire avec le Prophète :
*Infixus sum in limo profundi... tempestas demersit
me.* » Ps. LXVIII, 3. (1).

Nous n'avons pas craint de reprodüire ces extraits
des écrits du fervent missionnaire pour la consolation
des âmes que Dieu fait passer par le creuset des
peines intérieures ; comme c'est aussi pour leur consolation que nous citerons les paroles qui signalent
la cessation de l'épreuve (2) :

« Vive Jésus ! Vive Marie ! *Gratias Deo et Mariæ et
S. J. Francisco.* Je me trouve en ce moment tout
changé ! Ce n'est plus seulement mon esprit qui voit
plus clair ; mon cœur, ma volonté sont dans des dispositions toutes contraires à celles où j'étais comme
enchaîné... Il me semble que jusqu'ici j'étais comme
ensorcelé. Plus de piété, plus d'amour de Dieu et du
prochain, plus de zèle, sinon un zèle tout de nature.
A qui donc dois-je attribuer ce prodige, qui s'est fait
sentir durant que je récitais mon office, sinon à la
puissante intercession du grand, du glorieux saint
Régis. Oui, ô saint patron, après Dieu, c'est à vous
que je dois ce changement que je n'espérais presque
plus, que je ne désirais même que bien imparfaitement : *Hæc mutatio dexteræ Excelsi, et signaculum
potestatis et charitatis S. J. Francisci* (3).

(1) Je suis plongé dans la vase de l'abîme... Les flots m'ont
submergé.
(2) Retraite de 1833.
(3) Ce changement est l'ouvrage de la droite du Très-Haut
et un témoignage de la puissance et de la charité de saint
Jean-François.

CHAPITRE XXVI.

Retour du P. Sellier à Saint-Acheul. — Retraite à l'institution de Boulogne. — Mission à Hangest-sur-Somme. — Congrégation des dames de la Croix de Saint-Quentin. — Retraite aux Orphelines d'Elbeuf. — Instructions dans différents villages. — Trait de la vengeance divine.

Au mois d'août 1836, l'unique province de la Compagnie de Jésus en France ayant été partagée en deux, celle de Paris et celle de Lyon, le P. Sellier, qui par sa naissance appartenait à la première, fut rappelé par son provincial. Son départ causa de vifs regrets, surtout aux personnes qu'il dirigeait; mais sa charité tendre et compatissante n'abandonna pas le soin de celles qui recouraient encore à ses lumières et à ses décisions. Les nombreuses lettres qu'il leur écrivit depuis son retour attestent la suavité de sa direction. Toutes renferment des avis précieux, propres à ranimer la confiance, à dissiper les doutes des âmes craintives, et à les fixer dans la voie sûre de la paix, de l'abandon et de l'obéissance.

Après avoir donné les exercices de la retraite aux frères de Saint-Jean-de-Dieu, à Lyon, vers la fin de septembre, le P. Sellier quitta le Midi au mois d'octobre 1836, et les supérieurs le renvoyèrent à Saint-Acheul, où il était connu, aimé, estimé, et où, par conséquent, sa présence pouvait être plus utile que partout ailleurs. C'est là qu'il établit le centre de ses courses apostoliques; là que s'écoulèrent les dernières années de sa vie. Il y remplit les fonctions de missionnaire tant que ses forces le lui permirent, et celles de père spirituel et de confesseur jusqu'à sa mort.

Nous ne pouvons entrer dans le récit de toutes les œuvres que le zèle inspira au P. Sellier pendant plus de douze années encore, c'est-à-dire jusqu'à l'âge de soixante-dix-sept ans, que la perte de la vue et les infirmités le retinrent enfermé dans l'intérieur de la maison de Saint-Acheul. Ce détail serait immense, et nous entrainerait inévitablement dans la monotonie et dans de fastidieuses redites. Nous nous contenterons de citer en note (1), par ordre de date, les lieux

(1) 1836. Deux retraites à Saint-Ricquier : la première au petit séminaire, la seconde à l'Hôtel-Dieu. De là à Boulogne, dans l'institution de M. Haffreingue.

1837. Retraite à la cathédrale d'Amiens, ensuite à Saint-Leu; missions à Hangest-sur-Somme et à Hennencourt. Retraites au pensionnat du Sacré-Cœur d'Amiens, à la Trappe de Mortagne pour les prêtres interdits; aux sœurs de la Sainte-Famille d'Amiens, aux religieuses du Sacré-Cœur de Paris et du Sacré-Cœur de Charleville. Retraites aux pensionnaires du Sacré-Cœur de Charleville, ensuite aux orphelines d'Elbeuf, au petit séminaire de Séez.

1838. Retraite de religieuses à Saint-Paul-aux-Bois, au petit séminaire de Laon, au petit séminaire de Beauvais. Carême à Buironfosse, dans le Soissonnais. Tout le mois de mai employé à ériger des chemins de croix dans diverses paroisses du diocèse de Soissons. Retraite de première communion au petit séminaire de Saint-Ricquier. Au mois de septembre, retraite de la Sainte-Famille; puis à Boulogne, chez les Ursulines; à Abbeville, dans un couvent du même ordre; à Beauvais, au Sacré-Cœur. Pour la seconde fois, aux orphelines de la Providence, à Elbeuf. Prédication à Rubempré.

1839. Retraite du petit séminaire de Saint-Omer; mission au

qu'il a évangélisés dans le diocèse d'Amiens et dans les diocèses limitrophes, celui d'Arras surtout, et d'extraire de nos mémoires les traits qui offrent le plus d'intérêt et d'édification.

Portel pendant le Carême. Du Portel à Long jusqu'au milieu de la semaine avant le dimanche des Rameaux. De là à Citerne pour l'érection d'un chemin de croix, puis à Gueschart, à Marconne, à Tœufles, à Tours (Somme). Ensuite à Tours (Indre-et-Loire) et à Conflans pour la retraite des élèves du Sacré-Cœur. A Amiens, retraite des sœurs de la Sainte-Famille; à Amiens et à Beauvais, celles des religieuses du Sacré-Cœur; à Saint-Quentin, celle des religieuses de la Croix; à Saint-Ricquier, celle du petit séminaire; à Noyon, celle aussi du petit séminaire; mission à Étaples.

1840. Retraite du pensionnat du Sacré-Cœur à Amiens; mission à Bernieulles; plantation de croix à Étaples; missions à Berk, à Barly et Fosseux; plantation de croix à Bernieulles; mission à Henu; retraites aux Ursulines de Boulogne, au pensionnat des Ursulines, et à celui de M. Haffreingue; missions à Thory, à Beaucamp-le-Vieil; à Amiens, retraites de la Sainte-Famille et des Ursulines; missions à Parenty, à Hucqueliers, à Thiembronne. — Dès cette année, le P. Sellier se croyait au terme de sa vie apostolique. «Dans quelques jours, écrit-il (Retraite de 1840), je pars pour reprendre le cours de mes missions dans le diocèse d'Arras. Selon toute apparence, cette année sera la dernière. Mes forces s'en vont; mes organes s'usent, l'ouïe se perd : *Fiat voluntas Dei in me, per me, super me. Amen* (1). » Le bon Père continua cependant encore pendant huit ans ce laborieux ministère.

1841. Missions à Ambleteuse (célèbre par son ancien port, et qui, sous le premier empire, a joué un rôle lors du campement de la Grande-Armée dans ces parages), à Selles et Brunembert, à Desvres; retraite au collège de Montreuil-sur-Mer; exercices pour la confirmation à Desvres; plantations de croix à Ambleteuse, à Parenty, à Desvres, à Saint-Quentin. A Amiens, re-

(1) Que la volonté de Dieu se fasse en moi, par moi, sur moi. Ainsi soit-il.

Nous commencerons par la retraite donnée dans le mois de décembre 1856 aux élèves de l'institution du vertueux abbé Haffreingue à Boulogne-sur-Mer. Une particularité digne de remarque, c'est que la piété et

traite pastorale; plantation de croix à Long. Retraites de la maison de détention de Clermont-Oise; de la Sainte-Famille, à Amiens; des religieuses de la Croix, à Saint-Quentin; des religieuses du Sacré-Cœur, à Amiens; des Ursulines, à Valenciennes; mission de Wimille et d'Audinghem.

1842. Retraites du collége de Mouscron en Belgique; du pensionnat du Sacré-Cœur à Lille; missions à Rety, à Coulomby, à Vieille-Église, à Fressin; plantation de croix à Coulomby; érection de chemin de croix à Audinghem; plantation de croix à Wimille, à Bonningues-les-Ardres; première communion à Fiennes; petite mission à Long; érection de Chemin de Croix à Noyon; retraite pastorale à Amiens; retraites au Bon-Pasteur et à la Sainte-Famille d'Amiens; retraites aux Frères des Écoles chrétiennes de Saint-Omer, au grand et petit séminaire d'Arras, aux religieuses de la Croix à Saint-Quentin, aux professeurs du collége de Dohem; missions à Ergny et à Acquin; retraites au collége et à l'hôtel-Dieu de Montreuil-sur-Mer.

1843. Missions à Wissant, à Saint-Folquin et au Transloy; plantation de croix à Saint-Folquin; retraite et bénédiction d'une chapelle à Quelmes; plantation de croix à Acquin; retraite et première communion à l'hôpital de Calais; plantation de croix à Wissant; prédications diverses à Wimille, à Bernaville, à Abbeville; confessions dans les retraites du Bon-Pasteur, de la Sainte-Famille d'Amiens, et des religieuses de la Croix de Saint-Quentin; retraite des professeurs du petit séminaire de Saint-Ricquier; missions à Dohem, à Frencq et à Cormont.

A la fin du mois de juin de cette année, le bruit de la mort du saint homme se répandit dans le diocèse d'Arras, et parvint même jusqu'à Abbeville. En divers lieux on sonna son trépas, et on chanta des services pour le repos de son âme. « Puissent, s'écrie-t-il en se rendant compte de ces circonstances, puissent ces prières prématurées servir à ma conversion! N'est-ce pas une voix de plus qui me crie : Prépare-toi, il en est temps? O Marie! espoir des mourants, aidez-moi puissamment dans cette rela ferveur, qui furent le fruit de la retraite, se soutinrent pendant toute l'année, que les sacrements

traite à me mettre en l'état où vous désirez que je sois pour paraître avec confiance devant le souverain Juge, qui est votre Fils. Ainsi soit-il (1). »

1844. Retraite aux élèves du collége de Dohem; missions à Louches, à Bourthes; Carême à Bapaume. De nouveau à Bapaume au mois d'avril; retraites aux religieuses hospitalières de Montreuil-sur-Mer, aux élèves des Ursulines de Saint-Omer à celles d'Amiens; aux Frères Maristes de Saint-Pol; aux Frères et des Écoles chrétiennes de Saint-Omer; aux religieuses Clarisses du Haut-Pont et aux Ursulines de Saint-Omer; missions à Cremarest et à Audrehem.

1845. Missions à Mametz, à Achicourt, à Zutkerque; retraite aux pensionnaires des Ursulines d'Aire; retour de mission à Mametz; retraite à Maricourt à l'occasion de la fête du Saint-Scapulaire, laquelle se célèbre solennellement dans cette paroisse; Plantation de croix à Crémarest; missions à Licques et à Ecques.

1846. Missions à Fléchin, à Offekerques, à Colembert; érection de chemins de croix à Licques et à Saint-Folquin; ouverture du mois de Marie chez les Ursulines d'Aire; érection de chemins de croix à Ecques et à Fléchin; plantation de croix dans le cimetière de Boncourt; première communion à Fiennes; érection du chemin de la croix à Offekerques; missions à Nédonchel et à Verchocq.

1847. Missions à Bailleul-aux-Cornailles, à Œuf, à Blangermont, à Nuncq; retraites à l'hôpital et au petit hôpital de Montreuil-sur-Mer; retour de mission et plantation de croix à Nédonchel et à Verchocq; missions à Érin, célèbre par le séjour qu'y a fait le vénérable serviteur de Dieu Benoît-Joseph Labre; à Bédencourt, Maisoncelle, et à Fiennes.

1848. Missions à Blangy, à Pénin, à Gaucourt, à Flers, à Neuvireuil.

1849. Missions à Rhieux, à Couchy. De cette dernière paroisse le P. Sellier écrit que, la mission terminée, il compte

(1) Retraite de 1843.

continuèrent à être fréquentés, de telle sorte que, le dernier dimanche de l'année scolaire, on vit jusqu'à cent cinquante élèves approcher de la sainte table : résultat qu'on n'avait jamais obtenu jusqu'alors.

Le serviteur de Dieu était depuis longtemps attendu à Hangest-sur-Somme, sa patrie, où le pasteur et son troupeau désiraient vivement la grâce d'une mission. Il s'y rendit au mois de mars 1857. L'opinion qu'on avait de sa vertu, son zèle pour le salut des âmes, le bonheur que tous se promettaient d'entendre une voix connue et aimée, avaient favorablement disposé les esprits. Aussi dès le premier sermon il enleva l'admiration et gagna le cœur de tous ses auditeurs. La suite répondit à ces heureux commencements, et le succès dépassa toutes les espérances. A peine le missionnaire et son compagnon avaient-ils séjourné trois semaines au milieu de ce peuple, que le pays changea de face. Les mœurs furent renouvelées. Dix à douze hommes au plus, sur une population de douze cents habitants, refusèrent obstinément de se réconcilier avec Dieu et de s'approcher des sacrements. C'est ainsi que le bon Père eut la consolation de devenir encore une fois prophète dans sa patrie.

retourner à Saint-Acheul probablement pour n'en plus sortir, les fonctions du saint ministère lui devenant toujours plus difficiles, à raison de sa surdité. Nous le voyons cependant encore donner une retraite au mois de novembre 1849 à l'orphelinat agricole de Merle (diocèse de Beauvais), fondé par M. Bazin. La dernière mission prêchée par le saint homme et dont nous retrouvions des traces, est celle de Saint-Germain de Pont-Audemer (Eure) pendant le carême de 1851.

Parmi les œuvres accomplies vers le même temps le P. Sellier, nous devons signaler la réforme d'une maison d'éducation pour les jeunes personnes établie à Saint-Quentin, et qui tombait en décadence. Après s'être fait autoriser par les évêques, dont le concours était nécessaire, le P. Sellier, de concert avec le P. Dutems (1), son confrère, avait appelé quelques religieuses d'une congrégation dite *de la Croix*, qui étaient avantageusement connues dans le midi de la France par leurs succès dans l'éducation de la jeunesse. Elles consentirent à se charger de la direction de cette maison, qui dès lors n'a cessé de prospérer.

La retraite donnée en 1837 aux orphelines de la Providence d'Elbœuf mérite une mention spéciale, à raison des bénédictions extraordinaires que Dieu se plut à y répandre. La maison était nombreuse et réclamait les plus urgentes réformes. L'irrégularité dans la conduite, l'oubli des convenances les plus ordinaires étaient à l'ordre du jour. Un front fier et altier, des regards hautains et dédaigneux ne manifestaient que trop l'orgueil de l'esprit et les dérèglements du cœur. On conservait si peu d'espoir de voir s'améliorer un pareil état de choses, que les religieuses appelées afin de rétablir l'ordre dans cette maison, se disposaient à abandonner l'œuvre commencée. Mais là où le mal avait abondé,

(1) Éloi Dutems, né le 1er décembre 1786, entré dans la Compagnie de Jésus le 16 septembre 1814, et mort à Saint-Acheul le 28 mars 1836.

là aussi la grâce et la miséricorde surabondèrent.
Après avoir été longtemps attendu en vain, le P. Sellier arriva enfin à l'improviste, et lorsqu'on ne l'espérait plus. Le même jour, et sans que les élèves
en fussent informées, il commença les exercices. Il
le fit avec cette force et cette onction que Dieu met
sur les lèvres de ses serviteurs. Les esprits furent
frappés en entendant un langage qui leur était
comme inconnu. L'étonnement fit place à la crainte
des jugements de Dieu. Bientôt on vit les yeux se
baisser vers la terre, les têtes se courber peu à peu,
et les larmes commencer à couler. La grâce avait
triomphé de ces cœurs rebelles. Le résultat de la
retraite fut tel, qu'il n'y eut aucune des retraitantes
qui ne voulût faire une confession générale ; et presque
toutes, de leur propre mouvement, demandèrent publiquement au réfectoire pardon des fautes qu'elles
avaient commises et des scandales dont elles s'étaient
rendues coupables. Ces fruits de bénédiction se sont
soutenus ; et l'année suivante, le P. Sellier retourna
dans la maison pour affermir le bien opéré par la
retraite.

Pendant le mois de mai 1858, notre infatigable missionnaire donna des instructions tour à tour dans
quatre villages différents que nous nous abstiendrons
de nommer. Dans le premier, la Providence, en même
temps qu'elle fit éclater ses miséricordes, voulut, par
un coup signalé de sa justice, frapper d'une salutaire
terreur les pécheurs impénitents. En effet le P. Sellier, parlant un jour de la mort, de ses incertitudes,

de ses terreurs, ajouta entre autres choses et comme
en hésitant, mais d'un ton de voix grave et solennel:
« Quant aux pécheurs qui diffèrent leur conversion
au moment de la mort, que leur arrivera-t-il? Je n'en
sais rien; mais ce que je sais, ce qu'une expérience
souvent répétée en plus d'un endroit m'a appris,
c'est que s'ils résistent à la grâce que Dieu leur offre
en ce moment, la mort ne tardera pas à frapper subitement quelqu'un d'entre eux et à jeter les autres
dans l'épouvante: et plaise à Dieu que ce soit pour
leur conversion! » Or, le jour même du départ du
Père, un blasphémateur, homme perdu de mœurs,
et qui n'était venu au sermon que pour le tourner en
dérision, conçut et exécuta un affreux projet qui ne
pouvait être inspiré que par l'enfer. Il remit un
flacon à une malheureuse avec laquelle il entretenait
des relations criminelles: « Voici, lui dit-il, un breu-
vage qui te donnera des forces pour travailler et que
tu prendras demain de grand matin. C'est du vin
distillé. » Il se garda bien d'ajouter qu'il l'avait lar-
gement saturé d'acide nitrique. La jeune fille reçoit
la potion sans rien soupçonner. Cependant, par un
sentiment louable, elle croit devoir destiner ce breu-
vage à son père. Celui-ci étant allé aux champs plus
tôt que de coutume, ce fut la mère qui déboucha le
vase où était renfermée la liqueur, pour la boire en
compagnie de sa fille. A peine l'a-t-elle portée à ses
lèvres qu'elle se sent le palais en feu, et les gencives
brûlées. Heureusement qu'elle n'avala pas le poison;
tout son mal se borna à quelques douleurs dans la

bouche, et il en fut de même de la fille, qui reçut ainsi la récompense de sa piété filiale. Pendant ce temps-là que devenait l'infâme auteur de cet affreux guet-apens? Persuadé que son funeste projet était réalisé, il courait seul dans les champs et les bois, hurlant comme une bête féroce, violemment agité par les remords de sa conscience, et par la crainte des châtiments qui ne pouvaient manquer de l'atteindre. Enfin, ne pouvant plus supporter le tourment qu'il ressentait intérieurement, et ne prenant conseil que de son désespoir, il se donna la mort à lui-même en vomissant mille blasphèmes. Cette mort effrayante produisit une impression non moins vive que les instructions du Père. Le dimanche suivant le curé profita de la terreur dont les esprits étaient frappés. Il prit pour texte de son instruction ces paroles de la sainte Écriture : *Nolite errare: Deus non irridetur :* Ne vous y trompez pas : on ne se joue pas de Dieu. (Gal. vi, 7.) Il rappela en même temps les paroles et les menaces du missionnaire. Tous les assistants, et en particulier les parents du misérable suicidé, en furent émus jusqu'aux larmes, et tremblèrent à la vue du terme fatal où aboutissent l'impiété et la dépravation.

Au mois de novembre 1858, le P. Sellier fit un voyage à Notre-Dame de Liesse pour remplir une mission qui lui avait été confiée. Sa dévotion à Marie lui suggéra l'heureuse pensée de profiter de son séjour à Liesse pour faire sa retraite annuelle sous la protection et comme sous l'aile maternelle de la

Vierge immaculée. Écoutons-le nous rendre compte des dispositions et des sentiments que lui inspira la vue du sanctuaire vénérable consacré à la Mère de Dieu.

« C'est par un effet tout particulier de la divine Providence que je me trouve en ce moment à Liesse, lieu chéri de l'auguste Mère de Dieu, lieu de bénédictions, où cette Reine du ciel a si souvent signalé son pouvoir et sa tendre charité envers les malheureux...

« Sans doute, tous les endroits de la terre sont favorables à quiconque cherche Dieu dans la simplicité de son cœur ; partout le Seigneur écoute nos prières, partout aussi sa divine Mère se montre mère de miséricorde, partout elle est le refuge des pécheurs, la consolation des affligés. Il est cependant des lieux qu'elle semble affectionner davantage, des lieux où elle se montre plus propice ; et on ne peut douter que la chapelle de Liesse ne soit de ce nombre. Je dois donc regarder comme une faveur insigne la grâce qui m'est accordée cette année. Le bon Maître s'est servi d'un petit incident pour m'amener ici. Sans doute, ô divin Sauveur, vous avez eu vos desseins en cela ; vous avez voulu me conduire aux pieds de la statue si révérée de votre Mère, afin que je puisse obtenir d'elle un plus puissant secours. Cette retraite sera peut-être la dernière de ma vie : que je serais heureux si, favorisé d'un secours plus puissant, je la faisais de manière à réparer le vice et l'inutilité de tant d'autres retraites et à faire mes provisions pour l'éternité! car voilà les deux fins que je dois me proposer.

« Le premier sentiment qui doit m'animer, c'est la reconnaissance : *A Domino et Maria factum est istud* (1). Quand je repasse ma misérable vie, de combien de traits où plutôt de miracles de la bonté divine, ne la trouvé-je pas marquée? Or, ces prodiges de charité, de prédilection exercés envers moi, c'est-à-dire envers la plus indigne des créatures, à qui en ai-je l'obligation? A vous, ô tendre Marie... Que ma main se dessèche avant de cesser d'écrire, de tracer ces sentiments! que ma langue s'attache à mon palais avant de cesser de les publier! C'est à vous que je dois d'être échappé à l'enfer dès mon bas âge; à vous que je dois ma vocation au sacerdoce, ma vocation à la Société de Jésus. Aujourd'hui vous voulez me donner une nouvelle preuve de cette affection si tendre, si continue, en m'appelant dans un lieu où tant de faveurs célestes ont été accordées en votre nom, et que vous aimez au point de dire : *Elegi et sanctificavi locum istum, ut sit nomen meum ibi in sempiternum, et permaneant oculi mei et cor meum ibi cunctis diebus* (2). Daignez donc *ô pia, ô dulcis Virgo* (5), daignez bénir cette solitude dans laquelle

(1) C'est l'œuvre du Seigneur et de Marie.

(2) J'ai choisi ce lieu et je l'ai sanctifié, afin que mon nom y soit à jamais, et que mes yeux et mon cœur y soient toujours attachés (II Paral. vii, 16).

(3) O bonne, ô douce Vierge!

je vais entrer : faites que je la passe comme une préparation à la mort. Puis-je la mettre sous une autre
protection que la vôtre? Jamais je ne fais de retraite
sans vous la consacrer; mais pour celle-ci, elle vous
appartient d'avance; je vous la dédie, je la consacre
à votre cœur immaculé et percé de douleur. J'invoque
aussi saint Joseph, votre chaste et digne époux; saint
Martin, saint Stanislas Kostka, saint Louis, mon glorieux patron; saint Ignace, dont je suis l'indigne fils;
saint François Régis, saint François Xavier, sainte
Térèse, sainte Philomène et mon saint ange gardien. »

CHAPITRE XXVII.

Missions du Portel et de Bernieulles. — Conversion remarquable. — Témoignages d'estime du cardinal de La Tour
d'Auvergne.

Jusqu'en 1859, la Compagnie de Jésus avait peu
travaillé dans le diocèse d'Arras. A l'exception de la
retraite donnée chaque année par quelqu'un des
Pères dans l'institution du digne abbé Haffreingue
à Boulogne, ce diocèse paraissait comme fermé aux
enfants de saint Ignace. Mais à dater de cette année,
ils n'ont cessé d'y exercer le saint ministère, soit
dans les missions, soit dans les retraites prêchées à
toute espèce de personnes.

Le début des missions du P. Sellier dans le diocèse

d'Arras fut couronné du succès le plus complet. Il
eut lieu dans un bourg de trois mille cinq cents âmes
environ, appelé le Portel, sans doute parce que les
maisons qui le composent, construites sur le bord
de la mer, forment comme une petite baie, d'où
partent tous les jours neuf cents à mille pêcheurs.
« Nulle part, disait le P. Sellier, je n'ai eu autant
d'occupations, même dans les montagnes du Velaï et
du Vivarais. Nulle part je n'ai rencontré autant de foi
et de simplicité. » On en jugera par un seul fait. Ces
bons pêcheurs, dont tout l'avoir consiste en un petit
bateau et quelques filets, étaient parvenus à bâtir à
leurs propres frais une belle et vaste église, une
maison d'école et un presbytère. Dans ce but ils s'é-
taient cotisés pendant plusieurs années, et avaient
mis de côté ce qu'ils appelaient *la part de Dieu*.
C'étaient de petits poissons dont la vente successive
jointe aux sacrifices qu'ils s'étaient imposés et qu'ils
s'imposaient encore tous les jours, avait suffi pour
faire face à une dépense de soixante-dix mille francs.
Comme ils n'avaient ni chevaux, ni mulets, ils
portaient eux-mêmes sur leur dos les pierres de
construction extraites des falaises qui bordent le
bourg. C'était là l'ouvrage des hommes et des jeunes
gens : les femmes et les filles portaient le sable pour
faire le ciment. Il n'y avait pas jusqu'aux enfants de
huit à dix ans qui ne prissent part à la bonne œuvre.
On les voyait aller aussi chercher le sable dans de
petites mannes et le porter aux ouvriers. L'ouvrage
était terminé depuis trois ans, lorsque la mission

commença. Ce spectacle ne rappelle-t-il pas ces siècles de foi où les populations mettaient leur gloire et leur bonheur à bâtir des temples au Seigneur et à y travailler de leurs propres mains (1)? Au milieu de l'autel de cette église, on voit un précieux tableau de la pêche miraculeuse dans laquelle, sur la parole de Notre-Seigneur, saint Pierre et ses compagnons jetèrent leur filet du côté droit de la barque, et le retirèrent si rempli de poissons, qu'il courait risque de se rompre. Les pêcheurs du Portel avaient acheté ce chef-d'œuvre au prix de trois mille francs.

Tel était le peuple que le P. Sellier était chargé d'évangéliser. La simplicité jointe à la force de ses paroles, les comparaisons familières et saisissantes dont ses discours étaient semés, lui eurent bientôt concilié le cœur de tous les habitants, même des plus éloignés des pratiques de la religion. Chaque fois que l'état de la mer rendait la pêche impossible, il prêchait dans l'église, où se réunissait un très-nombreux auditoire, en grande partie composé d'hommes. Ces pêcheurs couraient eux-mêmes à l'hameçon, et beaucoup d'entre eux s'y laissaient prendre. Aussi le P. Sellier écrivait-il qu'évidemment il avait été envoyé pour les grands pêcheurs, que les personnes pieuses et les jeunes gens confiaient à leur curé le secret de leur conscience : que pour lui, il voyait les hommes éloignés de Dieu environner son confessionnal.

(1) Voyez *Annales philosophiques*, t. I, p. 422.

Un fait que les habitants du Portel regardèrent comme miraculeux, et où il est impossible de ne pas voir l'intervention d'une providence miséricordieuse en faveur de ce bon peuple, vint encore aider puissamment au succès de la mission, et achever de triompher des premières résistances. Déjà ils avaient éprouvé en bien des circonstances les effets merveilleux de la protection de Marie, pour laquelle ils professaient une tendre dévotion. Depuis huit ans, quoique la mer eût été agitée dans ces parages par maintes tempêtes qui avaient fait périr quantité de navires, et que leurs petites barques fussent si frêles, qu'à peine on les eût crues capables de résister à un coup de vent, aucune de ces barques n'avait péri sur la mer. Cette protection se manifesta d'une manière plus visible encore pendant le cours de la mission. Le 28 février, trompés par un calme apparent, ces braves marins s'étaient embarqués à l'entrée de la nuit pour aller pêcher en pleine mer. Sur trente-six bâteaux que la paroisse possédait, vingt-huit étaient sortis, ayant chacun neuf ou dix hommes d'équipage. Quelques heures après leur départ, une tempête furieuse s'éleva et sévit durant près de dix-huit heures.

Le vent était si violent dans la soirée, que sur terre il était impossible sans secours de soutenir l'effort de l'orage. Quatorze ans auparavant, une tempête semblable avait englouti tous les bateaux du Portel; et la plupart des familles avaient eu à déplorer la perte d'un ou même de plusieurs de leurs membres.

On craignait qu'il n'en fût de même cette fois. Dans presque toutes les maisons on passa la nuit en prière. À l'église on se joignit au P. Sellier, et on invoqua solennellement Celle qui est appelée *l'Étoile de la mer :* ce ne fut pas en vain. De grand matin, douze barques vinrent aborder au rivage, ou plutôt échouer sur les rochers, sans qu'aucun de ceux qui les montaient eût péri. Quant aux autres, qui étaient encore au nombre de seize, on n'en put avoir aucune nouvelle de toute la journée. Tous étaient en proie à la plus cruelle anxiété ; et avec d'autant plus de raison, qu'un vent moins violent et une mer moins agitée permettaient de tendre les voiles. Mais Marie ne fut pas sourde à tant de prières. Les seize autres barques entrèrent le lendemain dans le Portel ; et les pêcheurs sains et saufs racontèrent avec une vive reconnaissance comment, poussés par la violence de la tempête, ils avaient été jetés sur divers points du rivage, d'où ils étaient repartis après le danger. Ceux qui étaient arrivés à l'heure où commençaient les exercices du matin, bien que trempés jusqu'aux os, au lieu d'aller prendre le repos dont ils avaient un si pressant besoin, se rendirent sur-le-champ à l'église pour y entendre la sainte messe ; et quand ils furent tous réunis, ils firent un vœu à la très-sainte Vierge, à laquelle ils attribuaient leur salut.

On comprend sans peine tout le parti que le P. Sellier sut tirer d'un pareil événement. Il en profita pour ramener à Dieu ceux qui avaient résisté jusque-là, et que la joie d'un bienfait reçu et le souvenir

d'un péril récent avaient merveilleusement disposés
à ouvrir leur cœur à la voix de la grâce. Aussi dès ce
moment l'entraînement fut-il général. Le P. Sellier
ne cessa de travailler la nuit comme le jour; et sans
un secours particulier d'en haut, il eût infailliblement succombé à un tel excès de fatigue. Le nombre
de ceux qui se dispensèrent du devoir pascal fut
imperceptible. Inutile d'ajouter qu'à son départ les
habitants ne savaient comment lui témoigner leur
reconnaissance; et s'il ne se fût soustrait aux élans
de leur enthousiasme, ils l'eussent porté en triomphe.
D'après les lettres écrites plus tard par le curé, ces
fruits de conversion ne furent pas éphémères.

La mission de Bernieulles en 1840 offrit un remarquable exemple de zèle et d'empressement à entendre
la parole de Dieu. Bernieulles est situé au fond d'une
vallée. Pendant toute la durée de la mission, des
pluies torrentielles descendant des montagnes qui
environnent ce village de toutes parts, avaient changé
les rues en rivières et la place publique en étang.
Cette circonstance ne nuisit point au concours du
peuple, ou, pour parler plus exactement, au concours des peuples. Une foule d'hommes accouraient
chaque jour des pays voisins pour entendre le Père,
pour lui confier, au saint tribunal, le secret de leurs
consciences. On voyait arriver en même temps des
curés, des messieurs, et même des dames qui ne
pouvaient, tant la foule était grande, être placés
convenablement qu'en se mêlant aux jeunes filles de
la campagne pour chanter des cantiques avec elles.

Durant le cours de cette même année 1840, dans une paroisse de l'arrondissement de Montreuil que nos mémoires ne nomment pas, on vit revenir à Dieu un brave et loyal officier qui vivait dans l'oubli de ses devoirs religieux. Il exerçait par sa position sociale une grande influence, et il appartenait à une famille chrétienne; mais, dominé par des préjugés malheureusement trop répandus, il ne voulait pas entendre parler de mission, ni surtout de mission donnée par un Jésuite. Il prit donc le parti de s'absenter pendant la durée des exercices. Après quelque temps, les croyant terminés, il revint; mais, à son grand désappointement, le prédicateur était précisément alors au fort du travail. Notre militaire voulut voir par lui-même comment les choses se passaient, et se hasarda d'assister à une instruction. C'était là que la grâce l'attendait, et que les prières de sa pieuse famille allaient être exaucées. Il fut si vivement frappé du zèle, de la piété, et des exhortations du missionnaire, qu'il éprouva une faiblesse et perdit connaissance. Bientôt ayant repris l'usage de ses sens, il ne put se résoudre à sortir de l'église avant d'avoir reçu la bénédiction du saint Sacrement. Quelques jours après, il s'approcha de la table sainte, et offrit à toute la paroisse, à tous ceux qui le connaissaient, et surtout à sa pieuse famille, le consolant spectacle de son retour à Dieu. Jusqu'à la mort du P. Sellier, le brave capitaine continua de recourir à lui pour la direction de sa conscience; et lorsque l'homme de Dieu reparaissait dans le Boulonnais, et même en Artois, notre converti allait pendant deux jours se retremper auprès de son père spirituel, pour lequel il a conservé le souvenir le plus reconnaissant. Dès qu'il apprit la nouvelle de sa mort, il s'empressa de faire chanter un service solennel pour le repos de son âme. Ajoutons que depuis sa conversion le pieux capitaine récite chaque jour le chapelet, et ne voyage jamais sans emporter avec lui son Imitation. Aujourd'hui il s'adresse au curé de sa paroisse, et donne l'exemple de l'assiduité aux offices de l'Église et aux exercices du mois de Marie.

Cependant les travaux du P. Sellier dans le diocèse d'Arras ne cessaient d'être bénis de Dieu, et la confiance s'établissait de plus en plus. Pour assurer le fruit de la mission, on ouvrait dans la plupart des paroisses des écoles de filles dirigées par des sœurs, à la grande satisfaction du pasteur et des mères de famille. Des rapports de direction se formaient entre le missionnaire et les prêtres du voisinage. Des curés, des doyens venaient prendre ses conseils, et s'adressaient à lui pour la confession.

Après la mission de Parenty en 1840, le cardinal de La Tour d'Auvergne voulut témoigner authentiquement au P. Sellier sa satisfaction pour tout le bien qui s'opérait au milieu de son troupeau, et la haute estime que lui inspiraient les vertus de l'homme apostolique. Il fit en conséquence expédier des lettres munies de son sceau, dans lesquelles il confirmait tout de nouveau le pouvoir qu'il lui avait accordé précédemment de travailler dans tout le diocèse

d'Arras, et lui conférait le titre de missionnaire diocésain. « Le P. Sellier, écrivait-on de Boulogne au directeur de l'*Univers* le 5 mai 1841, le P. Sellier, l'a-
pôtre du Boulonnais depuis quelques années déjà, va
semant partout la parole divine, et partout recueil-
lant la moisson la plus abondante. Nos populations
maritimes surtout, animées de la reconnaissance la
plus vive, conserveront longtemps un précieux souvenir de son zèle infatigable. »

CHAPITRE XXVIII.

Mission de Desvres.

Après plusieurs excursions dont les détails offri-
raient peu d'intérêt, le P. Sellier se rendit à Desvres,
bourg d'environ trois mille âmes, pour y donner la
mission pendant le carême de 1841. Les résultats
qu'il obtint dépassèrent toutes les espérances.

Cette paroisse était, sous le rapport religieux, dans
l'état le plus déplorable. On gémissait de voir les mariages purement civils se multiplier de plus en plus,
un grand nombre d'adultes n'avaient pas fait leur première communion. L'ignorance était extrême, et avec
l'ignorance régnaient les abus et les désordres qui en
sont la conséquence inévitable. Le respectable ecclésiastique (1), nommé doyen de ce chef-lieu de canton

(1) M. l'abbé du Royer.

en 1840, avait accompagné le P. Sellier dans plusieurs missions. Témoin des merveilles que Dieu opérait par son ministère, il s'était promis que, si un jour son évêque lui confiait un poste quelconque, son premier soin serait d'appeler pour évangéliser son troupeau, l'apôtre dont le Seigneur bénissait les travaux d'une manière si extraordinaire. En effet, dès que le doyen de Desvres eut pris connaissance des besoins immenses de ses paroissiens, il n'eut rien de plus pressé que de les exposer à Mgr l'évêque d'Arras, et de se faire autoriser par lui à recourir au P. Sellier. Celui-ci, malgré l'intrépidité de son zèle, redoutait une mission hérissée de mille difficultés. Il hésitait à l'entreprendre, et il ne fallut rien moins qu'une lettre du prélat pour le déterminer à passer par dessus ses répugnances, et à seconder les désirs du vénérable doyen. Fort de la lettre du cardinal, et du consentement du P. Sellier, le doyen s'adressa au supérieur de Saint-Achéul pour obtenir un auxiliaire, qui devait par des instructions préliminaires préparer les voies au missionnaire. Le choix tomba sur le P. Michel, qui venait de quitter la direction du petit séminaire de Chalons-sur-Marne, pour entrer au noviciat de Saint-Achéul. Les instructions commencèrent la première semaine de carême; elles furent très-suivies, et dès le quatrième dimanche 21 mars, le P. Sellier ouvrit solennellement la mission de Desvres. L'église, quoique très-spacieuse, était remplie, et l'affluence ne cessa d'être la même pendant six semaines. Les paroisses voisines accouraient aux exercices; et quinze jours seulement après l'ouverture, les deux missionnaires étaient toute la journée au confessionnal pour entendre non-seulement les habitants de Desvres, mais ceux des villages voisins.

Un incident qui eût pu entraver le succès de la mission, vint en troubler les commencements. Dieu permit qu'il produisît un effet tout contraire. Le lendemain de l'ouverture, à peine l'instruction était-elle commencée, qu'un coup de sifflet se fit entendre vis-à-vis de la chaire. Grande rumeur dans l'église; le bon doyen fut consterné. Le P. Michel, qui remarqua sa peine et son embarras, s'approcha de lui et lui dit tout bas : « Courage, Monsieur le curé, c'est le diable aux abois qui rend les armes. Ne nous alarmons pas. » Quelques instants après, le P. Sellier continua son instruction, qui fut écoutée avec plus d'attention que jamais. Au moment de donner la bénédiction du très-saint Sacrement, il vint trouver le doyen, et l'engagea à adresser un mot à l'assistance sur ce qui venait de se passer. Le doyen n'osait se hasarder : « Allez, mon cher curé, lui dit le Père, ne vous inquiétez pas, je vais dire un *Ave Maria* pour vous, et vous parlerez. » Le conseil fut suivi. Le doyen, malgré son émotion, parla avec une grande force, fit une profonde impression, et dès lors le succès de la mission fut assuré. Tous les soirs quinze cents à deux mille personnes assistaient à l'instruction, et le matin trois cents à la messe, à la prière et à la méditation. Plus de douze à quinze cents personnes qui ne s'étaient pas approchées des sacrements depuis bien des an-

nées communièrent pendant la quinzaine de Pâques.
Le jour de Pâques à une messe seulement on vit deux
cents fidèles venir s'asseoir à la table sainte, et de ce
nombre étaient plusieurs hommes éloignés des sacrements depuis trente ans.

Mais le fruit le plus consolant de cette mission, ce
fut la première communion de cinquante hommes ou
jeunes gens qui avaient négligé de remplir ce devoir,
et la réhabilitation de soixante mariages contractés
civilement les uns depuis dix, les autres depuis
quinze, vingt, trente ans; d'autres enfin depuis un
temps moins considérable. Le P. Michel faisait au
presbytère, tous les soirs après l'instruction, un catéchisme spécial pour les préparer aux deux sacrements
de mariage et d'eucharistie, tandis que le P. Sellier
siégeait au confessionnal jusqu'à une heure fort
avancée de la nuit, pour y retourner le lendemain de
grand matin.

Un vieux soldat nommé Jean-Pierre, qui n'était
lui-même marié que civilement, contribua aussi pour
sa part à cette œuvre de réhabilitation. Cet homme,
malgré sa réputation assez équivoque, jouissait d'un
certain crédit dans le pays. Le P. Sellier se présenta
à son domicile pendant son absence. Tandis qu'on le
cherchait : « Je ne sais vraiment ce qu'a Pierre, dit
sa femme dans son langage naïf, on ne le reconnaît
plus depuis qu'il vous a entendu prêcher. *Je crois
que le Saint-Esprit lui est descendu sur la tête.* »
Depuis lors en effet une révolution complète s'était
opérée dans ses idées et dans sa manière d'agir. Il en

était redevable sans aucun doute à la protection maternelle de Marie, à laquelle il ne manquait pas, on l'a su depuis, d'adresser chaque jour une prière. Lorsqu'il fut rentré au logis, le P. Sellier l'examina, le fit causer, lui trouva de l'esprit naturel, de l'entrain, et crut pouvoir user de son influence dans l'intérêt de la mission. Pierre lui promit de se trouver au catéchisme. On eut peine à croire d'abord à la conversion de Pierre, mais les faits ne tardèrent pas à donner un démenti à ces soupçons malveillants. Fidèle à sa promesse d'assister aux instructions du soir, il devint l'auxiliaire ardent des missionnaires dans la conquête des âmes, et il s'acquittait admirablement de cet office de zèle. Quand le catéchiste se taisait, il répétait ses paroles dans le patois du pays, et les mettait à la portée de ceux qui pouvaient ne les avoir pas assez bien comprises.

Tous étant suffisamment préparés, on fixa le 15 et le 22 avril pour la bénédiction de cinquante-six mariages; vingt-six furent bénis le 15, et trente autres le jeudi suivant. Le zélé pasteur de la paroisse ne négligea rien de ce qui pouvait donner de la solennité à cette double fête. Tout ce que la localité comptait de personnes notables se fit un devoir de s'y rendre, ainsi que M. Poulques d'Herbinghem, procureur du roi, qui se prêta de la meilleure grâce à aider les missionnaires en tout ce qui était de son ressort. M. le grand doyen de l'arrondissement de Boulogne, vicaire général du diocèse, vint présider la première cérémonie; le digne abbé Haffreingue présida la seconde.

Mais que dire de ces cent douze époux qui furent l'objet de la bénédiction? C'était un contraste frappant de voir là le père à côté de son fils, la fille à côté de sa mère; car il fut constaté qu'il s'y trouvait au moins une double génération. Au reste, s'il y avait tant de disproportion sous le rapport de l'âge, un sentiment commun les rapprochait tous pour ne faire qu'un cœur et qu'une âme : c'était celui d'une piété et d'un recueillement profond qui se peignaient sur tous les visages.

La messe finie, le clergé conduisit processionnellement, au son des cloches et au chant du *Te Deum*, les nouveaux mariés à la maison curiale. Là les attendait un festin frugal, mais soigneusement préparé, qui rappelait les agapes des premiers siècles de l'Église. Les contractants furent servis à table le premier jour par les PP. Sellier et Michel, et par M. le doyen et son vicaire; le second par une dizaine de jeunes personnes appartenant aux familles les plus riches et les plus considérées de la commune, qui avaient rempli les fonctions de chanteuses pendant la mission. Après le repas, où tout se passa avec la plus grande décence, ils se réunirent aux pieds d'un calvaire planté à l'entrée de la paroisse pour réciter le chapelet tous ensemble; ils reconduisirent ensuite dans sa demeure leur doyen d'âge, et chacun se retira paisiblement dans sa maison.

Le dimanche suivant 25 avril, la première communion de toutes les personnes qui avaient reçu la bénédiction nuptiale vint mettre le comble à la joie. Ce fut M. Delcroix, curé de Saint-Joseph de Boulogne, chanoine d'Arras, qui fit la cérémonie. Tous offrirent le spectacle de la plus édifiante piété. On les vit, non sans attendrissement, même les plus âgés porter dévotement leur cierge, et s'avancer avec un air recueilli et pénétré vers la table sainte, sans aucune crainte du *qu'en dira-t-on* : disons mieux le respect humain avait changé de camp. Un nombre considérable de paroissiens les accompagnèrent à la communion.

Au salut chanté solennellement, on fit la clôture de la mission, qui fut suspendue jusqu'au 18 mai. La foule s'était portée à l'église plus nombreuse et plus fervente que jamais. Vu la position exceptionnelle de ces premiers communiants d'un âge mûr, on hésitait, pour le renouvellement des promesses du baptême, à les conduire aux fonts baptismaux; mais ils en firent eux-mêmes la proposition; et foulant aux pieds tout respect humain, ils s'y rendirent processionnellement, tenant un cierge d'une main, et de l'autre une image comme souvenir de cette grande action.

Une circonstance ajouta encore un nouveau prix à la solennité. M. l'abbé Haffreingue avait depuis quelque temps fait frapper des médailles en l'honneur de Notre-Dame de Boulogne. Témoin de ces touchantes solennités, il voulut en laisser un souvenir aux cent douze époux en leur donnant à chacun une de ces médailles. Ils s'avancèrent donc vers l'autel, les hommes d'un côté, les femmes de l'autre, pour la recevoir, et on la leur passait au cou au moyen d'un ruban auquel elle était attachée.

Le mardi 27 avril, jour du départ, le P. Sellier bénit encore quelques mariages. Ce départ fut un véritable triomphe. Toutes les cloches furent mises en
branle. Les habitants inondaient la place publique,
portant suspendus au cou des chapelets et des médailles. Une troupe de petites filles habillées de blanc
précédaient les missionnaires, jonchant de fleurs le
chemin par où ils devaient passer. D'autres jetaient des
bouquets dans la voiture. C'était une espèce de char
qu'on avait orné de feuillages et de fleurs. Il était sur-
monté d'une croix entrelacée de la couronne de la sainte
Vierge. Le cocher portait comme un trophée la croix
et le rosaire; et Pierre, le fidèle Pierre se tenait près
de la voiture. Dès que les Pères furent montés, la
foule se précipita à genoux, demandant une dernière
bénédiction que les missionnaires donnèrent les larmes
aux yeux. Le P. Sellier embrassa quelques hommes au
nom de tous; et une décharge de mousqueterie fit
retentir les échos d'alentour. Une députation nombreuse de jeunes gens s'offrit pour escorter les missionnaires, les suivit à une distance de deux lieues,
et ne consentit à se retirer qu'après avoir reçu encore
une bénédiction.

Cependant trois cérémonies qui avaient été ajour-
nées, devaient couronner une mission déjà si féconde
en fruits de salut : la confirmation pour tous les
nouveaux mariés et pour les jeunes gens, la première communion des enfants et la plantation de la
croix.

Le 30 mai, jour de la Pentecôte, le premier de cet

sacrements fut administré à plus de trois cents adultes. Le 10 juin suivant, fête du Saint-Sacrement, les enfants, préparés avec soin par des instructions spéciales, furent admis à la première communion. Mais à la joie de cette solennité vint se mêler un sujet de vives inquiétudes. Le P. Sellier, épuisé de tant de fatigues, ne se sentit pas la force d'assister à la rénovation des promesses du baptême. M. le doyen, usant alors de son autorité, le força de se mettre au lit, et lui interdit l'entrée de l'église. La nuit, il fut saisi d'une fièvre violente. Le vendredi et le samedi son état empira; et on désespérait presque de le sauver, lorsque le lendemain dimanche, jour désigné pour la plantation de la croix, on le vit levé de grand matin et se disposer à célébrer la sainte messe. Le doyen exigea néanmoins que l'intrépide apôtre se remît au lit aussitôt après la célébration des saints mystères. Mais à l'heure des vêpres il avait si bien recouvré ses forces, qu'il put diriger la procession de la croix. Cinq mille personnes et plus y assistèrent avec un recueillement parfait. Le brancard sur lequel reposait l'image du Sauveur était porté par la jeunesse de Desvres; et toutes les personnes adultes ou enfants qui avaient fait la première communion ou reçu la confirmation faisaient partie de la procession, une oriflamme à la main. Le P. Sellier était partout, veillait à tout; et par un bonheur inespéré et providentiel, le temps, qui, les jours précédents, avait été sombre et pluvieux, s'éclaircit comme pour favoriser cette belle cérémonie. Au retour de la procession, l'infatigable missionnaire fit dans le cimetière au pied de la croix un discours pathétique qui émut tout son auditoire. Il dut après la cérémonie se remettre au lit; et le lendemain il se reposa en préparant par la confession la réhabilitation de deux mariages. Le mardi, avant de partir il bénit ces nouveaux époux, et il quitta Desvres, emportant les regrets des habitants, qui organisèrent une démonstration semblable à celle du premier départ.

Deux ans après, le P. Sellier fit une apparition à Desvres. C'était la veille de la Nativité de la sainte Vierge. Dès que la nouvelle de sa présence fut répandue, l'église se remplit comme par enchantement. M. le doyen donna un salut solennel du saint Sacrement. Le P. Sellier ne laissa pas échapper cette occasion d'adresser quelques paroles d'exhortation à ce bon peuple, qui fut heureux d'entendre encore une fois la voix de son apôtre.

CHAPITRE XXIX.

Mission de Wimille. — Retraites aux grand et petit séminaires d'Arras. — Missions d'Audinghem, de Réty, d'Acquin. — Retraite au refuge d'Amiens. — Missions de Saint-Folquin, de Mametz, d'Achicourt, de Licques et de Nédonchel.

La mission de Wimille au mois d'octobre 1841 fut marquée par un incident que nous devons mentionner ici. Le succès dont elle fut couronnée souleva la bile d'un journal voltairien de l'Artois, *le Progrès du Pas-de-Calais.* Voici un échantillon des aménités qu'il publia à l'adresse de notre fervent missionnaire (1).

« On peut voir en ce moment dans le Boulonnais je ne sais quel petit rhéteur furibond, jésuite de profession, qui s'appelle comme qui dirait P. Sellier : c'est un échappé du bourbier jésuite de Saint-Acheul. Je crois que le bonhomme s'est proposé de justifier la triste opinion que tous les honnêtes gens ont conçue de sa société. Sans s'inquiéter de prêcher la concorde, il débite en l'air toutes les sottes fables qu'il peut inventer, et donne à ses auditeurs des règles de mœurs à tort et à travers. Fidèle aux traditions jésuitiques, il déploie, avant de s'éloigner, une large provision de chapelets et de médailles, qu'il échange contre de l'argent de bon aloi; et il ne part jamais sans avoir mis plus d'une famille sens dessus-dessous, etc. »

Ces platitudes ignobles et impies ne demandent pas de réfutation. Si le P. Sellier avait eu besoin de justification, il l'aurait trouvée dans un témoignage bien autrement accrédité, celui de S. Ém. le cardinal évêque d'Arras, dans une lettre adressée au P. Recteur de la maison de Saint-Acheul (2). Elle prouve la réputation de zèle et de vertu que le P. Sellier s'était acquise

_____

(1) Nous n'avons pas sous les yeux le numéro du journal. Nous reproduisons ce passage d'après une traduction latine du texte, laquelle nous a été communiquée.

(2) C'était alors le P. Ambroise Rubillon, qui a succédé en 1851 au R. P. Louis de Rozaven dans la charge d'assistant de France à Rome.

dans le pays : car c'est surtout de lui qu'il est question dans la lettre de Son Éminence.

« La résidence de Saint-Acheul, y est-il dit, a si bien mérité de notre diocèse, elle a pour notre personne tant d'affection et de bienveillance, que nous n'hésitons pas à lui demander un nouveau secours. J'ai l'intention de faire donner une retraite de huit jours aux élèves du grand séminaire, et une de six jours à ceux du petit. Les élèves du grand séminaire ont besoin de puiser de solides principes sur l'état ecclésiastique et sur les devoirs des pasteurs des âmes. On ne peut trop leur faire comprendre combien leur vie doit être sainte; et c'est pour cela que j'appelle à mon secours *des hommes profondément instruits dans la science ecclésiastique, et surtout remplis de l'esprit de Dieu.* » Monseigneur suggère ensuite quelques conseils à donner aux élèves du petit séminaire, et termine en exprimant le désir que ses recommandations soient mises sous les yeux de l'homme apostolique qui sera envoyé. Ces retraites n'eurent lieu que dans le courant de l'année 1842, et elles furent pour le prélat le sujet de grandes consolations. Il fit du reste tout ce qui dépendait de lui pour honorer le ministère de l'homme de Dieu. Monseigneur voulut à son arrivée le saluer lui-même à la tête de son chapitre, et inaugurer la retraite par une allocution toute à la louange du P. Sellier et de la Société dont il était membre. Commencées sous des auspices aussi favorables, ces retraites obtinrent le succès le plus complet. La ferveur des séminaristes ne laissa rien à désirer ; et pour répondre aux pieux empressements de ses auditeurs, le missionnaire fut obligé d'employer toutes ses nuits à entendre leurs confessions. La joie de Son Éminence fut à son comble ; elle l'exprima dans une lettre écrite à ce sujet au P. Recteur de Saint-Acheul. Elle le priait en même temps de faire choix pour les années suivantes d'apôtres d'un zèle aussi ardent, qui pussent, par leurs talents autant que par leurs vertus, cultiver le champ du Seigneur et faire fructifier de plus en plus la divine semence. Monseigneur daigna même assister en personne à tous les exercices de la retraite, sans vouloir d'autre privilège que celui d'une exactitude plus exemplaire.

Les déclamations du *Progrès du Pas-de-Calais* dont nous avons parlé plus haut ne nuisirent en rien au succès de la mission d'Audinghem, qui succéda à celle de Wimille à la fin de 1841. Les voies avaient été préparées par les soins d'un zélé pasteur ; et les familles les plus respectables du lieu secondèrent merveilleusement les efforts du missionnaire. Elles se mirent à la tête du mouvement ; leur exemple imprima un tel élan au reste de la population, que tous les habitants, sans en excepter un seul, s'acquittèrent du devoir pascal. Ceux-là mêmes qui depuis cinquante ans se tenaient éloignés des sacrements, rentrèrent en eux-mêmes et consolèrent les fidèles par leur retour à Dieu. Les instructions furent fréquentées avec assiduité ; et on se rendait avec la même exactitude à celles du matin qu'à celles du soir. Si

on était retenu à la maison par des infirmités ou par
des affaires indispensables, on se faisait redire les
paroles du prédicateur. Le bien s'étendit jusqu'aux
paroisses voisines, qui venaient par troupes, et s'en
retournaient la nuit en chantant des cantiques. Mais
ce qui est surtout digne de remarque, et ce que
nous ne saurions rapporter sans émotion, c'est qu'un
pauvre aveugle, ayant à parcourir un espace de huit
kilomètres environ qui le séparait de l'église, y venait néanmoins chaque soir, conduit par un chien
fidèle qui le reconduisait de nuit à son logis par des
chemins boueux ou couverts de neige. De plus, ce
pauvre aveugle s'étant approché plusieurs fois du tribunal de la pénitence et de la sainte table, c'était le
même guide qui l'y menait et l'en ramenait à travers la foule avec une sûreté d'instinct qu'on aurait
presque pris pour de l'intelligence.

La paroisse de Réty, où eut lieu la mission au mois
de février 1842, était peut-être la plus décriée du
pays. Aussi les premiers jours l'église resta déserte,
et les prédicateurs sans auditoire. Peu à peu cependant la grâce fit son œuvre ; les cœurs s'amollirent,
et l'on vit enfin aux instructions un tel concours de
fidèles, que l'église contenait à peine la foule. Le jour
de la communion générale vint mettre le comble à la
joie et à l'édification. Mais surtout la promulgation
de la loi de Dieu que l'on fait quelquefois dans les
missions, lorsque les circonstances des lieux et des
personnes le permettent, impressionna vivement la
multitude. Les prêtres des villages voisins, revêtus des

plus riches ornements, se rendirent à l'église, où l'on avait exposé le saint Sacrement. L'un d'eux prenant en main l'ostensoir se tourna vers le peuple, tandis qu'un enfant tenait devant lui un grand tableau dans lequel on avait inscrit sur deux colonnes les préceptes du Décalogue. Cependant le missionnaire exposait du haut de la chaire les commandements que le Seigneur avait donnés au peuple juif sur le mont Sinaï, et qui obligent également le peuple chrétien. Puis il exhorta vivement les assistants à promettre de les observer avec fidélité. Ses paroles furent accueillies avec une espèce d'enthousiasme, et tout à coup le temple retentit du cri : *Nous le promettons ; nous le jurons !* Au même instant, comme saisis d'une religieuse frayeur et pénétrés d'un sentiment de joie indéfinissable, tous tombèrent à genoux, et restèrent longtemps en prière dans cette attitude. On comprendra sans peine après cela les regrets que le départ du missionnaire laissa dans tous les cœurs. Traversant un des villages voisins, il fut l'objet d'une espèce d'ovation. Les habitants avaient pris part à tous les exercices de la mission. Voulant manifester au Père leur gratitude, ils allèrent à sa rencontre, et le saluèrent par une décharge de mousqueterie. On avait dressé un arc de triomphe qui portait cette inscription : *Témoignage de reconnaissance et d'amour envers le meilleur des pères.* Quand il descendit de voiture, il fut accueilli par un corps de musiciens qui le conduisirent, au son des instruments, jusqu'au presbytère, où pendant le repas le bruit des armes à feu ne cessa de retentir.

Durant la mission d'Acquin en 1842, le concours des pays voisins fut tel, que dans une paroisse de huit cents habitants environ on compta deux mille pénitents, et que la durée de la mission, fixée d'abord à quinze jours, dut être prolongée bien au delà.

Parmi les œuvres du P. Sellier en 1842, nous devons encore signaler la retraite qu'il donna au refuge établi à Amiens dans la maison du Blamont, et dirigé par les religieuses du Bon-Pasteur d'Angers. Les fruits qu'il recueillit partout ailleurs de ces saints exercices n'ont été nulle part plus sensibles que dans cette communauté. L'amour de la pénitence s'empara de ces pauvres âmes, et elles se livrèrent aux macérations avec une ardeur qui eut besoin de frein plutôt que d'aiguillon. La terre pour lit, le pain et l'eau pour nourriture, l'usage de disciplines sanglantes et de chaînes de fer : telles furent les austérités au moyen desquelles elles s'efforçaient d'apaiser le Seigneur et d'expier leurs fautes passées.

Dans la mission de Saint-Folquin, en 1845, la récitation du rosaire fut un des moyens dont la grâce se servit pour toucher les cœurs ; mais rien n'impressionna plus vivement la population que deux morts subites accompagnées de circonstances bien frappantes.

Dans un sermon sur la mort, au moment où le missionnaire parlait de ces morts soudaines et imprévues, qui en un clin d'œil précipitent une âme dans l'éternité, tout à coup s'adressant à Dieu : *Seigneur,* s'écria-t-il d'un air inspiré, *donnerez-vous ici quelque leçon de ce genre?* — *Oui, oui,* répondit-il au nom du Seigneur. Et la nuit suivante mourut subitement une malheureuse cabaretière établie au centre du bourg, dans le voisinage de l'église, et qui même pendant les exercices du soir cherchait à réunir autour d'elle les personnes de la paroisse les plus mal famées, les plus opposées à la religion, afin de déclamer en leur présence contre la mission et les missionnaires.

Le lendemain eut lieu une seconde instruction sur le même sujet. Même apostrophe au Seigneur à propos du fait de la veille : *Sera-ce la dernière, Seigneur?* — *Non, non.* Dès le lendemain matin, le compagnon du Père fut appelé auprès d'une autre femme qui touchait à son dernier moment. On lui dit qu'elle avait commencé sa confession : il n'eut que le temps de l'absoudre. On conçoit la salutaire terreur qu'inspirèrent des traits si visibles de la justice divine, et combien puissamment ils secondèrent l'action des missionnaires.

Tout ce que nous savons de la mission de Mametz en 1845, sur laquelle on ne nous a transmis aucun détail, non plus que sur plusieurs autres, c'est que le succès en fut tel, que le P. Sellier n'hésitait pas à dire qu'*il n'avait jamais rien vu de semblable dans le nord de la France.*

A Achicourt, où la mission fut donnée presqu'en même temps qu'à Mametz, le P. Sellier et son compagnon se trouvèrent en face de véritables ennemis. Il leur arriva plus d'une fois d'être assaillis dans la

8*

rue par des malveillants qui leur lançaient des boules de neige et même des pierres, et les obligeaient de se réfugier dans l'église aux cris répétés : *A bas les missionnaires! à bas les Jésuites!* Mais à force de douceur et de patience, ils finirent par triompher des obstacles. Ce peuple d'abord si insolent s'adoucit peu à peu et changea tellement de sentiments, que sur la fin de la mission on fit de vives instances pour que le temps en fût prolongé.

La paroisse de Licques, que le P. Sellier fut appelé à évangéliser aussi en 1845, laissait beaucoup à désirer sous le rapport religieux. On y voyait régner tous les vices des grandes villes, sans y trouver le contre-poids de ces institutions chrétiennes destinées à les combattre. Aussi les commencements furent-ils très-pénibles et très-laborieux, et ne répondirent pas aux efforts de l'homme de Dieu. Après plus de quinze jours de travaux, les cœurs demeuraient froids et insensibles : *Il ne nous reste plus d'espoir que dans la sainte Vierge,* disait le P. Sellier à son compagnon. *Redoublons de prières à l'occasion de la fête de sa Présentation.* Marie ne trompa point la confiance de son serviteur. La solennité de la consécration de la paroisse à la sainte Vierge eut lieu le jour de la fête, et attira une foule nombreuse. Le matin les personnes pieuses de la paroisse et des environs avaient, à la recommandation du Père, fait la sainte communion. Or, précisément à partir de ce moment, les exercices furent plus suivis et les confessions commencèrent. Le Père jugea cependant que pour achever de briser

la glace, il fallait attaquer avec vigueur le malheureux vice qui accompagne trop ordinairement la négligence des devoirs religieux, et qui oppose un des
plus grands obstacles au règne de Dieu dans les âmes.
Il le fit par un de ces coups d'éclat qui dans les missions produisent quelquefois de merveilleux effets, et
viennent si utilement en aide à la parole de Dieu et à
la grâce qui l'accompagne. Il avait annoncé pour les
vêpres du dimanche qui suivit la Présentation, un sujet important. L'invitation fut entendue; et la grande
et belle église de Licques, reste de l'ancienne abbaye, se trouva remplie, quand le Père parut en
chaire. Il prit dans l'Evangile du jour ce texte : *Cum
ergo videritis abominationem desolationis quæ dicta
est a Daniele propheta, stantem in loco sancto, qui
legit intelligat* (Matth., XXIV, 15) (1); et interrogeant
l'histoire, il chercha quand l'abomination de la désolation se vit dans le lieu saint. Après avoir, dans un
tableau saisissant, fait passer sous les yeux de son
auditoire les scandales d'Héliodore, des acheteurs et
des vendeurs de l'Évangile, de la ruine de Jérusalem,
et enfin de la révolution française, tout à coup il
s'arrêta; et tandis que l'auditoire était frémissant
sous la puissance d'une parole pleine d'images et de
mouvements, il se tourna vers le trône élevé à Marie
au fond du chœur, et avec un accent dont il est difficile de rendre l'effet, il demanda pardon à la Vierge

(1) Quand vous verrez dans le lieu saint l'abomination de
la désolation prédite par le prophète Daniel, que celui qui lit
comprenne.

très-pure de traiter en sa présence un pareil sujet ;
puis, s'adressant au vénérable curé de la paroisse, il
le supplia de dérober à la Reine des Vierges le spectacle du vice ignoble auquel il était obligé de déclarer
la guerre. Le curé, obéissant à l'interpellation, se
leva ; et pendant que le silence de l'étonnement et de
l'émotion régnait dans l'église, tout à coup l'image de
Marie disparut sous un grand voile noir. Le P. Sellier
reprit alors la parole, et durant une heure, sa voix
retentit comme un tonnerre contre les ignominies et
les ravages de l'impureté. L'impression fut profonde,
et elle ne tarda pas à produire des fruits de conversion. Cependant la sainte éloquence du missionnaire
n'était pas épuisée. Huit jours après, il frappa avec la
même vigueur de nouveaux coups en développant la
seconde partie du même sujet. Ce fut alors qu'un des
prêtres les plus distingués de l'Artois, qui assistait ce
jour-là à l'exercice de la mission, s'écria en sortant
de l'église : *Quoi ! l'on ose dire que cet homme n'est
fait que pour les campagnes ! J'ai entendu tous les
grands orateurs de l'époque, et je ne sais si j'ai rencontré une éloquence pareille.* Tant de prières et tant
d'efforts furent bénis de Dieu. *Le fruit principal produit par la parole sainte,* écrivit le missionnaire, *a
été de rendre au vice l'infamie qui lui convient, et
qu'il semblait avoir perdu, et de ressusciter la lumière
de la foi et la crainte de Dieu dans les âmes.* Les personnes les plus qualifiées de la paroisse s'approchèrent des sacrements. On vit entre autres s'asseoir
deux fois à la table sainte l'ancien seigneur du vil-

lage, le marquis N***, lequel y était venu par hasard pour quelques affaires. Son exemple fut d'un grand poids, et ne contribua pas peu à abattre le respect humain. Toutefois la jeunesse des deux sexes s'obstina dans le mal, les jeunes gens surtout : on en comprend aisément la raison. Mais les paroisses circonvoisines offrirent un ample dédommagement qui consola les missionnaires. Elles se mirent en devoir de participer au bienfait de la mission. Chaque jour cinq, six et jusqu'à huit curés, malgré la nuit et les difficultés des chemins, accouraient à l'instruction du soir avec leurs ouailles, afin de recueillir les grâces attachées à ces saints exercices.

La mission donnée à Nédonchel vers la fin de l'année 1846 fut aussi pour le P. Sellier une source abondante de consolations. « Il y a près de dix ans que cette mission eut lieu, écrit en 1856 M. Perche, curé de cette paroisse, située dans l'arrondissement de Saint-Pol, et tous les habitants gardent encore un précieux souvenir de cette grande faveur spirituelle. Le nom du R. P. Sellier est dans toutes les bouches, et ceux qui ont eu le bonheur de l'entendre n'ont point oublié les excellentes instructions qu'il donna pendant les six semaines qu'il passa à Nédonchel. Chaque jour on y affluait des paroisses voisines. Cette mission produisit des fruits précieux de salut. Des pécheurs éloignés des sacrements depuis trente, quarante ans, s'approchèrent du saint tribunal. Le R. P. Sellier détruisit le concubinage, réforma les habitudes vicieuses de la jeunesse, transforma, pour

ainsi dire, toute cette paroisse auparavant peu religieuse. Mais ce qui toucha le plus, ce fut l'odeur des
vertus du saint missionnaire. Seules elles opérèrent
un effet merveilleux. Quoique plus que septuagénaire,
le P. Sellier avait choisi pour sa chambre au presbytère un cabinet très-humide, dans lequel il restait
constamment enfermé quand il n'était pas à l'église.
On était frappé, en l'entendant, des vérités fou-
droyantes sorties de la bouche de ce bon religieux :
on l'était encore davantage de l'ardeur avec laquelle
il priait sans cesse et à genoux. Bien que la saison fût
avancée, on le trouvait de très-bonne heure à l'église ;
et le chantre arrivant avant le moment des premiers
exercices, qui avaient lieu à quatre heures, fut plus
d'une fois surpris de le voir couché sur le pavé, ou
prosterné la face contre terre dans la sacristie. On
a remarqué aussi qu'il prenait fréquemment la discipline. »

Nous terminons ici le récit des travaux apostoliques du P. Sellier, non pas que la mission de Nédonchel ait été la dernière : il en donna encore un
grand nombre d'autres, comme on peut le voir par le
tableau indiqué page 242 ; mais on ne nous a transmis
sur ces œuvres aucun fait digne d'une mention spéciale et que nous puissions consigner ici.

CHAPITRE XXX.

Appréciation des talents oratoires du P. Sellier. — Causes de ses succès dans les missions.

Avant de raconter l'emploi des dernières années de l'homme de Dieu et sa bienheureuse mort, qu'il nous soit permis de jeter un coup d'œil rétrospectif sur ses talents oratoires, incontestables, et cependant si diversement appréciés, et sur les causes des succès qu'il a obtenus dans le ministère de la parole.

Le P. Druilhet (1), si bon juge en cette matière, disait qu'il le regardait comme l'un des hommes les plus naturellement éloquents qu'il eût connus, et il ne parlait qu'avec admiration même des instructions dominicales qu'il lui avait entendu adresser aux élèves du collége de Montdidier. Clarté, solidité, force et véhémence : tel était le cachet particulier de sa parole. C'était surtout dans les retraites et les missions, c'est-à-dire quand il s'emparait de quelque grand sujet de la chaire que son talent apparaissait dans toute sa vigueur. Alors on voyait combien cette imagination était vive et brillante, combien ce cœur était chaud, et cette sensibilité profonde, combien ce talent était flexible, varié, entraînant. Alors ses improvisations (car le P. Sellier, quoiqu'il eût beau-

(1) *Vie du P. J. Varin*, p. 349.

coup de notes écrites, ne prêchait que des inspirations méditées au pied du crucifix), alors ses improvisations étincelaient de beautés neuves, saisissantes, toujours populaires, et marquées au coin de la plus piquante originalité, souvent même du génie. Le P. Louis Debussi (1), dans sa chaire de rhétorique, appuyait sans cesse ses leçons oratoires de traits et de mouvements qu'il avait entendus dans les prédications du P. Sellier. Un prêtre qui l'avait secondé dans plusieurs missions regrettait qu'il ne fût pas appliqué exclusivement à ce ministère : *Autant le P. Sellier a d'auditeurs,* disait-il, *autant on compte de cœurs terrassés qui se rendent à la grâce.* Quant à moi, disait un autre (2), je l'ai trouvé admirable par un fonds inépuisable d'instructions solides. L'un de mes regrets, c'est de n'avoir pas été libre de suivre pendant deux années le P. Sellier dans ses missions. J'en aurais rapporté des matériaux pour faire grand nombre d'instructions aux personnes de tout âge et de tout état. Le peu de notes que j'ai recueillies m'a déjà beaucoup servi. Pour les retraites dans les colléges, j'ai déjà entendu bien des hommes capables; à mon avis, aucun dans l'ensemble ne vaut le bon Père! »

« L'amour de Dieu et des âmes, dit un troisième, M. le curé de Crécy-sur-Serre, animait sensiblement la parole de ce saint homme, et lui inspirait les plus touchantes protestations de dévouement. « O mon

(1) *Vie du P. J. Varin,* p. 395.
(2) M. l'abbé Dumetz, supérieur du collége de Saint-Bertin, à Saint-Omer.

Dieu, s'écriait-il à la fin d'un sermon dont son zèle n'était pas satisfait, mon Dieu, pardonnez-moi : je n'ai pas rempli les intentions de votre amour. Mais vous savez pourtant ce que mon cœur désire faire pour le salut de ces âmes. J'irai me prosterner au pied de votre croix ; et j'y resterai la face contre terre, toute ma vie, si vous voulez, jusqu'à ce que vous m'ayez accordé la conversion de ces pécheurs. »

« Son éloquence, son cœur apostolique avaient des élans admirables, quand il parlait du prix de l'âme. Voici un de ces mouvements oratoires qui saisissaient si vivement les auditeurs. Suivant une gradation ascendante, il avait successivement invoqué en faveur du prix de l'âme, le témoignage de la création entière, des œuvres même du génie de l'homme, de sa nature et de ses destinées éternelles; puis le témoignage des œuvres surnaturelles de Dieu : un Dieu fait chair, ce Dieu expirant sur une croix, ce Dieu constamment immolé et anéanti jusqu'à la fin des siècles dans l'Eucharistie, voilant sa Majesté pour se donner à chaque homme dans le temps, découvrant sa face avec toute sa gloire et tout son bonheur dans l'éternité. Arrivé à ce dernier terme, il semblait n'avoir plus rien à ajouter. Et en effet il paraissait chercher, et se demandait s'il n'avait pas encore quelque autre témoignage à produire. Il s'arrêtait un instant avant de répondre : « Oui, s'écriait-il d'une voix tonnante, accompagnée d'un geste plein d'énergie : oui, viens, toi aussi, Satan, sors de l'abîme au nom de Jésus-Christ. Dis-nous ce que vaut

pour toi l'âme de ce pécheur que tu désires passion-
nément de perdre. Écoute, pécheur, l'aveu de ton
ennemi : Chaque âme que je perds me vaut un enfer
de plus : mais que m'importe de décupler, de cen-
tupler ma malédiction, si à ce prix j'arrache au
dernier des pécheurs son âme, son bonheur et son
Dieu ! »

« Je frémis encore, ajoutait le curé, au souvenir
de cette apostrophe vive et soudaine, dont je ne puis
rapporter que le sens. Pour en reproduire les paroles, le tour et l'expression animée, il faudrait avoir
l'âme du P. Sellier. »

Son ardent désir de faire plus de bien au peuple
et son humilité l'avaient fait peu à peu descendre à
un genre où la dignité de la chaire n'était pas toujours suffisamment sauvegardée. Mais si l'on regrettait de voir çà et là des idées moins nobles, des traits
plaisants ou même un peu burlesques, on était
étonné aussi de le voir profiter de l'hilarité même
qu'il venait d'exciter, pour frapper les coups les plus
imprévus. Souvent alors, au milieu de certaines
excentricités, brillaient de ces étincelles de génie qui
annonçaient ce qu'il pouvait être, s'il n'eût comme
pris à tâche d'étouffer, par un principe d'humilité,
les talents extraordinaires que le Ciel lui avait dé-
partis.

Aux qualités qui font le grand orateur cet homme
apostolique joignait une force corporelle parfaitement
en harmonie avec l'ardeur de son zèle. Il était vraiment infatigable ; et ses austérités, comme ses tra-

vaux, ne pouvaient rien lui ôter de sa vigueur. *J'ai fait,* disait-il en riant, *ce que j'ai pu pour me tuer, et je n'y ai pas réussi.* Un jour qu'il revenait d'une mission où durant plus d'une semaine il n'avait pris aucun relâche ni le jour ni la nuit, on le vit reparaître à Saint-Acheul harassé, défait et les yeux éteints. *Eh bien! Père Sellier,* lui dit quelqu'un, *enfin vous êtes à bout! — Attendez,* reprit-il, *que j'aie reposé une bonne nuit jusqu'à quatre heures, et demain vous verrez qu'il n'y paraîtra plus.*

Au reste, le P. Sellier travaillait à la conversion des pécheurs plus encore par sa mortification et par ses prières que par ses prédications. Après avoir passé la journée au confessionnal ou en chaire, il employait une bonne partie de la nuit à l'oraison et aux pratiques de la pénitence. Pendant qu'il donnait une mission dans une campagne des environs de Saint-Omer, quelques jeunes gens qui sortaient de la veillée, vers onze heures du soir, aperçurent de la lumière dans la chambre du missionnaire. *Tiens,* se dirent-ils, *voyons donc ce que fait ce bon vieux.* Et aussitôt de franchir le mur qui fermait la cour du presbytère et de regarder à travers un trou du volet. Que virent-ils? Le missionnaire agenouillé devant son crucifix. Après l'avoir quelque temps considéré, ils se retirèrent. La même nuit, s'étant levés vers trois heures pour aller battre le blé, ils repassaient devant le presbytère, quand ils remarquèrent de nouveau que la chambre du Père était éclairée. De nouveau ils franchirent le mur, pour s'assurer de ce qu'il faisait. Et que faisait-il ? Il était agenouillé devant son crucifix. La vue de ce vieillard, qui pendant le jour était occupé des exercices de la mission, et qui la nuit s'occupait encore de son âme et de celle des autres devant l'image du Sauveur, toucha ces jeunes gens. *Le saint homme*, dit l'un d'eux, *prie pour notre conversion.* — *Oui*, reprit un autre, *et puisqu'il y met tant de zèle, nous devrions bien y mettre un peu plus de bonne volonté.* Ils s'en allèrent, résolus de faire leur mission. Le lendemain, ils racontèrent ce qui s'était passé, et à partir de ce moment le succès de la mission fut assuré.

CHAPITRE XXXI.

Dernières années du P. Sellier

Le travail des missions était devenu impossible au P. Sellier à raison de sa surdité et de l'affaiblissement progressif de sa vue, qui finit par s'éteindre entièrement. Il se renferma donc dans l'intérieur de Saint Acheul et s'y rendit encore utile, autant qu'il le pouvait, en donnant la plupart des exhortations domestiques à la communauté, et en remplissant avec assiduité les fonctions de père spirituel, qu'il conserva jusqu'à sa mort. Ce repos forcé n'eut pour lui rien de pénible. Homme de mouvement et d'action par zèle et par obéissance, il sut, quand l'heure de

la retraite eut sonné, se concentrer dans la vie de
solitude et de prière. Plusieurs années avant cette
époque, dès 1840, voici comment il exprimait ses
sentiments à cet égard :

« Quoique les missions dans les villages me con-
viennent et aient quelque attrait pour moi, cependant
je resterais volontiers caché à Saint-Acheul, travaillant dans ma chambre, si la sainte obéissance jugeait
à propos de m'y laisser. Je vais dans quelques jours
partir pour le diocèse d'Arras : c'est le pays que la
divine Providence semble m'avoir réservé pour la fin
de ma carrière. Je n'éprouve pas de répugnance à
m'engager encore cette année dans ce ministère ; mais
je préférerais rester ici, si la chose était à mon choix :
j'ai tant besoin de m'occuper de moi-même ! »

Ces dernières années de la vie du P. Sellier à
Saint-Acheul furent pour toute la communauté un
grand sujet d'édification. Sa ferveur, loin de se ressentir des glaces de l'âge, prit alors un nouvel accroissement. Levé tous les jours à deux heures et
demie, il arrivait à la chapelle quelques minutes
après quatre heures. Il entrait et avançait à tâtons
jusque vers le milieu du sanctuaire. Là il se prosternait
tout de son long devant le saint Sacrement, baisait la
terre ; puis il se relevait et allait chercher une place,
où il commençait ses pieux monologues, que chacun
a pu entendre.

« Puis-je passer sous silence, ajoute celui de qui
nous tenons ces détails, la manière dont il se rendait
de sa chambre à la chapelle, quand il y allait seul ?

9

On le voyait marcher d'un pas calme et confiant, les mains jointes sur la poitrine, le sourire sur les lèvres, avec l'expression d'une indicible résignation dans les mains paternelles de la Providence. »

Malgré la cécité presque complète dont il fut atteint dès 1852, il avait obtenu à force d'instances qu'on le laissât célébrer, mais toujours accompagné d'un prêtre. Un de ses confrères (1) regardait comme une précieuse faveur d'avoir pu remplir auprès de lui pendant six mois cet office de charité, et il nous a transmis un touchant récit de la manière dont le vénérable vieillard s'acquittait de cette sainte action.

« Il célébrait à quatre heures et demie, et arrivait quelques instants auparavant. Avant et après la messe, il lavait et essuyait les mains qui touchent le corps de Notre-Seigneur Jésus-Christ; et il accompagnait cet acte, ainsi que tous ceux qui précèdent le sacrifice, de la récitation des prières liturgiques, et de soupirs affectueux tels que ceux-ci: *O mon Dieu !... mon Dieu !... Pour votre plus grande gloire... Seigneur !... Seigneur !* Il revêtait pieusement les ornements, les baisait avec respect et amour, faisait profondément les salutations et les génuflexions ordonnées; et, une fois arrivé à l'autel, il était *tout entier* aux sublimes fonctions qu'il remplissait.

« Je le vois encore récitant affectueusement la messe *de Beata*, et quelquefois répétant mot à mot

(1) Le P. Émile Jardinier, aujourd'hui aumônier des transportés à Cayenne.

après moi les paroles de l'oraison du saint dont on faisait la fête, et auquel il avait dévotion.

« Mais au moment de l'élévation de la sainte hostie, on lisait la foi sur sa figure enflammée, dans son extérieur ému et tremblant. Après s'être recueilli, il prononçait lentement, distinctement les paroles sacramentelles; à la génuflexion, il frappait fortement du genou la dalle du sanctuaire; et en levant la sainte hostie, il disait chaque jour d'un ton pénétré et quelquefois assez haut: *Pour votre plus grande gloire, ô mon Dieu!... Mon Dieu!...* et puis des soupirs, et des exclamations *Ah! ah! ah!* Au *Memento des morts* toujours on l'entendait prononcer ces deux paroles: *Mon père... Ma mère...*

« Quand il touchait la sainte hostie, ou pour la rompre, ou pour faire les signes de croix prescrits, ou pour communier, c'était avec des précautions, un respect, une délicatesse de manières qui me rappelaient Marie touchant les membres divins de l'enfant Jésus dans la crèche. Toujours avant de communier, il se recueillait, et croyait dire bas: *Mon Dieu, je renouvelle mes vœux de pauvreté, de chasteté et d'obéissance.* Puis immobilité complète.

« De retour à la sacristie, il remerciait celui qui l'avait assisté, et toujours avec affection et humilité. »

On peut juger par ces détails avec quel respect le vertueux prêtre avait pendant toute sa vie traité les choses saintes.

Parmi les novices qui l'aidaient dans son travail du secours de leurs yeux, il en est qui attribuèrent

à ses prières la conservation du bienfait de la vocation. Un d'entre eux, qui paraissait n'être pas appelé
à la Compagnie de Jésus, fut atteint d'une infirmité
qui avait à peu près déterminé sa sortie. C'était
pour le jeune homme un grand sujet de peine. Il
eut recours au P. Sellier. « Mon Père, dit-il après
avoir exposé sa situation, oserais-je vous demander
une grâce? — Dites. — Il me semble que si vous
aviez la bonté de réciter un *Memorare* pour moi, je
sortirais d'embarras. — Oh! s'il ne s'agit que de cela,
volontiers. — Mais, mon Père, je voudrais bien que
vous le récitassiez pendant que l'on vous cautérisera
l'œil. — Cher frère, que me demandez-vous? Je n'ai
pas même alors la force de prier pour moi; et vous
voulez que je prie pour vous? Cependant j'essaierai.»
Et le bon Père fit si bien par sa prière, que dès le lendemain le novice put annoncer au Père maître une
amélioration notable dans sa santé.

Jusque dans l'âge le plus avancé, il continua à
exercer sur son corps les plus rudes pénitences.
S'adressant un jour à l'un de ses jeunes confrères :
« Je voudrais, dit-il, qu'on raccommodât ma discipline, qui ne peut plus me servir : mais soyez dis-
cret. » Le Père remit alors son instrument de pénitence au jeune homme, et en le lui confiant il
redoubla ses instructions sur le secret qui devait être
gardé, sur les nœuds qu'il fallait doubler et rendre
le plus âpres possible. «A mon âge, ajouta le saint
vieillard, on ne sent plus rien, et les bras sont trop
faibles. »

Mais ce qui excita surtout l'admiration de ceux qui le pratiquèrent pendant ces dernières années, ce fut la patiente résignation avec laquelle un homme de son caractère supporta la perte de la vue.

« Vous me plaignez trop, écrivait-il le 8 décembre 1850 à une personne pieuse qui le consultait souvent. Grâce à Dieu, les infirmités attachées à la vieillesse ne me pèsent pas autant que vous vous l'imaginez. Je trouve à Saint-Acheul, dans la charité de mes frères, des amis toujours prêts à me prêter secours, pour me faire des lectures et pour répondre aux lettres qu'on m'adresse. D'ailleurs il y a des grâces pour toutes les situations : le Seigneur est si bon, qu'il adoucit les privations qu'il impose; et, quoique la perte de la vue soit pour moi une des plus sensibles, le divin Maître daigne encore me la rendre très-supportable. Aidez-moi par vos bonnes prières à la rendre profitable pour le bien de mon âme, et à faire que ce temps que le Seigneur me ménage, dans son infinie bonté, soit pour moi un temps de sanctification et de préparation au grand voyage de l'éternité. Malheureusement je ne profite pas assez de ce bienfait si précieux ajouté à tant d'autres : c'est ce qui fait ma seule peine : je réclame donc un souvenir spécial devant Dieu pour obtenir une plus grande fidélité à répondre aux vues de la Providence. »

Ces sentiments de parfaite résignation n'empêchaient pas le P. Sellier de sentir vivement tout ce que la privation de la vue avait de pénible.

Dans une occasion où l'on avait prononcé devant lui le mot de *dimanche* : « Ah! reprit-il avec un ton de tristesse qui allait au cœur, les dimanches et les jours ouvriers, c'est la même chose pour moi depuis que je suis aveugle. A la chapelle, je ne vois plus les ornements, ni les cérémonies. Je ne vois plus le saint Sacrement! »

On l'a souvent entendu s'écrier au sujet de la perte de ses yeux : « Seigneur, vous me les aviez donnés; vous me les avez enlevés : que votre saint nom soit béni! »

Cependant les supérieurs, ne voulant négliger aucun des moyens humains qui pouvaient procurer la guérison du saint vieillard, jugèrent à propos de l'envoyer à Paris au mois de juillet 1851, afin qu'il s'y fît opérer de la cataracte : mais la cataracte n'étant pas assez formée, l'oculiste ne crut pas que le moment fût venu. Au mois de septembre de la même année, on fit une nouvelle tentative auprès d'un autre oculiste de Mons, qui jouissait en Belgique d'une grande célébrité. Il trouva comme le premier que la cataracte n'était pas assez complète, et refusa de faire l'opération. Dans ce voyage, le compagnon du P. Sellier fut singulièrement édifié de sa vive et humble reconnaissance envers la Compagnie, qui lui fournissait avec une si généreuse tendresse des moyens de guérison. Le bon Père ne cessait de se récrier sur la charité dont on usait à son égard, et il l'exprimait dans les termes les plus touchants et les mieux sentis.

L'année suivante, on crut pouvoir tenter encore un essai. Un oculiste dont on vantait l'habileté passa par Amiens. Le P. Sellier, avec l'autorisation des supérieurs, se présenta pour le consulter. Celui-ci sans attendre le consentement du vénérable vieillard, ni celui de ses supérieurs, saisit tout à coup ses instruments et fit une légère incision dans l'organe. Ce ne fut pas d'abord sans succès, et le Père eut la consolation de revoir la lumière du jour. Il s'en ré- jouissait et en remerciait le Seigneur comme d'une faveur signalée, surtout par l'espérance de pouvoir terminer plus tôt la *Vie de sainte Colette*, dont la com- position occupa ses dernières années. Mais cette joie fut de courte durée. Bientôt l'inflammation se déclara accompagnée de vives douleurs, et détruisit tout es- poir de guérison.

Il donna dans cette circonstance une preuve re- marquable de son obéissance et de son respect pour la règle. Quelque temps après avoir subi cette opé- ration, il voulait enlever le bandeau qui lui cou- vrait les yeux. « Mais, mon Père, lui dit le frère qui le soignait, l'oculiste l'a défendu. — N'importe, repartit le P. Sellier dans un premier mouvement, qu'est-ce que cela peut faire au succès de l'opé- ration, puisque je vois maintenant? » Et comme le frère insistait : « Vous avez raison, ajouta le Père. La règle veut qu'on obéisse au médecin comme au supérieur. »

Cette inflammation et le traitement qu'il dut suivre en conséquence mirent sa patience à une rude épreuve.

Le médecin avait ordonné qu'on lui fît couler dans l'œil une solution de la pierre infernale. « La douleur, dit le frère chargé de lui faire alors la lecture de l'Écriture sainte, la douleur devait être atroce, autant que j'en ai pu juger par les crispations des mains du bon Père. Il saisissait convulsivement le bord de la table, ses genoux s'entrechoquaient; mais pas une plainte ne sortait de sa bouche. Puis au bout de quelques instants, il poussait un soupir, et continuait à écouter la lecture. Dans les commencements, à la vue de ce qu'il souffrait, je crus devoir interrompre la lecture. Mais dès que la douleur un peu apaisée lui permettait de proférer un mot : *Vite, vite, frère*, me disait-il : *pourquoi vous arrêtez-vous? Vous devez continuer : j'entends toujours, et j'ai besoin d'être soutenu.*

L'état de ses yeux ne fut jamais pour lui un motif d'interrompre le travail de cabinet. On lui faisait des lectures, on écrivait sous sa dictée; et il trouvait toujours les journées trop courtes.

Il avait à diverses époques contribué à la publication de quelques opuscules de piété, et il avait aidé le P. Louis Debussi dans la rédaction de son *Nouveau mois de Marie* (1), qui ne fut publié par le P. Maxime Debussi qu'en 1828, et qui depuis a été si souvent réimprimé. En 1841, il avait donné une *Vie de sainte Ulphe, vierge et patronne de l'église d'Amiens, suivie*

(1) Amiens, typographie de Caron et Lambert, place du Grand-Marché.

de divers exercices de dévotion en son honneur (1).

Dès 1812, étant curé de Louvrechy, il s'était occupé à former un recueil de cantiques, et il y travailla encore pendant son séjour à Rubempré. Il ne le fit imprimer cependant qu'en 1815. Le débit en fut considérable. Bientôt il se répandit au delà même des limites du diocèse d'Amiens, et il servit de modèle à des ouvrages du même genre publiés dans bien des diocèses. Il parut sous le titre de *Recueil de cantiques pour les retraites et les missions, précédé de divers exercices de piété* (2). Ce recueil, approuvé en 1848 par S. E. Mgr le cardinal de La Tour d'Auvergne, évêque d'Arras, a eu jusqu'à sept éditions.

Les dernières années du saint homme furent consacrées à la composition d'une *Vie de sainte Colette*, originaire de Corbie en Picardie, et réformatrice des trois ordres de Saint-François, en particulier des pauvres filles de Sainte-Claire. Il se livra à ce travail avec un courage et une assiduité à peine concevables dans un homme privé de la vue. Mais quel exercice de patience ce fut pour lui dans certains moments ! Car les novices de Saint-Acheul qui se succédaient pour remplir l'office de secrétaires étant continuellement changés, il se voyait forcé de dicter le même article trois ou quatre fois de suite. On remarquait la violence qu'il se faisait pour ne pas se

____

(1) Chez Ledieu fils, imprimeur-libraire, rue des Rabuissons, 10, à Amiens.

(2) Amiens, chez Caron et Lambert, éditeurs, imprimeurs-libraires, place du Grand-Marché.

plaindre, lorsqu'il lui fallait attendre pendant plusieurs heures un secrétaire, sans le secours duquel il ne pouvait rien faire. Au contraire, quelle joie, quelle amabilité, quelle reconnaissance, quand, après le dîner des jours de congé, plusieurs de ces bons jeunes gens venaient de la maison de campagne pour passer le reste du jour avec lui ! Avec quel air souriant il les recevait ! Que d'actions de grâces ! Qu'il était heureux de ce qu'on eût bien voulu penser à *un pauvre misérable comme lui !* Ce sont des expressions qu'il répétait à tout propos.

La composition de cet ouvrage fut l'objet de toutes les pensées du P. Sellier, et occupa tous ses instants jusqu'à son dernier soupir. Il s'était comme passionné pour son héroïne, et n'en parlait qu'avec enthousiasme. On lui lisait un jour un manuscrit où était racontée l'expulsion des filles de Sainte-Claire de la Belgique. Dès qu'on arrivait à un passage tant soit peu émouvant, ses larmes coulaient en abondance : il sanglotait. Tout ce qui se rapportait à sa sainte le touchait au vif. Il semblait qu'il ressentît les persécutions dont elle était l'objet ; il faisait éclater son indignation contre ses persécuteurs ; et ce qui arrivait à la sainte d'heureux et de consolant était pour lui un sujet de joie.

Enfin le premier volume de cet ouvrage si impatiemment attendu parut en 1855 (1), un an environ

_____

(1) A Amiens, chez Alfred Caron, imprimeur-éditeur. À Lyon, rue Mercière, 33 ; et à Paris, rue Saint-Sulpice, 18, librairie catholique de Périsse frères.

avant la mort de l'homme de Dieu. Écrit avec simplicité, intérêt et onction, il fut favorablement accueilli par le public religieux. La seconde partie, dont
le P. Sellier avait préparé les matériaux, ne fut pu-
bliée qu'après sa mort, dans le courant de l'année
1855, mais telle qu'elle était sortie des mains du
pieux auteur.

« Nous avons, dit l'éditeur, respecté avec le plus
grand soin, en vue des personnes pour lesquelles il
écrivait particulièrement, les conseils dont il a semé
son récit. Tout au plus nous sommes-nous permis de
revoir l'ensemble et de retrancher quelques redites
sans importance que l'auteur lui-même aurait fait
disparaître. »

CHAPITRE XXXII.

Mort du P. Sellier.

Quoique le P. Sellier parût s'affaisser depuis
quelque temps, et que déjà il eût atteint sa quatre-
vingtième année et plus, sa verte vieillesse et son
tempérament robuste, bien qu'éprouvé par tant de
travaux, d'accidents et de pénitences, semblaient lui
présager des jours encore plus longs. On ne s'attendait pas à le voir tomber sitôt, et lui-même ne pensait pas qu'il touchât de si près au terme de son
existence. Il ne pouvait croire que Dieu l'appelât à

lui avant qu'il eût terminé la *Vie de sainte Colette*. Il comptait même, après ce travail, avoir le loisir de composer un cours de méditations à l'usage des sœurs de la Sainte-Famille.

Mais au milieu de ses projets, qui n'avaient pour but que la gloire de Dieu, il n'oubliait pas le souvenir de ses fins dernières : la pensée de la mort l'occupait de plus en plus à mesure qu'il avançait dans la carrière de la vie. Les réflexions que nous trouvons consignées dans le journal de ses retraites nous en fournissent de fréquents et incontestables témoignages. « La mort! écrivait-il le 29 septembre 1840, la mort! ce sujet m'effraie toujours. Il a bien effrayé les Hilarion, les Arsène, les Jérôme : comment n'épouvanterait-il pas un pécheur comme moi?.. Puis-je ne pas trembler au souvenir de tant d'iniquités dans tous les âges de ma vie?... Je n'ai pour me rassurer que le recours à Marie : *Hæc tota fiducia mea; hæc tota ratio spei meæ* (1). Oh! oui, ô tendre mère, priez pour moi, *mais surtout à l'heure de ma mort*. Quand viendra-t-elle? Je n'en sais rien. Ce qu'il y a de certain, c'est qu'elle ne peut tarder : *Ego jam delibor, et tempus resolutionis meæ instat* (2). Me voilà à ma soixante-huitième année commencée depuis plusieurs mois. Il y en a même bien peu qui voient cet âge. Il faut donc plus que jamais me pré-

(1) En elle est toute ma confiance; en elle est tout le fondement de mon espérance.

(2) Je suis près d'être immolé, et le temps de ma mort approche. (II Tim., IV, 6.).

parer à ce dernier et terrible passage qui fixera mon sort pour l'éternité. Dès l'an dernier j'ai tâché de me préparer à la mort : j'ai fait ma confession pour cette fin. Il faut que je fasse de même cette année. Pour cela, me juger moi-même avec le plus d'exactitude possible. Venez, ô saints patrons; et vous surtout, ô divine Marie, venez m'aider. Je me suis arrêté ce soir à considérer comme la mort sépare de tout. Cette considération ne me fait pas grande impression : car il me semble que je puis dire avec saint François de Sales : « J'aime peu de choses; et le peu que j'aime, « je l'aime bien peu : *Pauca parum amo.* » Ce sont les suites de la mort qui me font trembler. »

Au mois d'août 1842, il disait : « Me voilà arrivé à ma soixante-dixième année; c'est le terme de la vie humaine : *Dies annorum nostrorum in ipsis septuaginta anni* (Ps. LXXXIX, 10) (1). Je ne puis être loin de ma tombe. A cette pensée je me sens bouleversé. Que de choses je voudrais n'avoir pas faites! Il ne me reste d'autre espoir que le souvenir de Marie. Sans la sainte Vierge, que deviendrais-je? Je commence cette retraite par me jeter dans les bras de cette Mère du bel amour... Tendre mère, n'est-il pas vrai que mon espoir ne sera pas confondu? »

Plus loin, en méditant sur la mort et sur les séparations qu'elle opère, il se rend compte à lui-même des sacrifices que Dieu lui avait demandés à certaines époques : « La mort en elle-même ne me fait pas peur.

_____

(1) Soixante-dix ans sont le nombre de nos jours.

Il me semble même que par moments je la désire. La vie me devient de plus en plus un véritable exil. La divine Providence me fait mourir à tout. Je puis dire comme l'Apôtre : *Quotidie morior* (I Cor. xv, 51) (1). Sans parler de mes études que j'ai été obligé d'abandonner en 1790, ni de mes travaux champêtres au mois de septembre 1795, je parle seulement de toutes les séparations déchirantes qui ont coupé le cours de ma pauvre vie. En 1799, après Pâques, il a fallu m'arracher d'avec le bon M. Bicheron pour aller me réunir avec M. Corbie. En 1801, quitter M. Corbie pour aller me réunir aux Pères de la Foi. En 1804, quitter l'Oratoire pour le faubourg de Noyon. Au mois d'août 1806, quitter le faubourg pour Montdidier. En décembre 1807, quitter Montdidier pour être curé à Plainval. Oh! que mon cœur a souffert en quittant les enfants! Que de larmes! En 1809, 15 février, retour à Montdidier. En 1812, au mois de novembre, il a fallu congédier une seconde fois tous les élèves. En février 1815, desservant à Louvrechy. Au 20 juin, à Rubempré. Au commencement de juillet, fièvre maligne. En 1814, 15 janvier, jambe cassée; 15 septembre, quitté Rubempré, entré à Saint-Acheul. Oh! que de séparations! Blamont... Saint-Firmin... La Louvesc... Sainte-Famille... Combien d'autres séparations que le temps a amenées! d'autres que la Providence a opérées!... Combien donc de morts particulières avant celle qui doit frapper le dernier coup!...

(1) Je meurs chaque jour.

C'est vous, ô mon souverain Maître, qui tranchez successivement tous ces liens pour me préparer à la mort : soyez-en béni, ô mon Dieu. Aussi il me semble que rien ne m'attache plus en ce monde. Ce n'est donc pas là ce qui m'effraie, mais ce sont mes offenses. Il est vrai que je les ai confessées, que je les ai détestées : mais cela suffit-il pour me rassurer?... Dieu est si saint, si parfait!... J'ai peur que le démon à ma dernière heure ne se serve de cette pensée pour m'abattre et me porter au désespoir. Voilà pourquoi je souhaite parfois une mort subite ; mais d'un autre côté, je sais tout ce qu'il y a de grâces et de force attachées aux derniers sacrements de l'Église, tout ce qu'il y a de mérite dans l'acceptation de la mort et de la destruction de notre corps, pour honorer la majesté divine. Cette dernière réflexion me fait encore plus désirer de mourir en pleine connaissance. J'ai Marie pour mère ; je me jetterai dans ses bras ; j'ai mon bon ange, il me défendra contre l'ange des ténèbres ; j'ai mon bon et très-doux Jésus ; je lui répéterai les mêmes paroles qu'il a prononcées sur la croix : *In manus tuas, Domine Jesu, commendo spiritum meum* (1). Si sa justice m'effraie, sa bonté me rassure ; et je suis encore plus rassuré qu'effrayé. »

Nous allons voir en effet que la mort du P. Sellier fut exempte de frayeurs et d'angoisses.

La maladie qui l'emporta inopinément se déclara vers le milieu du mois de mars 1854, et elle ne dura

_____

(1) Seigneur Jésus, je remets mon âme entre vos mains.

que trois à quatre jours. Le 9 de ce mois était le cin-
quantième anniversaire de son ordination sacerdotale.
Il n'eut pas la consolation de pouvoir célébrer la
sainte messe. Il la dit cependant encore le vendredi 10, mais ce fut pour la dernière fois. Dès le
lendemain, sa position fut jugée assez grave pour
que, d'après l'avis du médecin, on lui proposât de
recevoir les derniers sacrements. Il eut quelque peine
à y consentir : non qu'il éprouvât aucune répugnance
à remplir ce devoir religieux, sa vie tout entière
avait été une préparation à la mort; mais parce qu'il
ne se sentait pas assez malade, qu'il n'était plus à
jeun, et que, selon lui, on se trompait sur son état.

« Passe encore pour l'extrême-onction, disait-il;
mais le saint viatique!... Moi mourir! mais je n'ai
jamais été aussi fort. Oh! saintes règles de l'Église!
qu'êtes-vous donc devenues? Donner le viatique à un
homme qui se porte si bien! »

Toutefois, en véritable enfant d'obéissance, il reçut
l'un et l'autre, plutôt par déférence pour les désirs de
son supérieur que par conviction de la gravité de son
état, et avec cet esprit de foi et d'humilité qu'il apportait à l'accomplissement de tous ses devoirs religieux. L'émotion fut générale pendant la cérémonie,
lorsqu'on l'entendit demander très-humblement pardon à la communauté réunie de tous les scandales,
ce furent ses expressions, qu'il avait donnés.

Même alors sa gaieté naturelle et la vivacité de ses
réparties ne l'abandonnèrent pas. Immédiatement
avant qu'on l'administrât, il voulait encore recevoir

l'absolution. *Mais, mon Père*, lui dit son confesseur, *vous oubliez donc que je viens de vous la donner tout à l'heure?* — *Eh bien!* reprit le malade en souriant, et du ton le plus décidé : *Quod abundat non vitiat* (1).

Un de ceux qui le veillèrent pendant la nuit du samedi au dimanche, lui dit en le quittant que le novice qui allait le remplacer était un ancien soldat de l'armée d'Afrique : *Il va donc monter la garde près de moi*, répondit-il en riant.

Après la réception des derniers sacrements, l'état du bon Père parut s'améliorer, et sembla, pendant quelque temps du moins, lui donner raison, et rendre l'espérance de le conserver. Le lendemain dimanche, il se leva d'assez bonne heure; et en se rendant à la chapelle domestique pour y entendre la messe et pour y communier : *Voyez-vous*, disait-il au frère infirmier qui l'accompagnait, *le médecin et le P. Solente ne connaissent point mon tempérament, et n'entendent rien à ma santé : je leur disais bien que je n'en étais pas là*. Après la messe, il dicta encore une longue lettre.

La nuit du dimanche au lundi fut bonne. Il se leva à six heures pour aller à la messe, mais les forces lui manquèrent; il ne put arriver jusqu'à la chapelle. Ramené à sa chambre, il voulut, après deux heures de repos, se remettre à l'ouvrage pour avancer son travail sur sainte Colette. La faiblesse, qui allait croissant, ne permit pas de condescendre à son désir. Ce

---

(1) Ce qui abonde ne nuit pas.

— 506 —

fut un sacrifice pour lui. Il avait des moments de délire. Cependant il passa cette journée, comme il avait passé la précédente, sans accident grave, s'affaiblissant de plus en plus, tantôt couché, tantôt assis sur son fauteuil, priant, récitant son chapelet, se faisant lire comme à l'ordinaire par les novices, soit des sujets de méditation, soit des documents sur la vie de sainte Colette. Mais, pendant la nuit suivante, le malade fut très-agité. Le mal avait gagné le cerveau. Il tomba dans un complet délire et dans un tel état d'exaltation, que deux frères avaient peine à le retenir dans son lit, et à l'empêcher de se jeter par terre. Tout présageait une fin prochaine. Néanmoins jusque dans les plus violents transports, il laissait éclater, et il exprimait dans les termes les plus énergiques et les mieux sentis les vifs sentiments de piété et de foi dont son cœur était rempli; il ne demandait qu'une chose, qu'on le laissât aller devant le saint Sacrement. *Donnez-moi mes souliers,* répétait-il sans cesse, avec un accent qui pénétrait l'âme des témoins de cette scène, *donnez-moi mes souliers, et laissez-moi aller à la chapelle. Je ne dirai pas la messe, puisque vous ne le voulez pas, mais du moins j'y assisterai. Donnez-moi mes souliers... Barbares, pourquoi vous acharner ainsi sur un pauvre vieillard à cheveux blancs, et l'abreuver d'amertume?...*

Puis se repliant sur lui-même, il ajoutait de la manière la plus touchante : *Pauvre P. Sellier, leur père à tous !*

Pourtant il surmonta encore cette violente crise, et

le matin il recouvra l'usage des facultés morales. Il put même se lever et recevoir quelques visites. Mais à deux heures après midi il éprouva de nouveau une crise très-forte, pendant laquelle on lui récita les prières de l'agonie. Dans son délire, il ne cessa pas un instant de rouler son chapelet entre ses doigts, et de répéter : *Ave, Maria... Sancta Maria*. Étant un peu revenu à lui vers quatre heures, il demanda encore instamment d'être conduit à la chapelle pour y faire le chemin de la croix : il pouvait à peine se tenir debout. Après l'avoir promené quelques instants dans sa chambre, un des novices qui le soutenaient lui prit la main et lui fit plonger le doigt dans son bénitier. Le Père, se croyant arrivé à la chapelle, fit le signe de la croix et resta quelque temps en prière, profondément incliné. Il paraissait tenir si fortement à faire le chemin de la croix, qu'on crut devoir le laisser dans son illusion. Il fit donc plusieurs fois le tour de sa chambre, toujours appuyé sur les bras des deux novices, s'arrêtant après trois ou quatre pas, et faisant sa station à genoux, les mains jointes, les yeux tantôt baissés, tantôt tournés vers le ciel, avec cette expression de piété affectueuse qui lui était ordinaire quand il se trouvait devant le saint Sacrement, ou qu'on lui racontait quelque trait édifiant. Il voulait se mettre à genoux par terre. Il fallut pour l'en empêcher lui présenter un fauteuil assez bas, sur lequel il se laissait tomber de tout son poids. Quand il crut avoir terminé, il parut si épuisé, que le P. Solente, arrivé sur ces entre-

faites, jugea à propos de lui renouveler l'absolution. Il lui parla ensuite de saint Joseph, et lui
énuméra tous les titres qu'il avait à sa confiance et
à son amour. Il en est un qui avait été omis; le
P. Sellier se hâta d'ajouter : *Et c'est aussi le grand
maître dans l'art de faire oraison.* On le remit
au lit, mais il n'y put rester longtemps : ses forces
l'abandonnaient visiblement par suite de la crise qu'il
avait éprouvée de deux à quatre heures, et ses souffrances allaient en augmentant. On le replaça donc
dans son vieux fauteuil de bois : son amour pour la
pauvreté n'en pouvait souffrir d'autre. Dans l'espoir
de lui procurer un peu de soulagement, on lui avait
glissé derrière le dos un coussin de plumes : à peine
s'en fut-il aperçu, que, voulant pratiquer la mortification jusqu'à son dernier soupir, il le saisit et le
jeta loin de lui. Dans un autre moment où, épuisé
par la souffrance, il était assis sur ce même fauteuil,
et se plaignait de vives douleurs dans le dos, rentrant
en lui-même un instant après, il ajouta : *Que serait-
ce donc, mon Dieu, si j'étais cloué à ce fauteuil
comme Notre-Seigneur sur la croix?* Ajoutons en
passant que le Père qui le veillait pendant la nuit
précédente remarqua que le matelas du lit était placé
sous la paillasse, et qu'il reposait immédiatement sur
la paille.

Entre cinq et six heures du soir, on lui annonça la
visite de M. le curé de Camon : il comprit aussitôt
qu'il venait pour se confesser, et, malgré les observations de ceux qui étaient présents et de M. le curé

lui-même, il persista à vouloir accomplir son ministère
jusqu'à la fin. S'étant assuré que le malade jouissait
de toute sa raison, le digne prêtre se mit à genoux,
ému jusqu'aux larmes, et tout le monde sortit. Le
P. Sellier reçut sa confession, et eut encore la force
et la présence d'esprit de lui adresser une exhortation.
Cette confession fut la dernière qu'il entendit. C'était
un nouveau trait de ressemblance avec saint François
Régis, sur les traces duquel il s'était efforcé de marcher, et qui, touchant au moment de l'agonie, avait
aussi exercé ce ministère de réconciliation.

Dès que M. le curé de Camon se fut retiré, le
R. P. provincial (1) et un des élèves du P. Sellier (2)
furent introduits. Le Père leur exprima toute sa reconnaissance de cette bonne visite, parla pendant
presque tout le temps de son attachement à la Compagnie, dont il avait la consolation de voir le représentant; puis, s'étant levé, il se découvrit la tête, et se mit
à genoux pour demander la bénédiction de son supérieur. Le Père qui accompagnait le provincial rappela
ensuite au mourant qu'il était son enfant, ainsi qu'une
foule d'autres qui ne l'oublieraient jamais, et lui
exprima le désir de recevoir sa bénédiction. Il la
donna avec une grande effusion et en s'humiliant
beaucoup, ainsi qu'il avait coutume de faire quand
il bénissait quelqu'un.

Un peu plus tard, en se mettant au lit, et avant

(1) Le R. P. Studer.
(2) Aujourd'hui supérieur du collége de la Providence, à
Amiens.

que de perdre tout à fait connaissance, sa dernière préoccupation fut la pensée de la *Vie de sainte Colette*, à laquelle il avait à cœur de mettre la dernière main. Il disait au P. Solente, son confesseur, qui le veillait : «*Mettez mon réveil à deux heures et demie du matin. J'ai perdu beaucoup de temps depuis trois jours, et je n'ai pu faire toutes mes prières. Je vais me reposer cette nuit; demain je pourrai les suppléer et travailler à la* Vie de sainte Colette. » Ce furent ses dernières paroles. «Oui, mon Père, répondit le confesseur; *soyez tranquille. Le réveil est à deux heures et demie.* » Et le mourant, alors même, ne pensait pas que ce dût être pour lui le réveil dans l'éternité. Car quelque temps après le délire recommença; mais dans ce délire il n'était occupé que de l'exercice du saint ministère : il entendait des confessions, il donnait des conseils, il prononçait la formule de l'absolution. Les paroles expirèrent enfin sur ses lèvres, et, après une heure et demie environ d'une paisible agonie, il rendit le dernier soupir vers neuf heures et demie du soir, le 14 mars 1854, à l'âge de quatre-vingt-un ans et sept mois.

Ainsi la mort du P. Sellier ressembla-t-elle à sa vie. Ce fut la mort d'un héros de la foi qui tombe sur la brèche les armes à la main. Il avait toujours demandé à Dieu de vivre et de mourir dans l'oubli et le mépris des hommes. Dieu lui accorda une mort précieuse devant lui, mais que rien ne relève aux yeux du monde.

Après sa mort, son visage prit une expression toute

céleste, qu'il conservait encore quand on le déposa dans la bière.

Le corps du vertueux prêtre, revêtu des ornements sacerdotaux, fut exposé à découvert dans le parloir de la maison de Saint-Acheul, et les novices se succédèrent sans interruption pour réciter auprès de lui l'office des morts. Pendant les deux jours que dura cette exposition, grand nombre de ses élèves, de ses amis, de ses connaissances, de personnes dont il avait dirigé la conscience, vinrent de la ville et des environs prier pour le repos de son âme, et faire toucher au corps du défunt des chapelets, des croix, des médailles et autres objets de dévotion. Un de ses amis lui donna dans cette circonstance une marque toute particulière d'attachement et de vénération.

Étant entré tout ému dans le parloir, il saisit la main du P. Sellier, la pressa contre ses lèvres; puis, la quittant pour prendre la tête vénérable du saint homme, il la fixa en laissant tomber de grosses larmes, et finit par l'embrasser avec l'affection du fils le plus aimant.

Le service eut lieu dans l'église paroissiale de Saint-Acheul, au milieu d'un concours nombreux d'amis et d'anciens élèves ecclésiastiques et laïques, qui se firent un devoir de payer au bon Père ce tribut de pieux souvenir. Le deuil était conduit par M. l'abbé Brunel, son petit-neveu, vicaire de Bray. Les prières de l'absoute furent faites par M. l'abbé Petit, vicaire général, et l'on procéda ensuite à l'inhumation dans le cimetière de la paroisse.

Les religieuses Clarisses d'Amiens n'oublièrent pas dans cette circonstance l'auteur de la *Vie de sainte Colette*, leur mère : elles regardèrent comme un devoir de reconnaissance de célébrer un service et de faire dire une messe pour le P. Sellier ; elles demandèrent aussi pour chacune d'elles quelque objet qui eût servi à son usage, ne fût-ce qu'un morceau de sa soutane.

Ses amis, de leur côté, se concertèrent pour faire placer sur son tombeau une pierre sépulcrale où sont gravés ces mots :

A. M. D. G.

LUDOVICUS ANTONIUS
SELLIER, PRESBYTER S. J.
OBIIT
DIE XIV MARTII A. D. 1854.
R. I. P.

EGO LIBENTISSIME IMPENDAM ET
SUPERIMPENDAR IPSE PRO ANIMABUS VESTRIS.

Pour moi, je donnerai tout très-volontiers,
et je me donnerai encore moi-même
pour le salut de vos âmes.
II Cor. XII. 15.

Hommage de vénération
et de reconnaissance.
Priez pour lui.

M. Amédée Jourdain, neveu du P. Sellier, avait composé en style lapidaire une élégante épitaphe latine : elle parut un peu trop longue pour pouvoir être gravée sur la tombe du saint homme ; mais

les amateurs de la belle latinité nous sauront gré
de la publier ici. C'est un monument du souvenir
affectueux que lui a conservé sa famille.

D. O. M.

Ludovicus Antonius Fabianus Sellier
Hangesti juxta Samaram natus est
die 20 jul. ann. 1772.
Primarum litterarum stadium
summâ cum laude Ambiani emensus ,
sequentibus annis,
cum divina humanaque omnia
in Gallia perturbarentur,
periclitantibus multis clericis et laicis
piâ industriâ saluti fuit.
Altaribus restitutis
operam educandæ juventuti cœpit impendere.
Mox Congregationi Patrum Fidei
nomen dedit et inchoatum collegium.
Sacerdotio initiatus,
ad Mondiderinense gymnasium missus,
deinde eidem regendo præpositus,
Lucerna ardens et lucens ,
Scientiam pietati , pietatem scientiæ
nobili conjunxit fœdere.
Pastorale officium
mirabili zelo et successu
aliquandiù exercuit.
Restauratâ Societate Jesu,
inter primos adscriptus socios ,
ejusdem exstitit
decus et ornamentum.
Acheolani Seminarii magistris et alumnis
regularum observantiâ ,
rigidissimâ vitæ austeritate ,

9*

rerum cœlestium siti, terrenarum contemptu,
obedientiâ et humilitate,
tenero erga Deiparam affectu
exemplar se prœbuit omnium virtutum
quas verbo commendabat.
Missionarius
multas multarum diœceseon parochias
incredibili labore lustravit,
ad christianos mores revocavit,
famâ suœ sanctitatis implevit.
Scriptis in ultimâ senectute libris,
sanctorum Nostratum
Ulphiœ, Domitii, Coletœ
cultum promovere studuit.
Denique cœlo maturus,
terram jampridem despiciens
Ambiani ad Sanctum Acheolum
pios inter sodales
Obiit die 14 mart. ann. 1854.

Fratri, avunculo superstites
soror utraque, sororumque filii ac nepotes
hœc una collacrymando scribebant.

D. O. M.

Louis-Antoine-Fabien Sellier
naquit à Hangest - sur - Somme
le 20 juillet 1772.
Il parcourut à Amiens,
avec les plus brillants succès,
la carrière des premières études.
Quand la révolution
eut renversé le trône et l'autel,
livré la France à l'anarchie,
grand nombre de prêtres et de laïques,
par sa pieuse industrie,

échappèrent à la mort.
Les temples ayant été rendus à la religion,
il consacra ses soins à l'éducation de la jeunesse.
Bientôt il céda son collège
à la Société des Pères de la Foi,
puis entra dans leurs rangs.
Admis au sacerdoce,
il fut envoyé au collège de Montdidier,
qu'il eut ensuite à diriger.
Lumière vive et brillante,
il unit dans une heureuse alliance
la science à la piété, la piété à la science.
Il exerça quelque temps le ministère pastoral
avec un zèle et un succès admirables
Lorsque la Compagnie de Jésus fut rétablie,
un des premiers il y donna son nom ;
il en fut l'ornement et la gloire.
Exact observateur des règles,
religieux d'une rigoureuse austérité,
ne respirant que pour le ciel
et plein de mépris pour la terre,
modèle d'obéissance et d'humilité,
dévot enfant de la Mère de Dieu,
il offrit aux maîtres et aux élèves
du petit séminaire de Saint-Acheul
le tableau fidèle
de toutes les vertus qu'il prêchait.
Missionnaire infatigable,
grand nombre de paroisses de plusieurs diocèses
devinrent tour à tour
le théâtre de ses incroyables travaux ;
il y fit refleurir les mœurs chrétiennes,
et les remplit de la réputation de sa sainteté.
Dans son extrême vieillesse,
par ses écrits il s'efforça de promouvoir le culte
de sainte Ulphe, de saint Domice, de sainte Colette,

saints que notre province a vus naître.
Enfin, mûr pour le ciel,
et depuis longtemps dégoûté de la terre,
il mourut à Saint-Acheul-lez-Amiens,
entouré de ses pieux confrères,
le 14 mars 1854.

A un frère, à un oncle chéri,
Ses deux sœurs, leurs fils et leurs petits-fils
ont fait cette épitaphe
qu'ils ont arrosée de leurs larmes.

Avant que de parler en particulier de quelques vertus qui ont surtout signalé la vie du P. Sellier, on nous permettra de rappeler ici certains témoignages qui honorent sa mémoire, certains faits plus ou moins extraordinaires qui nous ont été racontés.

Un prêtre respectable du diocèse d'Arras, que nous avons déjà nommé, M. l'abbé Dumetz, supérieur du collége de Saint-Bertin à Saint-Omer, parlait en ces termes de la mort du P. Sellier dans une lettre écrite à Saint-Acheul vers la fin d'avril : « Vous avez donc laissé partir pour le ciel le saint P. Sellier. Il y a trouvé une bien riche collection de mérites. Qui n'a été édifié par cet admirable prêtre? On eût dit que l'âme de saint François Xavier avait passé dans son corps... Sa mort, bien que prévue, a produit une vive impression de tristesse, parce que nous le perdons; de joie, parce qu'il y a un élu de plus dans le ciel. Je suis convaincu qu'un grand nombre de messes ont été célébrées à son intention dans le diocèse d'Arras, qu'il a beaucoup évangélisé, aimé et édifié. Nous apprendrons avec grand plaisir et sans surprise que des merveilles s'opèrent à son tombeau, ou au loin, par son intercession. »

Un des Pères de Saint-Acheul, le P. Picardat, donnait à Roye la station du carême. Le 14 mars au matin, il apprit par une lettre du P. Mallet, son supérieur, que le P. Sellier avait reçu les derniers sacrements. On ne perdait pas cependant encore tout espoir de le conserver. *Ah!* s'écria tout à coup M. le doyen de Roye, *ce bon Père, qui me dirige depuis plus de quarante ans, je ne le reverrai donc plus! Il n'en reviendra pas.* M. le doyen parut toute la journée plongé dans la plus amère tristesse : il ne pouvait s'entretenir que du P. Sellier, de ses œuvres, de ses talents, de ses mortifications, de ses vertus, et du regret de ne plus le revoir. Il était convaincu que la dernière heure du saint religieux allait sonner. Ici nous laissons parler le P. Picardat.

« Le lendemain matin vers les neuf heures, M. le doyen vint me trouver au salon, et me dit avec une inébranlable conviction : *Le P. Sellier est mort; je puis vous l'affirmer : j'ai entendu sa voix qui me l'annonçait.* C'était le 15 mars que M. le doyen me donnait cette nouvelle : la poste n'était pas encore arrivée, et nous n'avions reçu aucun exprès de Saint-Acheul. (La lettre annonçant la mort du bon Père n'arriva que le 16 au matin.) Or, le même jour 15 mars, à trois heures après midi, je vois arriver M. le doyen : il me dit avec la plus vive émotion que le P. Sellier venait de monter au ciel. *Et comment pouvez-vous le savoir?* demandai-je aussitôt. — *J'étais dans le jardin, me* répondit M. le doyen : *je récitais mon bréviaire ; et j'ai entendu la voix du P. Sellier qui me disait : Enfin j'y suis.* Ce n'est pas seulement à moi que M. le doyen de Roye a tenu ce langage : il a redit les mêmes choses à MM. ses vicaires, et au P. Mallet dans un voyage qu'il fit à Amiens. »

Voici encore quelques autres faits qui nous ont été racontés par des personnes dignes de foi. Nous ne prétendons pas les qualifier de miraculeux : on conviendra toutefois qu'ils sont assez remarquables pour mériter de n'être pas passés sous silence.

Une personne atteinte d'une maladie de la moelle épinière était réduite à l'état de santé le plus déplorable, et, au jugement des médecins, elle ne pouvait espérer sa guérison. Les personnes qui avaient des rapports avec elle, et son médecin en particulier, ne lui donnaient plus que fort peu de temps à vivre. Pleine de confiance dans l'intercession du P. Sellier, qu'elle avait connu, elle conçut l'espérance de recouvrer la santé à son tombeau. S'étant donc fait conduire à Saint-Acheul, elle s'adressa pour la confession au P. Solente, qui, en la voyant, la jugea dans un état désespéré. Quant à la malade, elle ne doutait nullement qu'elle ne dût obtenir sa guérison. Elle commença sur la tombe du vertueux prêtre une neuvaine qu'elle alla continuer ensuite dans son pays.

Dieu ne laissa pas sans récompense la vivacité de sa foi. De retour dans son village, elle pria, supplia avec tant de ferveur et d'instances, que ses prières furent exaucées. Quelque temps après, dans les pre-

miers jours du mois de septembre 1855, elle revint à
Saint-Acheul, pour commencer une neuvaine d'action
de grâces sur le tombeau du Père. On ne peut sans
doute affirmer que cette guérison ait été instantanée.
Elle ne s'est opérée que peu à peu et successivement.
Mais le médecin et les personnes qui avaient suivi les
progrès de la maladie n'hésitent pas à déclarer que
cette guérison est surnaturelle.

« Je l'ai vue, dit le P. Solente, de qui nous tenons
ce récit ; je lui ai parlé : je ne la reconnaissais pas,
tant elle était différente d'elle-même. Elle a dû m'affirmer que c'était bien elle qui était venue solliciter
le rétablissement de sa santé, avec la même personne
qui l'accompagnait encore. Le P. Mallet, qui l'avait
vue aussi la première fois, a comme moi constaté la
guérison, et nous n'avons pu que répéter après son
médecin : *A Domino factum est istud, et est mirabile
in oculis nostris* (Ps. cxvii, 23) (1).

Une sœur de la Sainte-Famille éprouvait depuis
longtemps de grands maux d'estomac, et des douleurs
dans les jambes. Elle était aussi privée depuis six
mois de l'usage d'un de ses bras. A la suite d'un traitement prescrit par le médecin, elle se sentit un peu
soulagée. Mais le 7 juillet 1856 elle fut attaquée
d'une fièvre cérébrale, et la maladie parut si grave,
qu'on crut devoir lui administrer sans délai les derniers sacrements.

La tête était fortement prise et brûlante, et pour

(1) C'est ici l'œuvre du Seigneur, et une merveille pour tous
les yeux.

neutraliser l'effet de la maladie, on était forcé de lui appliquer continuellement sur le front des linges trempés dans l'eau froide. Le mercredi 9 juillet, la fièvre s'apaisa un peu ; mais il se manifesta dans la bouche et sur la figure une enflure telle, que la pauvre sœur ne voyait plus que d'un œil. Le jeudi matin elle éprouva un soulagement qui fut de courte durée : car, vers deux heures après midi, elle se trouva de nouveau plus souffrante, et atteinte d'un violent point de côté qui lui ôtait la respiration. Les douleurs de tête ne diminuaient pas : la langue était paralysée : elle ressentait des douleurs dans tous les membres, des étouffements et un malaise général. Sur ces entrefaites une des sœurs lui présenta de l'herbe cueillie sur la tombe du P. Sellier. Elle se l'appliqua sur l'estomac, et fit quelques prières. Ses souffrances augmentèrent pendant une heure ; après quoi, s'étant endormie, il lui sembla voir le P. Sellier revêtu d'un rochet et d'une étole blanche. Il paraissait moins âgé que dans les derniers mois de sa vie, et il dit à la sœur : *Ma fille, tu ne mourras pas ; tu guériras de cette maladie :* puis la vision disparut. A l'instant même la sœur sortit de son assoupissement, et s'écria : *Je n'ai plus de mal.* Elle s'agenouilla sur son lit, et se mit en prière. Pendant ce temps, on alla chercher trois des sœurs qui, en adoration devant le saint Sacrement, recommandaient la malade au P. Sellier, et sollicitaient sa guérison. Lorsqu'elles furent de retour, elles présentèrent à la sœur ses habits, dont elle se revêtit, et elle put marcher seule, tandis qu'une

heure auparavant elle n'avait pu regagner son lit sans
le secours de deux personnes. Elle-même se rendit
alors devant le saint Sacrement, et y resta à genoux
pendant un quart d'heure, remerciant Dieu de la
grâce qu'il venait de lui accorder. Le lendemain elle
assista à la messe et y reçut la sainte communion.
Depuis lors ses douleurs ont disparu entièrement.

Sept ans auparavant, la même sœur avait eu une
autre preuve du crédit du P. Sellier auprès de Dieu.
Depuis un mois elle avait perdu la vue, et elle l'avait
recouvrée à la suite d'une neuvaine dans laquelle elle
s'était recommandée aux prières du bon Père.

Une autre sœur, novice de la même congrégation,
éprouvait une douleur très-violente dans le dos et
dans la poitrine, sans pouvoir obtenir aucun soulagement; et depuis deux mois le mal était si tenace,
que le médecin semblait désespérer de la guérison.
Il pensa que l'air natal contribuerait au rétablissement de la malade peut-être plus efficacement que les
remèdes, et il conseilla à la supérieure de la renvoyer
dans son pays. La sœur quitta donc la maison de la
Sainte-Famille dans les premiers jours d'août 1856.

Arrivée chez ses parents, elle passa encore trois
semaines dans les plus cruelles souffrances, ne pouvant marcher sans être soutenue, ni supporter aucune
nourriture. Comme elle avait été dirigée autrefois par
le P. Sellier, il lui vint en pensée de recourir à son
intercession; et elle commença une neuvaine en son
honneur de concert avec plusieurs autres personnes
qui unirent leurs prières aux siennes. En même temps

elle joignit au scapulaire qu'elle avait reçu des mains du saint homme un peu de l'herbe cueillie sur sa tombe.

Dans le courant de la neuvaine, elle souffrit encore beaucoup. Mais le dernier jour, 14 septembre, elle sentit le besoin pressant de prendre de la nourriture; et à partir de ce moment elle continua à manger avec appétit, sans en être nullement incommodée; les douleurs dans le dos diminuèrent, celles de la poitrine disparurent, et elle recouvra ses forces.

Elle resta dans son pays deux mois après sa guérison. Enfin, voyant que sa santé lui permettait de se livrer à des travaux assez pénibles, elle sollicita la permission de retourner dans la communauté. On y consentit, et elle rentra au noviciat dans les premiers jours de décembre de la même année. Depuis lors, elle put en suivre tous les exercices, et le 26 avril 1857 elle eut le bonheur d'être admise à la profession.

CHAPITRE XXXIII.

Vertus du P. Sellier. — Son amour envers Dieu.

Pour montrer jusqu'à quel degré de perfection le P. Sellier a porté la pratique des vertus chrétiennes et religieuses durant le cours de sa longue carrière, il suffirait sans nul doute de se rappeler la suite des faits édifiants que nous avons racontés jusqu'ici. Mais comme il en est qui n'ont pu trouver place dans notre récit, et que l'ordre des événements nous a forcés d'omettre, nous avons cru qu'on les verrait, avec plaisir et profit spirituel, réunis ici et classés sous certains chefs auxquels ils semblent tout naturellement se rapporter.

Les personnes qui ont vécu le plus habituellement avec le P. Sellier ont remarqué que l'esprit dominant de toute sa conduite, l'âme de sa vie, si je puis ainsi parler, ce fut un ardent amour pour Dieu. Cet amour était dans le saint homme tendre et généreux tout à la fois. Il y avait dans son cœur surabondance de dévouement pratique et désintéressé pour Notre-Seigneur, pour ses frères en religion, et pour le prochain quel qu'il fût.

On rapporte qu'à Montdidier, vers l'âge de trente ans, il se retirait souvent dans une allée solitaire, ayant à la main la vie de saint François Régis : les larmes coulaient de ses yeux à la lecture de cette vie, que nous l'avons vu retracer d'une manière si frappante. Il avoua de plus qu'après son élévation au sacerdoce, Dieu l'avait durant plusieurs années favorisé d'un sentiment si vif et si continu de sa présence, que rien n'était capable de l'en distraire, et que, même au milieu de la foule qui le pressait, il lui semblait toujours sentir Notre-Seigneur auprès de lui.

Sa figure embrasée pendant la prière, les paroles de feu qui sortaient de sa bouche ou plutôt de son cœur lorsqu'il parlait de l'amour de Dieu, ne pouvaient laisser aucun doute sur les dispositions habituelles de son âme.

Nous les trouvons d'ailleurs consignées dans les revues de son intérieur. Je ne sais si la vie des saints offre rien de plus héroïque en fait d'abnégation de soi-même, d'abandon à Dieu et de dévouement absolu.

« Pendant quelques instants de récollection, écrivait-il en 1806, en me promenant dans le jardin, le bon Jésus est venu m'accorder quelques-unes de ses faveurs. Il m'a demandé si je voulais être à lui. — Oh! oui, tout à vous, et tellement à vous, que je ne m'appartiens plus. Il m'a montré tout de suite combien il avait encore à faire pour me détruire. — Ah! que rien ne vous arrête. Coupez, arrachez, détruisez. Vous voulez que je ne tienne à rien de créé... O mon Jésus, travaillez sur mon cœur comme sur un fonds qui vous appartient. Vous avez peur que je me reprenne encore. Mais, Seigneur, qu'est-ce qui vous empêche de me passer une chaine de fer, de diamant à travers le cœur? O mon Jésus! je vous parle comme si vous deviez gagner quelque chose à m'avoir à vous. Mais n'est-ce pas à moi que reviendra tout le profit? Eh bien! non. Je veux que tout ce que vous ferez de moi, souffrances, travaux, tout, absolument tout soit pour votre gloire... Me voilà entre vos mains comme un esclave : comme un esclave, non pas comme un domestique. Un domestique est payé : il peut sortir de la maison de son maître. Mais moi, je ne gagnerai rien, et je demeurerai avec vous. Et à qui serais-je, Seigneur, ô bon maître? »

Un peu plus loin : « Il m'a semblé, écrit-il, que j'étais disposé à promettre de ne plus me rechercher en rien. Et pourquoi ne ferais-je pas cette promesse? La grâce me manquera-t-elle? Non : allons donc, du courage... Oh! qui pourrait dire à quel degré doit aller cette nudité?... Plus une seule pensée sur soi-même... ne prier que par Jésus-Christ... ne penser que par Jésus-Christ, c'est-à-dire, n'être continuellement occupé que de Jésus-Christ : et là attendre toute lumière, toute connaissance pour *l'agir, le penser, le vouloir.* Jésus-Christ comme un miroir où tout me sera rendu sensible... Ne compter ni sur talents naturels ni sur science acquise; mais tout remettre à Jésus-Christ, qui me rendra ce qu'il voudra, quand il le voudra, comme il le voudra. »

Enfin, en 1847, au milieu des glaces de l'âge, après avoir gémi avec humilité sur ce qu'il appelle ses misères, il ajoute : « Toutefois, je dois le dire à la gloire de mon Dieu, il me semble que depuis assez longtemps, même du temps que j'étais avec M. Corbie, je ne voulais rien faire pour obtenir l'estime ou du moins les applaudissements des hommes. Il me serait comme impossible de vouloir rien entreprendre dans un autre but que la gloire de mon Dieu. Sans doute ce que je fais, je le fais bien imparfaitement : mais toujours est-il que cette gloire de mon adorable Maître et le salut des âmes sont le principe de mes œuvres, toutes misérables qu'elles sont. Cela est si vrai, que je ne pourrais pas composer un discours, pas même arranger une phrase uniquement pour

plaire aux hommes. Au reste, je n'ai pas grand mérite en cela ; car quand je viens à considérer ce que
c'est que l'estime, les éloges du monde, il me semble
que ses compliments ne valent pas plus que le vent
qui siffle. Malgré cette disposition, je n'en vaux pas
mieux. »

***

CHAPITRE XXXIV.

Dévotion du P. Sellier envers la passion de Notre-Seigneur,
le sacré Cœur de Jésus, le très-saint Sacrement, la sainte
Vierge et les saints.

L'amour dont brûlait pour Dieu le cœur du P. Sellier était la source d'où découlaient les sentiments
d'une piété vive et toujours également soutenue,
d'abord envers la passion de Notre-Seigneur Jésus-
Christ. Tous les vendredis et samedis, à moins que
ses occupations ne le lui permissent pas, il faisait en
méditant longuement l'exercice du chemin de la
croix. A Montdidier, il y associait les élèves de bonne
volonté dans la chapelle du collège, à la récréation
du goûter, et l'on y affluait, attiré par l'onction de ses
paroles. Il avait introduit cet usage au petit séminaire
de Saint-Acheul, où les élèves qui le désiraient étaient
autorisés à se livrer à cette sainte pratique les mêmes
jours et à la même heure.

. Le P. Sellier ne séparait pas de la dévotion aux

souffrances du Sauveur la dévotion envers son adorable Cœur. Nous avons vu dans le cours de la vie du
saint homme ses efforts constants pour propager la
connaissance et l'amour de ce divin Cœur partout où
il avait été appelé à exercer le saint ministère. C'était
du reste une de ses maximes que, dans les vues de la
divine Providence, cette dévotion renfermait le remède propre aux maladies morales que le jansénisme
et l'esprit janséniste avaient répandues dans la société. Il disait un jour à un de ses confrères, mais
avec cet accent de conviction qui n'appartenait qu'à
lui : « Attachez-vous à la dévotion au sacré Cœur :
tout est là pour nous. Remerciez bien le bon Dieu,
s'il vous donne cet attrait, et conservez-le précieuse-
ment. »

« Oh! que c'est bien avec raison, s'écriait-il en
1825, la veille même de la fête de cet adorable Cœur,
que c'est bien avec raison que l'Apôtre appelle cette
science (la connaissance et l'amour de Notre Seigneur) la science des sciences, la science surémi-
nente. Ah! quand donc la possèderai-je? Que j'en
suis encore loin! Parfois la bonté divine daigne me
laisser entrevoir comme par une fente quelque chose
de ce sanctuaire, je veux dire de l'intérieur de Jésus.
Le peu que j'en vois passe comme un éclair; mais
cela suffit pour m'arracher ce cri : Oh! que de merveilles, ô mon Dieu! Quel chef-d'œuvre de votre
sagesse et de votre miséricorde! Divin Cœur de Jésus,
qui peut vous comprendre? Vous êtes le trésor du
ciel; vous êtes aussi le nôtre. C'est demain la solen-

nité de ce divin Cœur ; que je serais heureux si je
pouvais puiser quelques gouttes de ferveur à cette
source, à cet océan de tous les dons parfaits ! »

Dans sa retraite de 1817, après avoir consacré le
premier vendredi de septembre au sacré Cœur de
Jésus et au Cœur immaculé de Marie, il ajoute : « Que
tous les saints et saintes du ciel et de la terre, en particulier sainte Térèse, sainte Marie-Madeleine, saint
Jean l'Évangéliste, saint Longin et le bon larron leur
rendent mille et mille actions de grâces. Je leur offre
toutes les prières, les communions, les amendes ho-
norables, les bonnes œuvres qui auront lieu aujour-
d'hui dans tout l'univers catholique, aujourd'hui et à
l'avenir jusqu'à la consommation des siècles. Puisse
le nombre des dévots au sacré Cœur augmenter chaque
jour ! Puisse cette dévotion devenir universelle, s'é-
tendre dans toutes les villes, dans tous les hameaux,
non-seulement de la France, mais de l'Europe, mais
de tout l'univers ! »

C'est surtout au pied des autels et en présence du
très-saint Sacrement que se manifestait son amour
pour Notre-Seigneur. Il suffisait de le voir à l'église
pour être excité au respect et à la dévotion. Sa figure,
son attitude témoignaient qu'il se sentait en la présence de Dieu. « Souvent, écrit un des témoins de ses
dernières années, je l'ai trouvé à genoux au pied de
l'autel, sans aucun appui, se tenant ferme comme
aurait pu le faire un homme dans la force de l'âge. Il
était tout absorbé en Dieu, et ne semblait pas s'apercevoir qu'on passât près de lui. On eût dit que, selon

le mot de l'Apôtre, *il voyait des yeux du corps le Dieu invisible* (1).

Un jour, un homme de qualité d'Amiens accompagna à Saint-Acheul sa femme, qui désirait se confesser au P. Sellier. Le mari était nonchalamment assis lorsque le Père arriva. La foi profonde avec laquelle il adora le saint Sacrement avant et après la confession impressionna si vivement cet homme, que dès le lendemain il vint lui-même prier le Père de le réconcilier avec Dieu.

Un novice de Saint-Acheul qui désirait avoir une grande dévotion au très-saint Sacrement, demanda à ce saint vieillard ce qu'il fallait faire pour l'obtenir. Il ne lui indiqua qu'un de ces moyens substantiels dont les hommes de Dieu pénètrent seuls l'immense portée, et dont sans doute il avait éprouvé lui-même l'efficacité : *Mon cher frère, croyez, et vous aurez beaucoup de dévotion au saint Sacrement.* Il ne lui dit pas autre chose.

Cette foi, ce respect envers l'auguste Sacrement de nos autels se manifestaient surtout dans la célébration des saints mystères. Voici comment il exprimait lui-même la haute idée qu'il avait conçue de cette action sublime. « La sainte messe! Il n'y a rien, il n'est pas même possible de rien concevoir de supérieur ni de comparable au saint sacrifice : *Fide nec attingi potest.* Je ne dois craindre qu'une seule chose, c'est de n'avoir pas assez de foi pour ce redoutable mystère, qui est

(1) *Invisibilem tanquam videns sustinuit:* (Héb., xi, 27.)

en effet le complément et l'abrégé des merveilles de Dieu... Comment se fait-il que Dieu m'ait choisi pour me faire ministre de ce divin mystère? Je ne devrais être occupé 1° qu'à ranimer ma foi, afin d'en mieux comprendre l'excellence; 2° qu'à me purifier, afin de l'offrir plus dignement; et je dois faire ces deux choses autant par reconnaissance pour ma vocation, ayant été et étant encore un si grand pécheur, que pour l'honneur de Dieu, qui est d'autant plus glorifié par ce sacrifice, qu'il est offert avec de plus saintes dispositions. Je demanderai souvent une augmentation de foi à cette intention. »

Le P. Sellier trace ensuite quelques règles que, malgré leur étendue, nous croyons devoir reproduire pour l'utilité et l'instruction des âmes pieuses.

« 1° Faire toutes mes actions, surtout l'oraison et la récitation du bréviaire, le mieux possible, comme préparation habituelle.

« 2° Partager ma journée en deux, comme saint François de Borgia : le matin jusqu'à midi, pour rendre grâces à Dieu, et à chaque heure produire des actes d'amour, de louanges, d'adoration, etc., en union avec ceux de la très-sainte Vierge, des anges et des bienheureux du ciel. Depuis le dîner jusqu'à l'oraison du lendemain, pour me préparer à célébrer. Avant la sainte messe, pour préparation prochaine :

« I. Me rappeler les quatre fins du sacrifice : 1° rendre à la Majesté divine le culte suprême; 2° reconnaître tous les bienfaits dont elle nous comble, et

moi en particulier ; 3° obtenir pardon et miséricorde ;
4° recevoir tous les secours spirituels et temporels
tant pour les vivants que pour les morts.

« II. Invoquer les trois adorables personnes de la
sainte Trinité, et demander à chacune d'elles une
grâce particulière : au Père, la foi qu'il a inspirée
aux patriarches ; au Fils, la pureté qu'il a trouvée en
sa sainte Mère et la contrition de mes péchés ; au
Saint-Esprit, la charité dont il a embrasé les apôtres
et les martyrs.

« III. M'adresser ensuite, 1° à la sainte Vierge, et
lui demander qu'elle me fasse part des dispositions
où elle était quand elle a conçu et enfanté le Verbe
divin ; 2° aux neuf chœurs des anges, pour obtenir les
sentiments de respect et d'amour dont ils sont pénétrés envers l'auguste Sacrement de nos autels ; 3° aux
apôtres et à tous les saints prêtres qui sont au ciel,
et leur demander la grâce de célébrer les redoutables
mystères comme ils l'ont fait étant sur la terre.

« IV. Je m'adresserai en particulier à mon bon
ange et à l'ange gardien de l'autel sur lequel je dois
célébrer, pour les prier de s'unir ensemble afin d'é-
carter les malins esprits et de porter ce sacrifice au
trône de l'Éternel. J'offrirai, en dédommagement de
mon indignité et de mes mauvaises dispositions,
toutes les messes, toutes les communions et toutes
les bonnes œuvres qui ont eu lieu et qui auront lieu
jusqu'à la fin des siècles. Je désavouerai et je déses-
terai d'avance toutes les distractions, tous les manquements qui pourraient m'arriver durant la célébra-

tion des saints mystères; et mon intention est de les convertir en autant d'actes d'amour aussi parfaits que ceux qu'a produits la très-sainte Vierge étant au pied de la croix.

« Comme tout ceci est un peu long, je fais cette convention avec la très-sainte Vierge, que, pourvu que je renouvelle explicitement toutes ces intentions une fois par mois, je serai censé les avoir répétées chaque jour par la récitation du *Memorare* ou du *Sub tuum*.

« Outre les intentions particulières que j'ai chaque jour en offrant le saint sacrifice, j'aurai encore les intentions suivantes pour chaque jour de la semaine :

« Dimanche, en l'honneur de la sainte Trinité, invoquer les saints apôtres pour l'Église;

« Lundi, en l'honneur du Saint - Esprit, invoquer saint Ignace pour les défunts;

« Mardi, en l'honneur de l'Incarnation, invoquer sainte Anne pour la Société;

« Mercredi, en l'honneur de la Sainte-Enfance, invoquer saint Joseph pour les novices;

« Jeudi, en l'honneur du saint Sacrement, invoquer sainte Térèse pour mes parents;

« Vendredi, en l'honneur du sacré Cœur de Jésus, invoquer sainte Marie - Madeleine pour mes pénitents;

« Samedi, en l'honneur du très-saint Cœur de Marie, invoquer le bienheureux Alphonse et mes saints patrons pour la maison.

« Comme la plus belle préparation est une sainte vie, je m'appliquerai à purifier sans cesse mon cœur par une grande fidélité à la grâce, par un sincère détachement de toutes choses, et par le fréquent usage du sacrement de pénitence. Dans le commencement de ma prêtrise, j'allais à confesse tous les jours; à Saint-Acheul, deux fois par semaine; ici, moins souvent. Je ferai en sorte, en quelque endroit que je sois et autant que je pourrai, de reprendre l'ancienne habitude de me confesser au moins deux fois par semaine.

« Je relirai au moins une fois chaque année Lancinius ou le cardinal Bona, *De Sacrificio Missæ*, afin de me renouveler dans les saintes pratiques qu'ils indiquent. »

Ces sentiments du saint prêtre se reflétaient dans sa conduite à l'autel. Il semblait que pendant la célébration des saints mystères il jouissait de la présence sensible de Jésus-Christ dans l'Eucharistie, tant le feu divin dont son cœur était embrasé rejaillissait sur son visage et se communiquait aux assistants. Au collège de Montdidier, nous a écrit un des élèves de cette maison, le P. Pierre Cotel, on se disputait le bonheur de le servir à l'autel, pour être témoin du charmant spectacle qu'il donnait alors sans le savoir. Car jusque dans ses mouvements extérieurs on remarquait une ardeur toute céleste : il ne semblait plus maître de lui-même; il souriait, il pleurait, il poussait de tendres soupirs, et quelquefois les larmes qui coulaient silencieusement de ses yeux étaient si abondantes, que les linges de l'autel en étaient tout mouillés. »

« J'ai ambitionné le bonheur de lui servir la messe, nous écrivait le 11 juillet 1854 un de ses confrères, prêtre (1); je l'ai obtenu un jour. Il y aura bientôt quinze ans, et l'impression que m'a faite sa foi ne s'est pas encore effacée. »

Mais en aucun moment du saint sacrifice il ne paraissait plus embrasé que lorsqu'il tenait entre ses mains l'adorable hostie, ou qu'il prononçait ces paroles du Canon : *Cum ipso, et per ipsum et in ipso*, etc. On l'entendait alors soupirer avec ardeur, et il ajoutait : *Oui, mon Dieu, pour votre plus grande gloire !*

Aussi ne pas célébrer était pour lui la plus sensible des privations; et il ne pouvait s'y décider, quoi qu'il dût lui en coûter. On l'a vu pris par la fièvre à la suite d'une laborieuse mission, après s'être couché sans prendre de nourriture, partir malade le lendemain à deux heures du matin, parcourir une distance de dix-sept lieues, dont sept sur un mauvais cheval, et attendre ainsi jusqu'après midi pour pouvoir monter au saint autel : *Après la messe*, dit-il, *je me trouvai remis de toute fatigue, quoique j'eusse fait ces dix-sept lieues à jeun depuis près de vingt-quatre heures, et que la fièvre m'eût affaibli.*

Dans une autre circonstance, il avait fait un voyage de quatre-vingts lieues en quarante heures environ, et

(1) Le P. Victor Hassenforder.

passé deux nuits en voiture. N'ayant pu dire la messe le second jour, parce que la diligence ne s'arrêtait pas assez longtemps, il demeura à jeun le jour suivant jusqu'à une heure après midi, pour pouvoir se procurer cette consolation.

Après Jésus-Christ Notre-Seigneur, le premier objet de la dévotion du P. Sellier était sans contredit l'immaculée mère de Dieu. On ne peut exprimer l'affection qu'il portait à cette Reine du ciel. Il ne tarissait pas, quand la conversation tombait sur les louanges de Marie. Dans ses journaux de retraite, on ne trouve pas une des méditations où il ne s'exhale en effusions de tendresse, de piété, de confiance. Le nom de cette bonne mère se présente à chaque instant sous sa plume; et c'est toujours avec de nouvelles expressions pour rendre la vivacité de son amour : « O Marie! vous que j'appelle cent et mille fois ma mère, et qui l'êtes plus que je ne puis l'exprimer ni même le penser,... bénissez-moi, bénissez cette retraite, mais d'une bénédiction que rien ne puisse effacer ni altérer : *Gratias Deo et Mariæ et omnibus sanctis. Amen* (1). »

« O Marie! écrit-il ailleurs, vous le refuge des pécheurs, vous la ressource des affligés, jetez sur votre pauvre et indigne esclave un regard de pitié. Convertissez-moi cette fois. Je vous ai coûté bien des ennuis; cela ne durera plus longtemps : *Doce me orare* (2). Je vous demande cette grâce non pour moi,

(1) Retraite de 1835.
(2) Enseignez-moi à prier.

mais pour la gloire de votre cher Fils et la vôtre (1).

Il aimait à rapporter à la protection de Marie le bienfait de sa vocation à la vie religieuse : « Je me suis demandé à moi-même, écrit-il le 26 août 1825, qui m'avait obtenu cette faveur incomparable. La réponse n'a pas été très-difficile. C'est à la très-sainte Vierge que je suis redevable de tout. Je puis dire qu'elle a fait pour moi plus que pour saint Stanislas et pour saint Louis de Gonzague. Ils étaient des anges, et moi j'étais un démon. Puis-je oublier jamais que c'est à cette tendre mère que je dois cette guérison miraculeuse qui m'a sauvé de l'enfer à l'âge de dix à onze ans? Depuis cette époque, on dirait que Marie m'a adopté pour son enfant, et que, malgré mes déloyautés, elle a voulu à toute force m'avoir au service de son divin Fils. J'ai eu beau m'engager dans les voies tortueuses de l'iniquité, Marie m'en a arraché; cent fois j'ai failli me perdre corps et âme, Marie a été mon salut. »

Quand le P. Sellier examinait les candidats qui se présentaient pour entrer dans la Compagnie, il leur demandait surtout s'ils avaient de la dévotion à la sainte Vierge, si c'était d'elle qu'ils croyaient tenir leur vocation, ne regardant pas comme une vraie vocation celle où la sainte Vierge n'intervenait pas.

Dans les dernières années de sa vie, il a été surpris plusieurs fois prosterné devant une statue de Marie, exposée aux environs de sa chambre. Il commençait

(1) Retraite de 1842.

alors par s'assurer, autant que possible, qu'il était seul, prêtant l'oreille, et regardant autour de lui, quoiqu'il eût perdu presque entièrement la vue. Puis s'agenouillant, ou plutôt se prosternant, il baisait respectueusement, et la tête découverte, la partie du plancher la plus voisine des pieds de la sainte Vierge, et il se relevait promptement dans la crainte d'être aperçu.

A l'exemple de tous les vrais serviteurs de Marie, le P. Sellier affectionnait tout particulièrement la pratique du chapelet, et s'en acquittait avec la plus touchante piété. Les novices de Saint-Acheul appelés auprès du saint homme pour lui faire quelques lectures, ou pour l'aider dans son travail ou dans sa correspondance, se disputaient la faveur de le réciter avec lui, et avaient recours à mille petites ruses pour se supplanter les uns les autres auprès du vénérable Père, qui, de son côté, était heureux de leur procurer cette satisfaction. « Souvent, dit l'un d'eux, en récitant mon chapelet avec lui, je me trouvais rempli d'une dévotion extraordinaire ; surtout quand je le voyais incapable d'articuler les mots par suite de la violence de ses émotions. »

On se rappelle encore une exhortation sur la sainte Vierge qu'il adressa à la communauté de Saint-Acheul la veille de l'Assomption 1852 : « C'est, dit un de ses auditeurs, la plus touchante que j'aie jamais entendue. Le Père était inspiré : à certains moments ses paroles, on le sentait, partaient d'un cœur transporté et hors de lui. Il fut même forcé de s'interrompre un instant pour respirer. La pensée mère de cette conférence était celle-ci : Il n'y a point de pays qui ait été autant que la France l'objet de la prédilection de Marie. Passant en revue tous les royaumes qui avaient, ce semble, plus de droits à la tendresse de la sainte Vierge, l'Italie, et l'Irlande, il montrait que cependant ces contrées avaient été moins aimées. Il rappelait ensuite tous les crimes, toutes les profanations, tous les sacriléges, toutes les horreurs de la révolution, et faisait voir que la France s'était rendue plus criminelle que toutes les nations de l'univers, qu'elle en avait plus fait pour être privée du bienfait de la foi que tant d'autres à qui ce bien avait été ravi, et qui ne l'avaient pas retrouvé. « Pourquoi donc, ajoutait-il, la France, par une protection spéciale et tout exceptionnelle, a-t-elle été préservée de cet affreux malheur ? — Pourquoi ? Ah ! c'est que Marie aime la France. Le peuple français est le peuple choisi, privilégié de Marie. — Mais enfin pourquoi l'aime-t-elle de préférence ? — Parce qu'elle le veut. — Mais il ne le mérite pas. — N'importe : elle le veut ; ne m'en demandez pas davantage. » C'est à ce moment surtout qu'éclatèrent les transports d'amour du pieux enfant de Marie.

Dans les objets de sa dévotion, le P. Sellier n'avait garde d'oublier les saints. Parmi ceux dont il aimait à réclamer l'assistance, nous trouvons fréquemment les noms des saints apôtres Pierre et Paul, de saint Joseph, des saints de la Compagnie de Jésus, de saint Louis, roi de France, un de ses patrons, de saint

Firmin, premier évêque et patron du diocèse d'Amiens; de sainte Pulchérie, dont Dieu s'est servi pour glorifier le mystère de l'Incarnation; du bon larron, de sainte Térèse et de sainte Madeleine, à cause de leur amour tendre pour Notre-Seigneur Jésus-Christ. Nous trouvons notamment dans sa retraite de 1808 un élan de dévotion remarquable envers sainte Térèse : « O Térèse! ô sainte Térèse! s'écrie-t-il, vous savez combien la conquête de votre cœur a coûté au bon Jésus! Puisqu'il veut avoir le mien, eh bien! qu'il l'ait. De mon côté, je le lui donne de toute l'étendue de mes puissances et de ma liberté. Dites-lui donc que maintenant c'est son bien; que c'est à lui de le garder. »

Chacune de ses retraites, nous en avons déjà fait la remarque, commence toujours par une invocation affectueuse à certains saints dont il réclame la protection pour tout le temps de ses exercices; et tous les jours avant le résumé de sa première méditation, on lit une nouvelle invocation adressée à quelques-uns de ces bienheureux amis de Dieu.

Deux de ces invocations placées, l'une en tête de sa retraite de 1824, l'autre qui commence celle de 1842, feront connaître l'objet qu'il se proposait, et l'esprit dans lequel elles étaient conçues :

« Je consacre cette retraite à ma bonne mère, l'immaculée Vierge Marie; à saint Joseph, son digne époux; à saint Louis, le plus cher de mes patrons; à saint Ignace, le père et le patriarche de la Société à laquelle j'ai le bonheur d'appartenir malgré mes fautes et mon indignité qui va toujours croissant; à sainte Térèse, en qui j'ai toujours eu une confiance spéciale; à mon bon ange, à qui j'ai tant d'obligations: et je les conjure tous par les entrailles de Notre-Seigneur Jésus-Christ de s'intéresser au salut de mon âme : car sans un secours tout-puissant du Ciel, il me semble que je suis perdu. J'aurais beau faire pour peindre l'état de langueur où je suis tombé, il me serait impossible de l'exprimer. »

« A la très-sainte et très-auguste Trinité, — sous la protection de l'immaculée Vierge Marie, Fille très-chérie du Père, Mère sans tache du Verbe incarné, Épouse éternellement bénie du Saint-Esprit; des bien-heureux apôtres Pierre et Paul, de saint Michel archange, de saint Jean-Baptiste, de sainte Rosalie, dont on fait aujourd'hui la fête; des saintes Perpétue et Félicité. »

CHAPITRE XXXV.

Esprit de foi du P. Sellier.

Ces sentiments d'amour pour Notre-Seigneur Jésus-Christ, la sainte Vierge et les saints, le P. Sellier les puisait dans l'esprit d'une foi vive et agissante qui dirigeait toute sa conduite. Nous avons vu cet esprit de foi se produire dès ses premières années : il l'avait sucé avec le lait de sa pieuse mère. Plus tard, lorsque des circonstances malheureuses le retinrent pendant quelques années éloigné des sacrements, sa foi ne souffrit aucune atteinte, et lui inspira toujours l'horreur la plus prononcée pour le schisme de l'église constitutionnelle, auquel il ne voulut jamais participer.

L'esprit de foi était tel en ce saint homme, que je l'appellerais volontiers *instinct catholique*. Ainsi, respect et affection pour toutes les pratiques consacrées par l'usage de l'Église : l'eau bénite, le signe de la croix, la splendeur et la pompe des cérémonies, etc. Il avait coutume de faire le signe de la croix quand il entendait sonner l'heure. Il n'y manquait pas au milieu même de la prédication, et tout l'auditoire se signait alors avec lui et comme lui. Ainsi, attachement filial à la sainte Église romaine, vénération profonde pour la personne de son chef, le vicaire de Jésus-Christ, qu'il ne nommait jamais que *notre saint Père le Pape;* dévotion toute spéciale aux saints apôtres Pierre et Paul. Inspiré par ce même sentiment, il continua de réciter le bréviaire romain, lors même qu'après la dispersion des Pères de la Foi, il fut obligé de remplir les fonctions de curé.

En 1809, le désir de soustraire le collége de Montdidier aux chances d'une destruction qui lui paraissait inévitable, le porta à faire une démarche pour entrer dans l'Université impériale. La délicatesse de sa conscience en fait de doctrine ne tarda pas à s'en alarmer. Dans sa retraite du mois d'août de cette année, il se fit un devoir d'examiner sérieusement la

chose devant Dieu, et là encore on voit percer l'attachement profond qu'il avait voué à l'Église et à ses
divins enseignements. « Jusqu'ici, écrit-il, je n'ai pu
découvrir que ma démarche fût contraire aux principes de la religion, et je proteste devant le Seigneur
que, si j'avais lieu de croire avec fondement qu'il en
est ainsi, je me retirerais à l'instant, ne voulant jamais
être séparé de notre mère, la sainte Église catholique apostolique et romaine, ni même faire la
moindre chose capable de lui déplaire. Je verrai
même s'il ne vaut pas mieux, en toute hypothèse, me
désister entièrement aussitôt après la retraite. Je me
demande d'un autre côté si des craintes incertaines
doivent empêcher un bien certain. J'espère, ô mon
Dieu, que vous m'éclairerez. » Il retira en effet sa
demande quelque temps après, ne voulant pas contracter des engagements qui lui auraient laissé des
inquiétudes de conscience.

Si on l'entendit gémir souvent sur la direction funeste donnée à l'éducation de la jeunesse, c'est qu'il
était convaincu, et il l'exprimait sans déguisement,
qu'elle devait amener infailliblement la diminution
progressive, et pour dernier résultat, la ruine de la
foi dans les âmes. Il découvrait en effet sur-le-champ
et comme par inspiration, ce qu'une doctrine, ce
qu'un système avait d'opposé à la foi ou à l'enseignement commun; et il éprouvait pour tout ce qui sentait
la nouveauté une horreur (le mot n'est pas exagéré)
qui donnait à l'expression de ses répugnances une
énergie admirable.

Le jansénisme était à ses yeux la plus pernicieuse hérésie, celle qui avait fait le plus de mal en France, en parvenant à infiltrer dans l'enseignement théologique des maximes propres à éloigner les fidèles de la fréquentation des sacrements. Aussi soutint-il des luttes très-vives en faveur de la morale de saint Liguori, à une époque où elle était taxée de relâchement, et où le rigorisme menaçait de prévaloir dans le diocèse d'Amiens.

Son opposition au gallicanisme était bien connue; et longtemps avant le jour où les doctrines romaines triomphèrent presque partout, il n'hésitait pas à se prononcer hautement en leur faveur contre les quatre articles de la Déclaration de 1682. « Ce que j'ai demandé, écrivait-il en 1825, le jour de la fête de saint Pierre, c'est le triomphe de l'Église, l'augmentation des ouvriers évangéliques, et surtout l'accroissement de la Compagnie de Jésus... Combien je souffre que l'Église de France n'ait pas toujours été parfaitement soumise à l'autorité de Pierre ! Qu'a-t-elle prétendu avec ce nom étrange de *Gallicane*, avec ses libertés, et surtout avec sa fatale Déclaration de 1682 ? Ah ! que de grâces elle a perdues ! O mon Dieu, ne la rendrez-vous jamais telle qu'elle devrait être ? O Marie, vous avez obtenu pour cette Église le plus grand des miracles, celui de son rétablissement ; il en reste encore un à opérer, c'est de détruire ce levain funeste d'insubordination. »

Dès 1825, l'instinct catholique du P. Sellier lui avait fait pressentir le danger du système de La Mennais. Vers cette époque, une discussion assez vive s'étant élevée à Saint-Acheul entre deux Pères sur les doctrines du trop fameux écrivain, le P. Sellier, présent à l'entretien, prit parti contre le défenseur du système, et répéta ouvertement à plusieurs reprises : *Cet homme-là est un hérétique. La vérité ne se défend jamais comme il l'a défendue.* M. de La Mennais venait alors de publier ses lettres à l'archevêque de Paris, et de s'exprimer de la manière la plus irrévérencieuse contre d'autres prélats.

Les systèmes philosophiques qui dérivaient du Lamennaisianisme, et semblaient le faire revivre sous une autre forme, lui paraissaient renfermer pour la France, et surtout pour le clergé, d'immenses périls.

Il jugeait avec la même sévérité le dénigrement des classiques anciens, le romantisme, le style guindé, affecté et nuageux, introduit par ce genre de littérature. Les compositions où il remarquait la manière de cette école excitaient sa pitié, souvent même son indignation. On l'a entendu déclarer plus d'une fois, et avec l'accent d'une conviction profonde, qu'il regarderait comme une calamité l'invasion, dans la Compagnie, de cette littérature bâtarde ; qu'on ne devait aucunement l'y tolérer, qu'elle était un effet de la corruption des esprits, qu'elle pouvait même favoriser la corruption des cœurs. Aussi engageait-il ceux qui par leur position exerçaient quelque influence sur les jeunes gens à s'opposer de toutes leurs forces à cette déplorable tendance.

Mais autant le P. Sellier avait d'éloignement pour tout ce qui sentait la recherche et l'affectation, autant il aimait les productions qui portaient le cachet du naturel et de la simplicité. Il louait surtout avec effusion le style des anciens, il en recommandait sans cesse la lecture et l'imitation. Il ne parlait qu'avec enthousiasme de Bossuet et de Bourdaloue. Les sermons de Bellarmin avaient aussi pour lui un charme indéfinissable. Dans ses dernières années, il se les faisait lire la veille des dimanches et des fêtes; et il ne se lassait pas d'admirer dans le saint cardinal, la lucidité et l'abondance des idées et de la diction. On peut juger par là, pour le dire en passant, combien son goût en fait de littérature était juste et sûr, et on a remarqué jusque dans sa vieillesse, qu'ayant à revenir sur des pages qu'il avait dictées plus de six mois auparavant, il retrouvait mot à mot les expressions dont il s'était servi; et s'il les remplaçait par d'autres, on comprenait sans peine le motif de cette substitution.

Son esprit de foi se manifestait encore par une exquise sensibilité, une fraîcheur de sentiment qui ne l'a pas abandonné même dans l'âge le plus avancé. Des larmes abondantes coulaient de ses yeux quand il entendait la lecture de quelque beau morceau de prose ou de poésie religieuse, quand on citait en sa présence des pensées touchantes sur Notre-Seigneur et sur la sainte Vierge. La même émotion se produisait lorsque l'on racontait devant lui quelque beau trait de vertu, quelque circonstance frappante de la vie des anciens patriarches ou des saints, ou lorsque la conversation tombait sur les persécutions de l'Église, sur la canonisation de quelque nouveau saint, sur les miracles opérés par l'intercession de la sainte Vierge, sur les conversions qui se renouvellent chaque jour en Angleterre, en un mot sur tous les sujets propres à réveiller la foi et à enflammer le zèle. Ses larmes ne tarirent pas pendant tout le temps qu'on lui lut dans un journal deux articles sur la proclamation du dogme de l'Immaculée Conception.

CHAPITRE XXXVI.

Attachement du P. Sellier à la Compagnie de Jésus.

L'esprit de foi inspira au P. Sellier une haute estime, un attachement profond, une vive reconnaissance pour le bienfait de sa vocation à la vie religieuse. « Qu'exige de moi, écrivait-il au mois d'octobre 1855, qu'exige de moi une telle vocation? Toutes les vertus marquées dans nos constitutions : *Paupertas apostolica, castitas angelica, obedientia cæca; intentio in omnibus semper pura et recta, oratio assidua, continua in omnibus mortificatio, perfecta indifferentia ad loca, ad munia, ad gradum superioritatis vel subjectionis; imo sincera propensio ad munia humilia, ad subjectionem* (1). Ah! que j'ai été loin de ces dispositions! »

(1) Pauvreté apostolique, chasteté angélique, obéissance

Au mois de juillet 1825, sa reconnaissance s'exhale en ces termes : « Le soir dans mon oraison le Seigneur m'a encore fait sentir le bienfait de ma vocation : *Non me elegisti, sed ego elegi te* (1). Ah! combien cela est vrai! Tout ce que j'ai fait était propre à m'éloigner de cette précieuse, de cette inestimable vocation. Enfant, adolescent, jeune laïque, prêtre même; oui, mon Dieu, je le confesse à ma honte, en quelque état que je me considère, à quelque époque de ma vie que je m'examine, partout je trouve en moi un esclave fugitif, un insensé, un furieux qui n'a cherché qu'à s'arracher de vos bras; et vous n'avez été, ce semble, occupé qu'à me retenir, qu'à me remettre dans la voie, comme si vous eussiez eu quelque chose à perdre en me laissant aller. O Dieu bon, ô Dieu clément, ô Dieu miséricordieux : *Quo tua processit pietas! quo tua descendit charitas* (2) !

En 1845, nous voyons le filial amour du bon Père pour la Compagnie s'alarmer à la pensée des mesures que le gouvernement paraissait déterminé à prendre en conséquence d'un ordre du jour de la chambre des députés. « Il est probable, écrit-il, que dans peu nous serons dispersés; si toutes les maisons ne sont pas

aveugle, intention toujours droite et pure en toutes choses, prière non interrompue, mortification continuelle en tout, indifférence parfaite par rapport aux lieux, aux emplois, au rang de supérieur ou d'inférieur, ou plutôt propension pour les emplois humiliants, pour la dépendance.

(1) Ce n'est pas toi qui m'as choisi, c'est moi qui t'ai choisi.

(2) A quel excès votre bonté s'est-elle portée! jusqu'à quel degré votre charité a-t-elle daigné descendre!

fermées, au moins elles seront fractionnées... plus de noviciats. — Si le bon Dieu n'y met la main, tout cela tend à l'extinction de la Société en France. Quel triste avenir cette perspective nous annonce! Marie, abandonnerez-vous cette malheureuse France? Souvenez-vous que dans ce pays, où l'impiété domine, vous avez encore des milliers de serviteurs. Voyez comme presque partout on vous honore, surtout dans le mois qui vous est consacré. Que de congrégations en votre honneur! Souvenez-vous surtout que c'est en France qu'a commencé l'œuvre admirable de la Propagation de la Foi. Souvenez-vous des martyrs de la Cochinchine; un grand nombre étaient Français. Souvenez-vous de tant de fervents missionnaires du Maduré, de l'Océanie, de l'Amérique, de la Chine, pour la plupart partis de cette France si coupable, il est vrai, mais encore si catholique, si charitable, si généreuse. Je ne vous demande pas sa prospérité temporelle : elle est assez protégée de ce côté; mais, je vous le demande au nom de tous les catholiques, au nom de tous vos enfants, vous en savez le nombre, conservez la foi romaine dans le royaume de saint Louis... Exterminez cette bête féroce de l'incrédulité qui est prête à dévorer votre héritage. Souffrir, pour nous membres de la Société de Jésus, c'est notre sort, notre héritage; mais ne permettez pas que les générations qui s'élèvent soient plus longtemps sous l'empire de Satan; rendez inutiles toutes les machinations des méchants; en un mot, sauvez votre peuple. »

Vers le même temps, on eut lieu d'admirer tout à
la fois l'attachement du fervent religieux à son état
et sa pieuse résignation à la volonté divine. Durant
la négociation dont fut chargé M. Rossi auprès du
Saint-Siége, le P. Sellier demeura jusqu'à la fin
inébranlable dans la persuasion que le pape Gré-
goire XVI ne frapperait pas la Compagnie. Cependant,
dans les premiers jours de juillet, les journaux de
toutes les nuances annoncèrent en termes identiques,
avec tous les caractères plausibles d'authenticité, le
résultat de cette fameuse négociation. La note insérée
au *Moniteur* était très-explicite. Les individus devaient être dispersés, les maisons fermées, les noviciats dissous. C'était l'anéantissement de la Compagnie
en France prononcé par l'autorité du Saint-Siége.
Le supérieur de Saint-Acheul réunit les Pères de la
maison, et leur communiqua cette fatale nouvelle.
Frappé au cœur, le vénérable vieillard baisse la tête,
et dit d'abord en sanglotant : *Quoi! Seigneur, encore
une fois!* puis, avec un accent de piété et de résignation ineffable, il ajoute : *Sit nomen Domini bene-
dictum* (1). Son sacrifice était fait : il acceptait un
nouvel exil à soixante-treize ans. Pas une parole
amère, pas un murmure. Dieu se contenta de la préparation de son cœur! Bientôt une lettre de Rome
vint dissiper les nuages. La note du *Moniteur* et les
commentaires auxquels elle avait donné lieu s'éva-
nouissaient devant le simple exposé des faits. Il était

(1) Que le saint nom de Dieu soit béni. (Ps. cxii.)

10*

faux que le Pape eût frappé la Compagnie ; il il était
faux qu'elle dût se disperser. Le R. P. général al seul,
par une prudente condescendance, avait adopté té quelques mesures provisoires qui n'atteignaient enen rien
l'existence de la Compagnie en France. Cette e heureuse nouvelle fut accueillie de tous avec une cc consolation inexprimable. Le P. Sellier pleura de re reconnaissance ; et sa messe le lendemain fut une n messe
d'actions de grâces.

Deux ans après, à la fin de sa retraite de 1. 1847,
ses transports de joie et de reconnaissance éclataient à
la vue des faveurs que Dieu continue de répandrdre sur
la Compagnie au milieu des persécutions dontat elle
était l'objet :

« Je dois ici mentionner, écrit-il, une remaarque
bien consolante. Elle regarde la situation actuelelle de
la Compagnie... Humainement parlant, notre cccondi-
tion n'a rien de flatteur. Nous sommes toujuurs en
butte aux calomnies, aux persécutions de nos e ennemis. Les écrits publiés en notre faveur n'ontat pas
changé la disposition des esprits... Le mauvaisvorouloir
est toujours le même. Voilà pour le dehors. Mais
pour l'intérieur, jamais les recrues n'ont éé é plus
abondantes. De toutes parts les sujets se présentent.
Jamais la régularité, je puis ajouter la ferveuur du
noviciat, n'a été plus soutenue et plus édifiante.
Avec de semblables dispositions, un seul suéérieur
suffirait pour gouverner une maison de plusieirs's cen-
taines de sujets. La main de Dieu est évidemnrennt sur
la Société de son Fils... Ce qu'il y a de déplorrable

pour moi, c'est qu'étant témoin de ces merveilles, je n'en profite pas. »

CHAPITRE XXXVII.

Esprit d'oraison du P. Sellier.

A cet esprit de foi, qui influait sur toute sa conduite, le P. Sellier joignait un grand esprit d'oraison. Ceux qui ont vécu avec lui savent quelle estime il professait pour ce saint exercice. Il en parlait souvent : il y exhortait, et il en exposait les avantages avec une conviction qui ne laissait aucun doute sur les fruits qu'il en retirait. Aussi, quelque surchargé qu'il fût par les occupations du ministère dans les missions, il put se rendre le témoignage de n'être pas monté une fois au saint autel pendant toute une année sans avoir fait l'heure d'oraison de règle (1) ; et, ce qui paraîtra plus extraordinaire encore, d'avoir été pendant le même espace de temps si exact à l'heure du lever et de la méditation, qu'il ne se rappelait pas d'être resté par paresse une seule minute au lit (2).

Mais, outre ces heures prescrites par la règle, auxquelles l'homme de Dieu était si ponctuellement fidèle, il y avait certains jours où il consacrait à l'o-

---

(1) Retraite de 1828.
(2) Retraite de 1840.

raison des temps beaucoup plus considérables. Ainsi on a remarqué qu'il avait coutume de passer en prière la nuit de Noël, quoiqu'il eût été occupé toute la journée à entendre les confessions. La nuit du jeudi au vendredi saint, malgré la fatigue inséparable des derniers jours de la semaine sainte, était également donnée tout entière à la prière. Un des Pères qui l'ont accompagné dans les missions, et qui habitait une chambre voisine de la sienne, entendait, chaque fois qu'il s'éveillait, le saint homme s'écrier de temps en temps : *Mon Dieu, mon Dieu!*

Il ne faut pas s'imaginer toutefois qu'il n'éprouvât que des consolations dans les longues heures de ses entretiens avec Dieu. Loin de là, le Seigneur le fit passer par ces vicissitudes de consolation et de désolation qui servent à purifier les élus et à mettre leur fidélité à l'épreuve. Dans les premiers temps de son retour aux pratiques religieuses, Dieu l'inonda des bénédictions de sa douceur. « Je me rappelle, écrivait-il en 1839, je me rappelle ce temps qui suivit ma conversion, il y a quarante ans, en 1798. Il me semblait que le bon Maître m'avait accordé le don des larmes, surtout après la sainte communion. Comment, ô Dieu de toute miséricorde, avez-vous pu montrer tant de bonté envers un si indigne pécheur?... Du moins si depuis j'avais vécu de manière à vous dédommager! Mais hélas! je n'ai fait qu'abuser de vos bienfaits! En regrettant cette époque de ma vie et les faveurs insignes que j'y ai reçues, je ne demande pas à goûter les mêmes douceurs. Je confesse que je mérite tout le contraire. Dans votre excessive miséricorde, ô mon Dieu, vous avez usé de ce moyen pour m'attacher à votre service; il me semble que maintenant, avec votre secours, je vous servirai toujours, de quelque manière que vous me traitiez. A choisir, je préférerais les sé-cheresses, les privations, les rigueurs : 1° parce que je sens que je mérite tout cela, et mille fois plus que tout cela, puisque je mérite l'enfer; 2° parce que vous êtes plus glorifié, quand on vous sert au milieu des rebuts, des aridités, des tourments intérieurs; 5° parce que les douceurs ne sont pas avantageuses à l'âme. C'est une nourriture qui ressemble aux frian-dises qu'on donne aux enfants qui ne se portent pas bien, ou dont on veut obtenir quelques efforts, quelques légers sacrifices; mais à la longue ces ali-ments leur seraient funestes, et finiraient par nuire. à leur tempérament. De même dans la vie spirituelle, ces friandises empêcheraient les vertus solides de s'é-tablir dans un cœur. Aussi ne demandé-je pas le retour de ces douceurs, mais seulement la grâce d'être plus uni à mon Dieu dans toutes mes actions, et surtout dans mes prières et dans mes exercices spirituels. »

Dans sa retraite de 1846, il crut devoir se rendre compte à lui-même de sa manière d'oraison. On ne nous saura pas mauvais gré d'extraire ce passage, bien qu'un peu long. Il peut être utile à la direction de certaines âmes :

« Je me sens pressé d'écrire quelque chose sur ma manière de faire oraison. Je prends toujours un sujet

précis que je lis d'avance selon que le recommanndent
tous les auteurs spirituels. Je tâche de le consiisidérer
selon la méthode indiquée par saint Ignace, en c appli-
quant les trois facultés de l'âme. Mais depuiss longtemps il m'est impossible de faire des raissonne-
ments. Je reste comme je puis sur une penséée que
j'entretiens dans mon esprit, et dont je me serss pour
produire quelques affections dans la volonté; et ce
sont d'ordinaire des affections de componctionn, de
regret de mes péchés, de désir de m'amender;; rarement j'éprouve ces douceurs, ces mouvemennts de
ferveur, de dévotion, que je ressentais dannns les
premiers temps qui ont suivi ma conversionn. En
lisant certains auteurs, je remarque la différérence
qu'ils établissent entre les divers états d'oraàison :
oraison de méditation, oraison d'affection, orraison
de contemplation; et ils disent que, quand oon ne
peut plus user de raisonnements, il faut passser à
l'oraison d'affection, puis à l'oraison de purez contemplation. S'ils veulent dire que, quand on nez peut
plus discourir, il faut s'efforcer de produire des caffec-
tions, c'est-à-dire qu'alors il faut exercer davaintage
la volonté, puisque l'intellect n'agit plus, rien n'est
plus juste ni plus vrai, puisqu'on ne fait usaige de
l'intellect que pour exciter la volonté, que pour allumer le feu, selon cette parole du prophète : *In medi-
tatione mea exardescet ignis* (1). C'est comme si on
disait : Quand vous verrez que l'amadou a pris feu,

_____

(1) Mon cœur s'enflammera dans la méditation. (Ps. xxxviii, 4.)

vous cesserez de battre le briquet. Mais si, dès qu'on ne fait plus de raisonnements, et qu'en méditant on saisit tout de suite la vérité sur laquelle on s'exerce, l'on s'imaginait qu'il faut laisser la simple considération et se livrer tout d'abord aux affections, selon moi, il y aurait là de l'illusion. Ce serait vouloir avoir du feu sans l'allumer, sans se donner la peine de chercher l'étincelle qui doit faire brûler la matière que vous avez préparée. Le bois a beau être bien sec, il ne brûlera qu'autant que vous ferez tout ce que vous pourrez pour l'allumer. L'illusion serait encore plus grande, si l'on croyait pouvoir passer de soi-même et sans l'intervention d'en haut à l'état de contemplation passive; ce serait du pur quiétisme ou quelque chose qui en approcherait. En général, il faut toujours que nous nous exécutions le mieux que nous pourrons. Si le bon Dieu daigne nous accorder quelques-unes de ses faveurs particulières en fait d'oraison, acceptons-les avec gratitude; mais de nous-même tenons toujours la dernière place, à ses pieds, comme Marie-Madeleine. S'il nous dit : *Ascende superius* (1), asseyons-nous à sa table, avec respect, avec reconnaissance; mais n'y restons qu'autant que le repas dure; et lorsque nous sentons que ces touches extraordinaires de la grâce sont passées, redescendons à notre petit ordinaire, reprenant notre pain quotidien. Ce pain est le plus souvent un pain bien bis, bien sec, bien dur; du moins, c'est

_____

(1) Montez plus haut. (Luc., xiv, 10).

le mien; et je n'en demande pas d'autre. Les ra-
goûts, les mets épicés ne sont pas les plus salutaires.
Sans doute, quand c'est Dieu qui veut ainsi régaler
une âme, le festin est toujours profitable, parce qu'il
est divin; mais l'esprit de malice sait aussi préparer des mets qui sont bien funestes; ils remplis-
sent l'âme de fausses douceurs; elle s'y délecte par
sensualité spirituelle; elle s'engraisse d'amour-propre
et d'enflure de cœur. Voilà pourquoi il est toujours
bon de se défier de ces sortes de contemplation.
Si elles viennent de Dieu, il saura bien, ce bon
maître, vous les faire accepter, quoique vous les re-
fusiez. Témoin saint Louis de Gonzague, qui avait
beau faire pour éviter les visites du divin Époux.
Voilà pourquoi je n'aime pas certains auteurs ascé-
tiques qui s'apitoient sur le sort de certaines âmes
appelées, disent-ils, à une haute contemplation: suivant eux, faute de trouver des guides assez éclairés,
elles sont exposées à ramper longtemps dans un degré
très-inférieur d'oraison. Que ces auteurs se rassurent:
le Seigneur saura bien leur servir de guide, et les
conduire lui-même à l'état de perfection auquel il les
appelle. Pour revenir à ce qui me regarde, je n'ai
jamais cherché à sortir du premier état d'oraison,
quoiqu'il soit souvent pour moi une espèce de martyre, et je ne conçois pas que je puisse faire autrement. Il me semble qu'il me serait impossible de ne
pas revenir sans cesse sur mes défauts et mes profondes misères. »

Dans d'autres circonstances, Dieu, pour récompenser sa fidélité, se fit goûter à son serviteur de la manière la plus sensible.

« Cette méditation, écrit-il en 1847, m'a fait une de ces impressions suaves qui semblaient absorber toutes les facultés de mon âme, et me faire goûter un repos tel, que, si tout le temps de la retraite eût été comme celui-là, j'aurais cru descendre du Thabor en quittant ces saints exercices. Je me reconnais bien indigne de cette faveur, et de toutes les autres que la divine bonté a daigné prodiguer à une si détestable créature... Je ne demande pas qu'elles durent longtemps, j'entends les douceurs : mais pour les fruits, qu'ils ne cessent jamais. Ainsi soit-il... Vive Jésus ! Vive Marie ! »

On peut dire néanmoins, nous l'avons déjà vu précédemment, que les aridités, les sécheresses, les dégoûts furent comme le pain ordinaire dont le Seigneur se plut à nourrir cette âme généreuse. On en jugera par ces nouveaux extraits de ses écrits :

« Pour du goût intérieur (1), il y a longtemps que je ne sais plus ce que c'est. Je me plaignais, je répétais tout haut : Mon Dieu ! mon Dieu ! Néanmoins je disais au bon Jésus : Faites-moi souffrir tant que vous voudrez ; encore plus : je ne vous abandonnerai pas pour cela ; je ne cesserai pas de vous aimer ; je me soumets à vos coups. Il me semble que cela cause beaucoup de peine au démon, qui sait que Notre-Seigneur est toujours aimé, quoi-

(1) Retraite de 1840.

qu'il traite quelquefois rigoureusement son serviteur. Je ne parle pas de moi, car ce que je fais dans l'oraison n'est rien. C'est peut-être quelque chose vu ma faiblesse et ma sensualité; mais en réalité ce n'est rien...

« Mon état de sécheresse dans l'oraison va toujours croissant. C'est quelque chose qu'il m'est impossible de bien rendre. Aucun appui sensible; dénûment intérieur étrange; rien ne me touche, rien ne m'anime; douleur intérieure ou plutôt agitation intérieure qui passe jusque dans le physique; je suis comme un homme que l'on poursuit, et qui ne peut s'arrêter nulle part pour reprendre haleine. Aussitôt que je me repose, et c'est presque toujours par défaut d'attention soutenue, mon âme s'échappe vers quelques objets sensibles, comme devoirs de classe, arrangement de la maison; je sens comme une impression extérieure qui me tourmente et me force en quelque sorte d'avancer, comme lorsqu'on pousse un méchant cheval qui n'en peut plus. Je souffre souvent beaucoup; il y a des jours où la souffrance est plus forte. Une journée passée dans cet état me semble une semaine, mais une des plus rudes semaines d'autrefois. Ah! s'il fallait toujours être comme cela, et s'il fallait y être sans croire que cela plaît au bon Dieu, quel affreux martyre! »

« Je puis dire en général (1) que cette retraite

_____
(1) Retraite de 1834.

m'a été extrêmement pénible. J'en ai souhaité plusieurs fois la fin. Toutes mes oraisons ont été des oraisons de sécheresse, d'ennui. Pas une goutte de rosée... Où trouverai-je un instant de répit? Hélas! je n'en vois plus : le ciel est d'airain; la terre, de fer pour moi. O Marie, aidez-moi à supporter mon état. En vous est toute ma confiance, en vous tout mon espoir. Je remets ma retraite et mon âme entre vos mains. Bénissez-moi, malgré mon indignité. »

D'autres épreuves plus pénibles encore vinrent assaillir le P. Sellier dans la prière. S'entretenant un jour avec un scolastique du mystère de l'Immaculée Conception : « Oh! si vous saviez, mon cher frère, lui dit-il entre autres choses, combien le démon déteste ce privilége de Marie! Quand vous serez tenté, invoquez la sainte Vierge; et vous pouvez être sûr que vous serez vainqueur. — Mais, mon Père, pourquoi parlez-vous ainsi? — Ah! c'est que je le sais par expérience, et par une rude expérience. Je veux bien vous faire cette confidence, d'autant plus qu'elle peut vous être utile un jour. Quand je dis le rosaire au lieu du bréviaire, surtout le matin avant la sainte messe, il y a des moments où les paroles de l'*Ave Maria* ne peuvent plus sortir de ma bouche, principalement lorsque j'arrive à celles-ci : *Sancta Maria, Mater Dei*. Je sens alors une douleur violente dans le dos, et dans tous mes membres comme une rage infernale, et je n'en puis plus. C'est alors que répétant comme je peux ces paroles : *Sancta Maria, Mater Dei*, j'ajoute celles-ci : *Quæ confregit, conterit, contrivit caput tuum* (1). (En prononçant ces mots, il faisait un grand effort d'articulation, qui donnait une idée de ceux qu'il faisait dans le moment même du combat.) Et lorsque je les dis, je sens mes douleurs et la rage du démon augmenter. Je reviens cependant à la charge, et après quelque temps il me laisse tranquille. »

« J'ai été témoin, rapporte le même Frère, d'une de ces tentations. C'était à la chapelle domestique, vers quatre heures du soir. Je me trouvais placé derrière lui. Il récitait son chapelet. Je laisse par hasard mes yeux tomber sur lui, et je le vois extrèmement agité. Sa figure était tout enflammée : il baissait et haussait la tête, et faisait tous les gestes et mouvements d'une personne qui dispute avec une autre. Il remuait les lèvres avec force ; il chuchotait; mais je ne pus rien entendre. Tout ce que je compris, c'est qu'il paraissait animé contre une personne invisible pour moi, à laquelle il adressait des injures, qu'il regardait fixément, en frappant sur le banc, ou qu'il repoussait de la main. Dans certains moments aussi, il donnait des signes énergiques de dénégation. Il finit par cracher devant lui d'un air irrité. Bientôt de guerre lasse, tout couvert de sueur, il s'assit. Quelques instants après, je vis de grosses larmes couler de ses yeux. Il poussait de profonds soupirs, et se frappait si fortement la poitrine, que la chapelle en retentissait. La lutte dura au moins vingt minutes. »

(1) Qui a brisé, écrasé, broyé ta tête.

Ainsi Dieu se plaît-il à faire passer ses plus fidèles serviteurs par le creuset de la tentation, pour embellir leur couronne, et pour faire éclater la force toute-puissante de sa grâce.

Le bréviaire est la plus sainte des prières, la prière par excellence. Le prêtre prie alors au nom et comme délégué de l'Église. On ne sera donc pas surpris de voir avec quelle religieuse attention, avec quelle fervente piété, l'homme de Dieu s'acquittait de ce devoir. Il récitait ordinairement l'office divin à genoux, à l'église, lorsqu'il le pouvait, et toujours sans appui. Il s'était formé une si haute idée de la sainteté et de l'obligation de cette prière, que, privé de la vue dans ses dernières années, il avait peine à croire qu'un rosaire pût suffire pour la remplacer, et qu'il écrivit à un des Pères de Rome, le suppliant avec instances de lui envoyer l'avis des théologiens romains à ce sujet.

« En récitant le bréviaire, écrivait-il en 1825, je fais sur la terre ce que les anges font dans le ciel : je prie, non comme simple particulier, mais comme député de toute l'Église, qui me charge de payer au Tout-Puissant le tribut d'hommages qui est dû à la souveraine Majesté. Que de motifs donc de bien réciter le bréviaire ! Le bien réciter, c'est remplir ces trois obligations : *Digne, attente, devote* (1). Et pour remplir cette triple obligation, voici les règles qu'il s'était prescrites (2).

_____

(1) Dignement, attentivement, dévotement.
(2) Retraite de 1809.

11

« 1° Me mettre toujours bien en la présence de Dieu avant de commencer mon office. Pour cela me recueillir, et autant que possible le réciter devant le saint Sacrement. Si je ne puis être corporellement dans la chapelle, je tâcherai d'y être en esprit.

« 2° Invoquer le Saint-Esprit, et dire avec une grande attention le *Veni Creator*, comme faisait saint François Xavier chaque fois qu'il allait commencer son office.

« 3° Détester mes péchés par un acte de contrition.

4° Unir mes prières à celles de Jésus-Christ et à celles de tous les bons prêtres qui sont dans toute l'Église catholique.

« 5° Me rappeler quelques-unes des considérations ci-dessous.

« 6° Offrir les parties du bréviaire pour honorer les différents mystères de la Passion, et chacune pour une intention particulière :

« Matines. — Pour honorer l'agonie de Notre-Seigneur; recommander l'Église universelle.

« Prime. — Jésus lié et garrotté devant les tribunaux. — La France.

« Tierce. — Jésus flagellé et couvert de crachats. — La Société.

« Sexte. — Jésus couronné d'épines. — La maison.

« None. — Jésus attaché à la croix. — Les associés du Sacré-Cœur.

« Vêpres. — Jésus mourant en croix. — Quelques personnes en particulier.

« Complies. — Jésus mis dans le tombeau. — Mes misères.

« 7° A chaque *Gloria Patri*, m'exciter à un grand désir de procurer la gloire de Dieu, surtout en commençant l'office. Je fais de plus cette déclaration, et je la fais dans toute la sincérité de mon âme, en présence de la très-sainte Vierge, de mon bon ange et de toute la cour céleste, pour tous les jours, les heures et les moments de ma vie, jusqu'à la dernière fois que je réciterai l'office, ou que je réciterai quelque prière vocale, je proteste à mon Créateur qu'à chaque syllabe que je prononcerai, à chaque lettre que mes yeux verront, et même à chaque distraction que j'aurai, je veux faire autant d'actes d'amour qu'il y en a d'exprimés dans la formule du *Cœleste Palmetum* (1). Je renouvellerai cette protestation le plus souvent possible ; mais, en cas que je l'oublie, chaque signe de croix que je ferai en commençant l'office ou mes prières, sera un signe de ce renouvellement. Je dépose cette protestation dans le sacré Cœur de Jésus

(1) Voici la formule dont il est ici question : « Que le très-saint Sacrement reçoive autant de louanges qu'il y a d'étoiles dans le ciel, d'étincelles dans le feu, d'atomes dans l'air, de gouttes d'eau dans la mer, de grains de poussière sur la terre ; autant qu'il y a de fleurs dans le printemps, de graines dans l'été, de feuilles dans l'automne, de neige et de glace dans l'hiver ; autant qu'il y a de créatures visibles dans l'univers. Qu'il en reçoive autant qu'ont pu et peuvent lui en procurer jamais les œuvres, les paroles, le cœur de tous les hommes ; autant que tous les anges, que la très-sainte Trinité elle-même peut en produire par sa puissance, en concevoir par sa sagesse, en désirer par sa bonté. »

et dans le saint Cœur de Marie, déclarant n'en vouloir
tirer aucun mérite, mais seulement que cela serve
à faire connaître et aimer davantage ces aimables
Cœurs, pour lesquels je désire donner ma vie. »

Renouvelant ces résolutions en 1846, il les résu-
mait en ces termes :

« 1° Ante officium : brevis recollectio. — Invocatio
beatissimæ Virginis Mariæ, sanctorum angelorum, et
sancti vel sanctæ cujus est officium. — Petitio ut
quævis evagationes mentis convertantur in totidem
amoris actus.

« 2° Præsentia Dei quam accuratissima inter reci-
tandum.

« 5° Ad singula *Gloria Patri*, intentio renovata
procurandi gloriam Dei. — Invitatio ad sanctos an-
gelos, ad omnes beatorum ordines, etiam ad omnes
creaturas, vel insensibiles, benedicendi sanctissimam
Trinitatem.

« 4° Oblatio singulorum versuum per manus Mariæ,
quasi totidem florum in laudem divinæ Majestatis (1).

_____

(1) « 1° Avant l'office : courte récollection. — Invocation de
la bienheureuse Vierge Marie, des saints anges, et du saint
ou de la sainte dont on fait l'office. — Demander que chaque
distraction se change en autant d'actes d'amour de Dieu.

« 2° Attention soutenue à la présence de Dieu pendant la
récitation.

« 3° A chaque *Gloria Patri*, renouveler l'intention de procurer la gloire de Dieu. — Inviter les saints anges, tous les
ordres des bienheureux, toutes les créatures, même insensibles, à bénir la très-sainte Trinité.

« 4° Offrir chaque verset par les mains de Marie, comme
autant de fleurs, à la gloire de la divine Majesté. »

« Renouveler ces résolutions au moins une fois par mois le premier vendredi. Convenu qu'en récitant un *Ave Maria*, j'aurai accompli l'article 1 *circa præparationem*. »

CHAPITRE XXXVIII.

Zèle du P. Sellier pour le salut des âmes. — Sa tendre compassion pour les peines d'autrui.

Nous avons admiré jusqu'à présent dans le P. Sellier les merveilles opérées par l'amour de Dieu, l'esprit de foi et l'esprit de prière. Ce serait ici le lieu de parler de son zèle pour la gloire de Dieu; mais sa vie religieuse tout entière, nous l'avons vu, en a été un long et laborieux exercice. Il semble n'avoir respiré que pour glorifier le divin Maître, et lui gagner des âmes, prêt à tout faire, à tout souffrir, à tout sacrifier pour parvenir à ce but. Cette disposition nous est de plus révélée par les élans de son cœur apostolique, consignés à chaque page de ses écrits spirituels.

Voici ce que nous lisons dans son journal de 1806, à la date du 6 mars :

« Ayant réfléchi sur Jésus au jardin des Oliviers, la vue de mon bien-aimé Seigneur et ami (il veut que je lui donne ce nom), la vue de ce cher objet laissé seul dans son agonie, m'avait beaucoup attendri... il me semblait qu'il me montrait son cœur noyé dans la douleur, sans que personne y prît part. O mon bon Maître, que je voudrais bien vous dédommager de ce délaissement si pénible à votre tendre cœur! Je ferai tout ce que vous voudrez pour cela. O l'amour de mon âme, faites que je vous puisse offrir beaucoup de cœurs! Je me disais : Ah! comme je vous demanderai cela à la sainte messe!... Oui! oui! beaucoup de petits enfants que nous mènerons à votre cœur, que nous arracherons à la corruption, quoi qu'il en puisse coûter.

« Par intervalles, écrit-il le 25 mai de la même année, par intervalles, j'ai ressenti de l'amour pour cet esprit consolateur (c'était le jour de la Pentecôte). Dans la préparation au saint sacrifice, je me suis senti pressé de prier pour ceux de la maison que Dieu appelle à l'apostolat, et en particulier j'ai prié le bon Dieu qu'il me choisît pour ce ministère. Je lui ai répété ce que je lui ai déjà dit bien souvent : Tenez, mon Dieu, vous ne pouvez pas faire autrement que de me prendre. Je sais bien que je ne vaux rien, et vous le savez encore mieux que moi; mais n'est-il pas vrai que vous m'avez déjà un peu changé? Eh bien! il ne tient qu'à vous de me changer encore davantage. D'ailleurs, ce n'est pas pour moi que je vous le demande. Non, si j'ai le bonheur de travailler au salut des âmes, de beaucoup souffrir, la faim, le froid, les rebuts, les opprobres, c'est une convention faite entre vous et moi, tout cela ne me sera compté pour rien; et tout sera uniquement pour vous. — Mais si je n'ai besoin de rien étant Dieu? — Oui, vous; mais les

pauvres âmes que vous avez rachetées. Oui, mon
Jésus, tout cela sera pour convertir, quand ce ne
serait qu'une seule âme, quand ce ne serait que pour
empêcher un seul péché mortel. Vous n'avez donc
pas de motif pour me refuser. Je suis déjà votre esclave : s'il faut que je sois quelque chose de plus, j'y
consens. Vous pouvez tout, quoique je sois un abîme
de corruption, vous pouvez me rendre propre à ce
ministère. Et que ferais-je sur la terre, si je ne pouvais travailler à votre gloire? »

En 1847, son âme brûlante éprouve ces mêmes
transports de zèle et de dévouement pour le salut de
ses frères :

« J'ai senti se renouveler en moi le même dévouement, écrit-il, le même désir de contribuer, de me
consumer au service de Dieu, de faire régner Jésus-
Christ dans les cœurs, d'arracher à Satan le plus
d'âmes qu'il me sera possible. Il me semble que, si
je regrette d'être avancé en âge, et même de mourir,
c'est principalement parce que je ne pourrai plus rien
faire pour la gloire de mon Dieu, de ce Dieu qui m'a
tant aimé... Il me semble encore, et je ne crois pas
m'abuser en parlant ainsi, il me semble que *j'aime-*
rais mieux rester sur la terre pour travailler à sa
gloire plutôt que d'aller en paradis jouir de son bon-
heur. Non, je ne m'en impose pas à moi-même en
écrivant ces mots, que je souligne à dessein. Cette
disposition est vraiment dans mon cœur. »

Plus loin il ajoute : « A l'âge où je suis arrivé, je
ne puis plus faire grand'chose. Néanmoins, comme il

me reste encore assez de forces pour continuer l'œuvre des missions, et que, contre mon attente, il se présente encore quelques paroisses à évangéliser, je dirai comme saint Martin : *Si adhuc populo tuo sum necessarius, non recuso laborem* (1).

Au milieu de ces élans de zèle et des travaux qui en étaient le fruit pratique, le P. Sellier n'oubliait pas le soin de sa sanctification personnelle. Voici les précautions qu'il se prescrivait en 1828 pour prévenir la dissipation et l'entraînement auxquels expose trop souvent le ministère des missions :

1° Régler les occupations durant les missions aussi bien que les heures des repas, du sommeil; sans cela on nuit à sa santé, on ne met aucun ordre dans ses fonctions. Ne pas avoir peur de renvoyer les pénitents, à moins que ce ne soit la veille d'une communion générale. Ainsi, ne jamais passer neuf heures du soir.

2° Ne jamais négliger l'oraison ni l'examen du soir.

5° Préparer d'avance son cahier de notes avec les numéros à donner aux pénitents.

4° Inscrire exactement les pénitents dès le commencement de la mission ou d'une retraite.

5° Éviter la précipitation, comme cela m'arrive quand je vois beaucoup de monde autour du confessionnal.

6° Prendre garde à ce que le pénitent seul entende.

(1) Si je suis encore nécessaire à votre peuple, je ne refuse pas le travail. (Office de l'Église.)

7° Ne rester à table, surtout le soir, que le temps nécessaire.

8° Vivre avec sobriété, et même avec mortification. Je n'aurai qu'à me rappeler ce que faisait saint François Régis.

9° Mais toujours et avant tout, dévotion, confiance en ma bonne mère, la divine Marie. Oui, ô Vierge toute-puissante, c'est bien alors que je vous dirai, comme autrefois Barac à Débora : *Si veneris mecum, vadam; si nolueris venire, non pergam* (1). Et comment refuseriez-vous de m'accompagner, puisque je croirai toujours que ce sera vous qui avez tout ordonné?

Au reste, dans ce difficile ministère et dans ses rapports avec MM. les curés qui lui donnaient l'hospitalité, le P. Sellier, dit un de ses confrères qui l'a accompagné dans plusieurs missions, « avait l'art de se faire pardonner aisément les observations que son zèle apostolique le portait à faire dans l'occasion. La vénération qu'il inspirait était le passeport des avis qu'il croyait devoir donner, et qu'il présentait avec une franchise si pleine de simplicité, qu'il ne venait à l'esprit de personne de le trouver mauvais. Prêtres et laïques professaient pour lui la plus haute estime, comme le respect le plus profond. » On venait le consulter quelquefois de très-loin, et les personnes qui traitaient avec lui les affaires de leur conscience se

(1) Si vous venez avec moi, j'irai; si vous ne voulez pas venir avec moi, je n'irai pas. (Jud., IV, 8.)

félicitaient d'avoir eu recours à ses conseils. Elles admiraient avec quel discernement, souvent dès un premier entretien, il lisait dans leur intérieur, et leur donnait les avis les plus appropriés à leurs besoins.

Le P. Sellier avait surtout un don tout particulier pour guérir les âmes travaillées par les scrupules. Lui-même n'avait pas été à l'abri de cette maladie, et il ne put jamais en triompher entièrement. Ce que l'on ne croira pas sans peine d'un homme dont l'indulgence pour les pécheurs était presque proverbiale, c'est que dans l'exercice du ministère il ne pouvait se défendre de certaines inquiétudes qui lui étaient très-pénibles. « Pour moi, dit-il un jour dans une réunion de prêtres, ce qui me fatigue dans une mission, ce ne sont point les exhortations journalières prolongées; ce ne sont pas les longues heures à passer au confessionnal, même quand il s'agit d'y consacrer des nuits entières; ce ne sont pas même les contradictions, les difficultés, l'insuccès, qui se trouvent mêlés au bien. Ce qui me fatigue, ce qui me tourmente, c'est l'incertitude où je me vois bien souvent, me disant à moi-même : *Puis-je ou non donner ici l'absolution?* Je la donne néanmoins presque toujours en dernière analyse : je me suis même reproché plus d'une fois de l'avoir refusée. Alors je me forme la conscience; je fais ce que je puis. Dieu fait le reste.

Ces inquiétudes se reproduisaient dans ses retraites. Il sentait alors le besoin de s'encourager lui-même, de s'exciter à la confiance : « Il me semble, écrivait-il en 1845, que j'aurai beau rechercher mes fautes et m'en accuser, il m'en restera toujours à découvrir et à expliquer. Ce sera là probablement la peine de toute ma vie. Puisse-t-elle ne pas me jeter dans le découragement au moment de la mort! O Marie, ô vous qui avez déjà tant fait pour mon salut, ne permettez pas que je perde jamais confiance. Ne permettez pas que je reste en mauvais état si j'avais le malheur d'y être. Il me semble que j'ai la bonne volonté d'accomplir toute justice. Aidez-moi à remplir ce devoir, qui renferme tous les autres : *Monstra te esse matrem. Mater Verbi, noli verba mea despicere* (1). »

L'expérience qu'il avait de ces tourments de conscience le rendait, comme cela arrive d'ordinaire, plus propre à en guérir les autres. Il les écoutait avec patience et charité dans les commencements surtout : mais il exigeait ensuite une obéissance entière. Il savait que c'est là le remède le plus efficace, et souvent l'unique qui puisse triompher de cette maladie.

Le zèle du P. Sellier ne se bornait pas au soulagement des maux spirituels du prochain. Les besoins temporels ne le trouvaient ni moins tendre ni moins compatissant. Il avait la pitié la plus touchante pour les personnes souffrantes. Il s'alarmait pour la santé des autres, et s'en occupait avec des détails pleins de

(1) Montrez que vous êtes ma mère. O Mère du Verbe, ne rejetez pas ma prière.

bonté. En un mot, il était heureux de pouvoir soulager les maux, quels qu'ils fussent, et de rendre tous les services qui étaient en son pouvoir. On rapporte que, dans un pèlerinage qu'il fit à une lieue de Plainval, dont il était curé, il donna ses souliers à un pauvre qu'il avait rencontré, et qu'il revint au presbytère nu-pieds.

A la suite de la mission de Rochepaule, les missionnaires, pressés de partir, avaient refusé une invitation. Le chef de la pieuse famille où la réunion devait avoir lieu dit alors au P. Sellier : *Ma famille sera affligée de votre refus.* Il n'en fallut pas davantage pour déterminer le saint homme: *Oh !* répondit-il aussitôt, *puisque ce refus contriste votre pieuse famille, j'irai.* Il y alla en effet dans la compagnie du curé et du vicaire, et il se montra dans cette réunion ce qu'il était toujours en pareille circonstance, plein d'aménité et de bonne grâce.

La sensibilité de cœur était portée si loin dans le P. Sellier, qu'il avouait ne pouvoir se décider à lire les lettres dans lesquelles il craignait de trouver des nouvelles affligeantes, et il se le reprochait comme un acte de faiblesse et d'immortification.

Nous citerons encore, comme témoignage de cette exquise sensibilité, deux lettres qui nous ont été communiquées. Dans l'une il se réjouit avec un de ses amis les plus dévoués (1) de la naissance d'un petit-fils. L'autre est une lettre de condoléance à la

---

(1) M. Poujol d'Acqueville.

mère de cet enfant, mort moins d'un an après sa naissance :

« Verschoq, 22 décembre 1846. J. M. J.

« Monsieur et tendre ami, je vous remercie beaucoup de l'attention que vous avez mise à me faire part de l'heureux événement qui réjouit votre cœur, et comble les vœux de votre bonne et chère Amélie. Sa confiance en Dieu n'a donc pas été confondue (Ps. ii). J'unis mes actions de grâces à celles de toute la famille, et en particulier à celles de la vertueuse mère, qui, j'en suis sûr, remercie doublement l'Auteur de tout bien de l'avoir rendue *mère, et mère d'un fils,* après dix années d'attente. Daigne le Seigneur bénir l'enfant et celle qui l'a mis au monde ! Qu'il croisse comme un autre Samuel, pour être la joie de ses parents, et pour tempérer l'amertume des épreuves par lesquelles il a plu à la divine Providence de vous faire passer !

« Au reste les croix, quand on les envisage en chrétien, sont aussi un sujet bien réel de consolation : car elles sont le gage de la bonté divine envers nous. C'est par la voie des souffrances que Notre-Seigneur fait marcher ses élus : *Parce que vous étiez agréable à Dieu,* dit l'ange Raphaël à Tobie, *il a fallu que les afflictions vinssent vous éprouver.* N'est-ce pas ainsi qu'il a traité les chefs de tous les prédestinés, Jésus et Marie ? La nature trouve ce langage bien rude ; elle dit comme les Capharnaïtes : *Durus est hic sermo.* Mais la foi, qui ne peut jamais nous tromper, nous dit avec l'auteur de l'*Imitation* : *In cruce salus, in cruce vita, in cruce protectio ab hostibus, in cruce infusio supernæ suavitatis* (1). Ces sentiments vous feront apprécier les événements douloureux qui ont déchiré votre cœur. Vous bénirez même la main qui vous a frappé. Mais, de quelque manière que le souverain Maître en use envers nous, soit qu'il nous afflige ou qu'il nous console, faisons tout servir à notre salut éternel.

« Je reçois avec reconnaissance les vœux que vous formez pour moi : vous savez ceux que j'adresse au Ciel pour vous et votre chère famille. Je vous en renouvelle l'assurance en cette circonstance. Agréez-les avec l'expression de l'affectueux dévouement avec lequel je suis en Notre-Seigneur, etc. »

« Saint-Acheul, 22 avril 1847.

« Madame, la paix de Notre-Seigneur. Votre cher et si tendre papa a pris hier la peine de venir à Saint-Acheul, où je ne fais que de rentrer, pour m'annoncer sa douleur et la perte cruelle que vous venez de faire de votre premier-né, de cet enfant si désiré que la divine Providence avait accordé à vos désirs après dix années d'attente. Hélas! avant d'arriver à Amiens je savais déjà cette déchirante nouvelle. Une de vos anciennes amies de pension, alors Mlle Émilie d'Os-

(1) Dans la croix est le salut; dans la croix est la vie; dans la croix est la protection contre nos ennemis; dans la croix est l'abondance des consolations célestes. (*Imit.*, liv. ii, chap. 12.)

trel, aujourd'hui épouse de M. le marquis de Marlès, près Auxi-Château, m'a appris ce triste événement. J'avais pris une bien grande part à votre joie et à celle de toute la famille lors de la naissance de cet enfant chéri : il me semble que la part que j'ai prise à votre affliction est encore plus grande, parce que je sais tout ce que cette épreuve a d'accablant pour votre cœur et d'épouse et de mère. Aussi ai-je prié le Dieu de toute consolation de venir à votre secours; et je ne doute pas que sa bonté n'ait déjà adouci l'amertume de votre douleur. Quand un tel père frappe, sa grâce ne manque jamais de cicatriser les plaies qu'il a faites : j'entends quand ses coups tombent sur une âme qu'il aime; et vous êtes de ce nombre, n'en doutez pas, ma bonne Amélie. La première pensée qu'il vous aura inspirée, j'en suis sûr, aura été celle-ci : « Je ne condamne pas tes larmes...

« Elles sont bien légitimes... Un jour tu les change-
« ras en pleurs de joie, quand tu verras ton cher
« enfant dans ma gloire et mon bonheur... Le voilà
« pour toujours en possession de cette félicité qu'au-
« cune puissance, aucun événement ne saurait lui
« ravir... Quand tu aurais pu lui léguer un trône,
« qu'est-ce qu'un trône sur la terre comparé à celui
« qu'il occupe déjà dans le paradis?...C'est parce que
« je l'aimais, que je l'ai soustrait aux périls de ce
« monde avant que le souffle empesté du siècle ait
« terni sa robe d'innocence. »

« Ces réflexions, ma chère enfant, ne sont pas de vaines suppositions : c'est le langage de la foi, de cette foi dont vous faites profession, de cette foi aussi infaillible que Dieu même.

« Aussi suis-je persuadé qu'au milieu de vos profondes douleurs vous trouverez encore des paroles pour remercier ce Père céleste d'en avoir ainsi agi envers vous. Il vous avait donné un Isaac; il vous l'a ôté, afin que vous puissiez par votre résignation lui offrir un sacrifice qui ait quelque rapport avec celui d'Abraham. Ne peut-il pas vous donner d'autres enfants? Oui, il le peut; et qui sait si ce n'est pas à cet acquiescement parfait à son adorable et toujours aimable volonté qu'il attache la grâce de votre fécondité? Confiance donc, ma bonne Amélie; votre confiance ne sera pas confondue. Continuez surtout à recourir à Marie, consolatrice des affligés!

« Agréez, s'il vous plaît, l'assurance de mon respectueux dévouement en Notre-Seigneur. »

Ajoutons ce dernier trait de la bonté de cœur du P. Sellier, que dans les missions il était plein de sollicitude pour celui de ses confrères qui l'accompagnait. C'était le seul point pour lequel il se montrait quelquefois exigeant chez MM. les curés. On le voyait prodiguer à son collègue mille attentions, mille soins vraiment maternels; et cependant celui-ci, beaucoup plus jeune, pouvait se passer bien mieux que lui des petites douceurs qu'il lui procurait, et qui n'étaient pourtant pas indispensables.

CHAPITRE XXXIX.

Mortification du P. Sellier.

À l'exemple de tous les saints, autant le P. Sellier avait d'indulgence et de compassion pour le prochain, autant il était dur et sévère pour lui-même. Si l'on ne savait que Dieu se plaît à dérober à ses élus la connaissance de leurs vertus, on ne comprendrait pas comment un homme qui a porté si loin l'esprit de mortification, dont les austérités étaient manifestes aux yeux de tous, se reproche sans cesse dans ses écrits sa délicatesse et son immortification, et revient constamment dans ses retraites sur la nécessité de vaincre son penchant à la sensualité.

Donnons d'abord les résolutions qu'il prit par rapport à cette vertu dans sa retraite d'un mois en 1825 :

« Tout bien considéré devant le Seigneur, je crois devoir m'arrêter à l'acquisition et à la pratique d'une seule vertu : la mortification. Je crois que mes défauts n'ont été si nombreux et si tenaces que parce que j'ai négligé cette vertu, et si je la pratique, il me semble que j'aurai tout le reste. Quelles règles à suivre ? Pas d'autres que celle qui est renfermée dans le douzième article du sommaire des constitutions : *Quærere in Domino majorem meî abnegationem et*

continuam in rebus omnibus, quoad fieri poterit, mor-
tificationem (1). Ainsi, mortification continuelle et
universelle. 1° Lever avant trois heures. Emploi exact
du temps : observer soigneusement les règles de modestie. Comme c'est du côté de la nourriture que je
suis plus tenté en certains temps de l'année, et que
c'est aussi de ce côté que j'ai été plus faible, je me
ferai un devoir, 1° de garder exactement les règles de
tempérance tracées par saint Ignace ; 2° de ne jamais
sortir de table, à l'exemple de saint François de Borgia, sans m'être imposé quelques privations. Pour les
délicatesses, je ne les rechercherai pas ; je les éviterai même autant que je pourrai, sans me singulari-
ser et sans qu'on s'en aperçoive trop. Pour les invita-
tions au dehors, je les fuirai, et ne les accepterai
qu'autant que je ne pourrai faire autrement. Dans
les travaux, je prendrai sans scrupule ce qu'on me
donnera en fait de nourriture, mais seulement le nécessaire. Quant aux mortifications corporelles, je pratiquerai celles que l'obéissance m'a permises.

« 2° Mortification intérieure. Dépendance absolue de mes supérieurs ; renoncement à ma volonté,
me conserver dans une parfaite indifférence pour toute
espèce d'emplois, de fonctions, de lieux. Patience
au tribunal de la pénitence à l'égard des personnes
qui pourront me rebuter ; m'y rendre indistinctement
pour qui que ce soit, riche ou pauvre, et plutôt pour

_____

(1) Chercher selon Dieu la plus grande abnégation, et une
mortification continuelle en toutes choses, autant qu'il sera
possible.

les pauvres que pour les autres. Mortification surtout pour couper court à une conversation, pour
cesser une occupation aussitôt que la voix de Dieu
intérieure ou extérieure m'appelle à autre chose.
Mortification pour ne pas résister au Saint-Esprit. »

Voici maintenant l'application de ces principes dans
les différents actes de pénitence que le P. Sellier ne
cessa de s'imposer pendant toute sa vie.

Son sommeil était fort court; il se levait chaque
jour à trois heures au plus tard, selon la résolution
qu'il en avait prise, afin de pouvoir prolonger ses
oraisons. Il s'avoue à lui-même en 1844, à l'âge de
près de soixante-dix ans, qu'il ne se rappelait pas,
durant le cours de l'année précédente, être resté au
lit une seule fois après avoir entendu son réveil, et
cela en toute saison, et en quelque lieu que ce fût;
que même, quand il avait pu se coucher à neuf
heures, il s'était souvent levé un quart d'heure avant
trois heures. Son lit se composait d'une dure paillasse, avec un seul drap et la couverture; il y dor-
mait la plupart du temps tout habillé. Habituellement
il n'usait point de feu dans sa chambre, quelque
rigoureux que fût le froid. Pendant longtemps il
s'abstint de déjeuner; et durant le carême, il se contentait du repas de midi. Disons plutôt que toute sa
vie fut comme un jeûne continuel.

Non-seulement il faisait ses longues prières à genoux ou prosterné, sans appui, au milieu de sa
chambre, et le crucifix à la main; mais on le voyait
presque toujours à genoux à sa table pour lire, écrire

et travailler ; et il passait encore des temps considérables à l'église, toujours à genoux et sans appui,
occupé soit à réciter l'office divin, soit à méditer, soit
surtout à préparer ses instructions.

Ses disciplines étaient fréquentes, et souvent sanglantes. Il y ajoutait les chaînes de fer, et l'usage
presque continuel du cilice. Lorsqu'il habitait le petit séminaire de Saint-Acheul, il confiait de temps en
temps, quand il s'absentait, la clef de sa chambre
à un jeune ecclésiastique en qui il avait confiance.
Certains élèves profitaient de cette circonstance pour
obtenir du jeune lévite le privilége de pénétrer dans
la chambre de l'homme de Dieu, et y faire une espèce
d'inventaire de ses instruments de pénitence. Les
plus légers eux-mêmes s'estimaient heureux de les
baiser avec respect comme les reliques d'un saint ;
et il en est qui, pour avoir part à cette faveur, s'imposaient de pénibles sacrifices.

« Je l'entendais quelquefois au milieu de la nuit,
écrit un des Pères qui l'accompagna dans ses missions, exhaler vers le Dieu de son cœur ses sentiments
de pénitence et d'amour, en se frappant durement et
longtemps avec une petite chaîne de fer que j'ai découverte par hasard. »

Un Frère de Saint-Acheul eut la singulière idée de
compter montre en main les coups de discipline dont
il se frappait en cinq minutes : il en compta cent
soixante-deux, et la pénitence dura un quart d'heure.

Le même Frère chargé de le conduire au réfectoire après qu'il eut perdu la vue, a remarqué que

chaque jour, à la fin de l'examen de midi, le Père baisant la terre sous la table, se relevait brusquement comme par distraction, et donnait un grand coup de tête à la table.

A Saint-Acheul encore, dans les derniers temps de sa vie, le Fr. tailleur s'aperçut que son gilet de flanelle, sa chemise, et jusqu'à la doublure de sa soutane étaient imprégnés de sang. Autour des reins, la chemise et la ceinture de la culotte en étaient également tachées.

Voici un autre genre de mortification qui peut paraître plus pénible encore. On raconte que durant une mission qu'il donna dans une pauvre paroisse des montagnes du Vivarais pendant l'hiver de 1854 à 1855, il prit de la vermine, et que, par esprit de mortification, il ne s'en débarrassa pas. Ce ne fut que deux ou trois mois après qu'on s'en aperçut : son scapulaire, sa soutane en étaient garnis, et lorsque le P. supérieur lui témoigna son étonnement de ce qu'il avait pu supporter si longtemps une pareille souffrance, il répondit en souriant : *Ce cilice en vaut bien un autre.* Cette mortification était d'autant plus méritoire qu'avant ce qu'il appelait sa conversion il était d'une propreté remarquable.

Ce ne fut pas la seule circonstance où il eut à endurer cette sorte de pénitence. Lorsqu'il allait visiter les pauvres ou les prisonniers, il lui arrivait souvent de rapporter ces hôtes importuns ; et il devait en souffrir cruellement. Jamais néanmoins il ne se plaignait, et il ne faisait rien pour être délivré

de cette incommodité : il fallait que les infirmiers en
fissent la remarque pour l'obliger à prendre les précautions usitées en pareil cas.

CHAPITRE XL.

Pauvreté religieuse du P. Sellier.

Le P. Sellier, si austère et si mortifié, pouvait-il
ne pas aimer, ne pas pratiquer la pauvreté ? Il l'aima
comme sa mère, selon l'expression de son saint fondateur. Il avouait qu'il se trouvait bien avec les
choses les plus usées. « Malheureusement, ajoute-t-il
avec ce sentiment d'humilité qui ne l'abandonnait
jamais, surtout lorsqu'il était forcé de reconnaître
quelque chose de bon en lui, malheureusement je
crains que ce ne soit plutôt l'effet de l'habitude que
le fruit de la grâce (1). »

Dans une autre de ses retraites (2), il se propose
de faire certains retranchements dans l'ameublement
de sa chambre, de substituer à une table en bois de
chêne une autre en bois blanc. Il voulait aussi faire
enlever une commode. Ces objets lui paraissaient un
superflu dont il pouvait se passer, et il était alors
supérieur du collége de Montdidier.

(1). Retraite du mois d'octobre 1837.
(2) Septembre 1809.

Pendant son séjour à la Louvesc, lors même qu'il était supérieur de cette résidence, il réservait pour lui les habits les plus usés, si bien que les pèlerins le désignaient souvent par ces mots : *Le Père qui est si mal vêtu.* « Je l'ai entendu plusieurs fois de mes oreilles, » nous dit la personne qui nous a raconté ce fait.

On jugera du reste encore mieux des dispositions de l'homme de Dieu par rapport à cette vertu, en lisant les résolutions qu'il prit dans sa retraite de 1806, à la suite d'une méditation sur la pauvreté de Notre-Seigneur Jésus-Christ dans la crèche.

« J'ai aperçu, avec la lumière toute gratuite de la grâce de mon Dieu, qu'il exigeait de moi une pauvreté universelle. 1° Pauvreté dans les habits : prendre les vieux, les désirer, et même les demander. 2° Me corriger du défaut que j'ai de gâter ceux qu'on me donne. 3° Me servir de toutes les choses à mon usage, comme un mendiant. Accepter la nourriture dans des sentiments de honte, de reconnaissance, comme un pauvre. Il n'y a que vous, ô mon Jésus, qui puissiez former ces sentiments. Ah ! je vous en prie, veuillez les graver dans mon âme. Je demanderai tous les jours cette grâce par la pauvreté de Jésus dans la crèche, et par l'intercession de ma bonne mère et de saint Joseph. 4° Je ménagerai ce qu'on me donnera avec le plus de soin possible, papier, plumes, livres. 5° Je rendrai maintenant tout ce dont je n'aurai pas besoin *actu*, sans songer si je pourrai en avoir besoin plus tard. 6° Je prendrai garde de ne pas perdre les miettes de pain, et je tâcherai toujours d'avoir quelques restes des autres. 7°-Je ferai en sorte de manquer quelquefois du nécessaire, et quand cela m'arrivera, je l'offrirai à Jésus dans la crèche, et je lui demanderai la grâce d'être bien content pour la plus grande gloire de Dieu. Je sens qu'il est difficile pour moi d'avoir sur-le-champ la perfection de cette vertu; mais je ferai en sorte d'avancer toujours un peu, et de ne rien refuser à votre grâce, ô mon Dieu, que j'implore humblement pour cela.

« Le bon Jésus m'a montré un autre genre de pauvreté, pauvreté d'esprit et de talents, c'est-à-dire ne chercher plus à rien faire d'éclatant, à moins qu'on ne me le dise : car saint Ignace le veut. Mais j'espère que bientôt je ne serai plus obligé de rien écrire de beau. Alors je parlerai le plus simplement du monde. Tant mieux, si je suis moqué. Pauvreté d'affection; ne m'attacher à rien de créé, mais à Jésus seul. Pauvreté de vues, de désirs, de projets. Pauvreté des sens : ne rien voir, ne rien entendre, ne rien lire de curieux, mais Suarez et le P. Aveugle, et par-dessus tout l'Écriture sainte. Pauvreté des choses spirituelles; ne chercher pas les consolations, ni même le recueillement qu'autant qu'il plaira à mon Jésus ; mais aimer à n'être rien, à ne rien goûter. O mon Jésus, tout ce que je vous demande, c'est de vous aimer. Donnez-moi seulement cette grâce, et ensuite privez-moi de tout. Amen. Vive Jésus! Vive Marie! Vive Joseph! »

CHAPITRE XLI.

Humilité du P. Sellier. — Sa reconnaissance pour les services rendus.

L'humilité est la compagne ordinaire de la pauvreté religieuse, ou, pour mieux dire, sans l'humilité il n'est point de vraie, de solide vertu.

Le P. Sellier comprit cette vérité dès le moment que Dieu le rappela à la pratique des devoirs religieux. Ce sentiment d'humilité et de mépris de lui-même ne le quitta jamais, et ne fit que croître à mesure qu'il avança dans la carrière de la sainteté. Il eut sans doute pour parvenir à se vaincre de rudes combats à livrer, de violents assauts à soutenir; mais ce fut précisément là le mérite de sa vertu. Nous pouvons en juger par les règles qu'il se prescrivit pour dompter son impétuosité naturelle et ce fonds de fierté dont il s'accusait devant Dieu. Voici ces règles telles que nous les trouvons consignées dans sa retraite de 1805 :

« Après avoir réfléchi sur mes défauts et mes mauvais penchants, j'ai reconnu que ceux qui dominaient le plus en moi étaient l'orgueil et la colère. Ce sont donc là les deux défauts que je dois combattre habituellement jusqu'à ce qu'ils soient entièrement détruits. Mais comme je ne réussirais que très-difficilement peut-être en les attaquant tous deux à la fois,

11*

et que d'ailleurs, autant que je puis me connaître avec la grâce de Notre-Seigneur, mon irascibilité vient de mon orgueil, je pense que je dois commencer le combat par ce dernier vice, qui est la source de tous les autres.

« O mon Jésus, ô parfait modèle de l'humilité, j'ai médité sur vos profonds abaissements, sur votre humilité incompréhensible ; j'ai formé la résolution de vous imiter en tout et de vous suivre le plus près que je pourrais : ne permettez pas que cette résolution soit vaine et stérile. *O Jesu mitis et humilis corde, miserere mei* (1).

« Comme ma résolution n'aboutirait à rien si elle n'était que générale, je l'appliquerai à ma conduite particulière ; et voici ce que je veux faire, avec la grâce de Notre-Seigneur, pour parvenir au but que je me propose.

« 1° Je demanderai tous les jours au Seigneur par une prière particulière la grâce de me connaître moi-même, et en même temps de me pénétrer de plus en plus d'horreur pour le défaut qui me domine.

« 2° Je prévoirai dès le matin les diverses rencontres qui sont pour moi une occasion ordinaire de tomber dans le défaut que je veux combattre le premier, et je prendrai la résolution de ne me rien pardonner à cet égard.

« 3° Dans la journée, je veillerai exactement sur mon esprit et sur mon cœur, afin d'étouffer toute

(1) O Jésus doux et humble de cœur, ayez pitié de moi.

pensée, tout mouvement d'orgueil qui pourrait y naître. Je m'exciterai à la contrition aussitôt que je remarquerai quelque faute en ce genre.

« 4° Je ferai mon examen particulier sur le vice de l'orgueil, et, de l'avis de mon confesseur, je ferai quelque pénitence proportionnée au nombre et à la gravité des fautes que j'aurai commises.

« 5° Pour parvenir à détruire davantage ce maudit défaut, j'emploierai le secours de la prière, et ce sera ordinairement dans cette intention que j'entendrai la sainte messe.

« 6° Je recevrai avec résignation toutes les humiliations, les pénitences auxquelles je pourrais être soumis pour manquements à la règle ou autre chose, et je les rapporterai devant Dieu au défaut que je veux combattre.

« 7° Enfin, je m'accoutumerai à des fonctions basses, et je prierai le Seigneur qu'il me donne assez de force pour accepter avec joie et demander même des humiliations et des pénitences publiques.

« A l'égard des écoliers : 1° Je tâcherai de posséder habituellement mon âme en paix, afin d'éprouver moins d'impressions pénibles à l'occasion des fautes que les élèves peuvent commettre et de leurs défauts naturels.

« 2° Aussitôt que je me sentirai le cœur ému et porté à la colère, je tâcherai de m'arrêter, je dirai un *Ave María.*

« 5° Je ne punirai jamais les écoliers que quand je serai de sang-froid ; et quand il m'arrivera de les punir dans d'autres circonstances, je ferai moi-même le double de la pénitence.

« 4° Je leur parlerai toujours avec douceur, et surtout à ceux pour lesquels je sentirai plus d'éloignement. Je me tairai, à moins que le devoir ne m'oblige à parler, toutes les fois que je n'aurai pas connu la nature d'une faute, et j'attendrai avec patience jusqu'à ce que j'aie eu le temps de la bien déterminer.

« 5° Je m'abstiendrai avec le plus grand soin de tout reproche dicté par la passion de me contenter. »

Les détails suivants montrent à quel point le P. Sellier fut fidèle à observer ces résolutions, et comment, malgré toutes les révoltes d'un caractère naturellement fier et impérieux, il excella dans la pratique de l'humilité.

On a dit de lui, comme de plusieurs saints, que son humilité le calomniait. En effet, tandis qu'il était révéré de tous ceux qui le connaissaient, et qu'on admirait la ferveur de sa piété, l'ardeur de son zèle, l'abnégation de son dévouement, l'austérité de sa pénitence, son humilité l'aveuglait tellement sur son compte, qu'il se regardait comme le plus indigne des pécheurs. Nous avons recueilli de ses écrits spirituels les qualifications qu'il se donne quand il lui arrive de parler de lui-même. Nous n'oserions transcrire toutes les expressions que nous y lisons. Quelques-unes des plus modérées feront juger des autres. On trouve à chaque instant sous sa plume les mots *de cendre, de poussière, de néant, de vil et exécrable* pécheur. Il est *tout couvert de péchés depuis la plante des pieds jusqu'au sommet de la tête;* il est *le plus ingrat des pécheurs, l'objet de l'exécration divine, un dissipateur des trésors célestes, plus ingrat, plus méchant que les démons, un vrai démon, indigne de rester parmi les vivants, au moins souverainement indigne de rester dans la Société.* « O mon Dieu! mon Dieu, s'écrie-t-il, que je suis détestable!... Je ne suis dans la maison qu'un tison fumant, qui empeste au lieu d'édifier. — Hélas! je ne suis bon qu'à gâter votre ouvrage. — Est-il possible que vous vous serviez d'un instrument aussi misérable que moi? » etc. etc.

Le journal de ses retraites annuelles, après l'invocation à Dieu et aux saints dont nous avons parlé, commence invariablement par un exposé de l'état de son âme. Il examine devant Dieu comment s'est passée l'année précédente. A l'en croire, elle a toujours été déplorable. Il s'y reproche des lâchetés sans nombre dans ses devoirs religieux, des sensualités, des vivacités, des emportements, des marques d'orgueil, etc.

Nous pourrions multiplier les citations : nous nous contenterons d'une seule, extraite de sa retraite de 1822 :

« Je n'ai fait encore qu'entrevoir l'ombre de ma malice. Que serait-ce si je la voyais tout entière, si je la voyais comme je la verrai au jugement? Je ne l'ai aperçue qu'en gros : que deviendrais-je si je la connaissais en détail; si je connaissais la multitude et l'énormité de toutes mes prévarications?... O Seigneur, n'entrez pas en jugement avec votre serviteur;

car si vous n'écoutez que votre justice, je suis perdu
sans ressource. Saints patrons, saint Louis, saint
Ignace, saint Joseph, digne époux de Marie; sainte
Térèse, vous que j'ai tant aimée dans le commencement de ma conversion, et vous, sainte Marie-Madeleine, qui avez si bien connu la sainte Vierge quand
elle était sur la terre; et vous, mon bon saint ange
gardien, c'est surtout aujourd'hui que je réclame
votre assistance. Réunissez-vous, je vous en conjure,
réunissez tout votre crédit pour obtenir ma conversion,
pour obtenir que je redevienne non pas un modèle de
vertu, hélas! à l'âge où je suis, puis-je seulement espérer de devenir tel que je vois ici de pieux novices?
Que je sois seulement dans les dispositions de ferveur,
de dépouillement, d'abnégation, de zèle pour la dévotion au sacré Cœur de Jésus, où j'étais il y a vingt ans.
Car c'est en 1801 que j'ai fait ma première retraite à
Paris. Me voilà donc parvenu à ma vingt et unième.
Ah! si j'avais seulement bien profité d'une seule de ces
retraites, je serais incomparablement meilleur que je
ne suis! Cœur de Jésus, Cœur de Marie, asile des
pécheurs, souvenez-vous de vos anciennes miséricordes; j'ai bien abusé de vos grâces, je ne mérite
plus d'en recevoir. Mais considérez ce que vous êtes,
et oubliez ce que je suis: ou plutôt souvenez-vous de
ma misère et de vos miséricordes: un abîme attirera
un autre abîme; un abîme de prévarications attirera
un abîme de bonté et de commisération. »

Sans cesse il revient sur son orgueil: « O mon
amour, ô mon tout! s'écrie-t-il, que faut-il que je

fasse pour vous ? Me guérir de plus en plus de ce maudit orgueil, enfin devenir humble. Voilà ce que vous demandez. Mais quel ouvrage! Seigneur. Je vous montre mes plaies. Mon pauvre cœur est tout en lambeaux, etc. (1). »

Tout en se reprochant l'orgueil qu'il croyait reconnaître en lui, le P. Sellier était forcé néanmoins de s'avouer qu'il était loin de chercher sa propre gloire, et qu'après tout il ne désirait que celle de Dieu et le salut du prochain.

A la suite d'une méditation sur les trois degrés d'humilité, dans sa retraite de 1859, il ajoute : « Au moins, j'ai le désir de posséder le troisième degré. Il est bien faible sans doute, ô mon Dieu ; daignez le fortifier. Toutefois, quand il m'est arrivé d'être humilié, il m'a paru que je n'étais pas trop fâché. Ce que je puis encore ajouter, c'est que je ne voudrais rien faire pour mon honneur, pour mon propre avantage. Les compliments me font une vraie peine, et il me semble que je puis dire : *Qui me laudat, me cruciat...* (1). Les remercîments qu'on me fait parfois me sont à charge; et à choisir, j'aimerais mieux des mépris ou des reproches. »

Les actes extérieurs du serviteur de Dieu étaient en harmonie avec ces dispositions de son âme.

Dans une retraite, un des ecclésiastiques qui l'avaient suivie crut pouvoir devant lui parler avec

---

(1) Retraite de 1807.

(2) Celui qui me loue me fait souffrir.

éloge de son humilité. « Monsieur, répondit le
P. Sellier d'un ton sévère : mettez votre langue dans
votre poche. C'est la langue de Satan. »

On lui lisait un jour la *Vie de sainte Ulphe*, dont il
est l'auteur. Ignorant qu'elle eût été composée par
le saint homme : *Mon Père*, lui dit le lecteur, *voilà
une vie fort bien écrite. Quel est donc le nom de l'auteur? — Peu importe*, répondit-il, *continuez toujours.*
— Un moment après, le lecteur réitéra la même demande. *Restons-en là*, dit le P. Sellier ; et il s'occupa
d'autre chose.

Il comptait publier la *Vie de sainte Colette*, sans
que son nom fût inscrit au frontispice du livre. Quand
il apprit qu'on l'y avait inséré, il en ressentit la plus
vive douleur ; il en était inconsolable, et dans l'amertume de son cœur il répétait qu'on voulait le faire
mourir.

Mais ce ne fut pas assez pour le serviteur de Dieu de
fuir la gloire et les louanges ; il s'éleva jusqu'au désir
de l'humiliation. « Je pense quelquefois, écrivait-il
en 1809, qu'il arrivera un moment où je serai obligé
de descendre de chaire, ne sachant plus que dire. Le
bon Dieu me ménagera peut-être cet affront salutaire
en public. La leçon sera dure, mais je la désire,
pourvu qu'il en soit glorifié. Que sa sainte volonté soit
faite! »

On comprend aisément qu'avec de pareils sentiments, une injure personnelle, ou un manque d'é-
gards, loin d'altérer la paix de son cœur, était une
bonne fortune pour sa vertu. Quand on lut devant

lui l'article si insultant du *Précurseur du Pas-de-Calais* dont nous avons parlé à l'occasion de la mission de Wimille, il ne pouvait contenir sa joie : « Jamais, dit un témoin oculaire, il ne parut plus joyeux qu'après cette lecture; et il y revint plusieurs fois pendant le jour. »

Un de ses confrères, le P. Richardot, nouvellement arrivé de l'étranger, ayant appris qu'il prêchait dans une des églises d'Amiens, eut là curiosité d'aller l'entendre pour se faire une idée de son genre de prédication. Malheureusement le P. Sellier n'avait pas eu le temps de se préparer : il ne put entrer dans son sujet, et s'en tira assez mal, pour ne rien dire de plus. Le sermon achevé, il revint à Saint-Acheul. Pendant la récréation qui suivit le souper, l'humble religieux se montra non-seulement aimable comme de coutume, mais d'une gaieté tout à fait extraordinaire. Le P. Richardot, qui s'attendait, après un échec aussi humiliant, à le trouver triste, abattu et décontenancé, fut tellement surpris de le voir si fort à l'aise et en si belle humeur, qu'il ne pouvait se lasser d'en exprimer son admiration.

Voici quelques autres traits qui n'attestent pas moins le mépris qu'il avait de lui-même, et ses sentiments de profonde humilité.

Dans les retraites qu'il donnait à ses frères, on le vit plus d'une fois se coucher en travers de la porte du réfectoire, afin qu'en entrant on lui passât sur le corps, et qu'on le foulât aux pieds. A la suite de cet acte d'humilité, il prenait une sanglante discipline.

On a beaucoup parlé de son défaut de propreté sur sa personne et dans les objets à son usage ; mais ce que l'on ne sait pas généralement, c'est qu'avant son retour à Dieu il était d'une propreté exquise, poussée même jusqu'à la recherche. On est porté à croire que cette négligence dans le soin de son extérieur eutt pour but de combattre le défaut opposé, et d'expier par là un passé qu'il se reprochait.

Lorsqu'il fut envoyé dans la maison de Valls, il s'empressa d'aller rendre visite et d'offrir son hommage à Mgr Maurice de Bonald, autrefois son élève, et alors évêque du Puy. Le prélat ne l'eut pas plutôt aperçu qu'il lui tendit les bras. Mais le P. Sellier, se jetant à ses genoux, prononça ces paroles de l'Écriture : *Decebat te crescere, me autem minui* (1).

Avant de faire les exhortations à la communauté, et en général lorsqu'il devait donner une instruction quelconque, il ne manquait jamais de se rendre auprès de son supérieur pour lui demander la bénédiction ; et après l'avoir reçue, il se prosternait et baisait la terre.

Si un prêtre le priait de le bénir, il commençait toujours par refuser, et, s'il était contraint de céder à des instances réitérées, il se mettait à genoux lui-même, et dans cette posture il bénissait le prêtre.

« J'espère bien, mon Père, lui dit un jour un novice, que vous prierez pour nous quand vous serez

_____

(1) Il convenait que vous montassiez, et que moi je descendisse. (Joan., iii, 30.)

au ciel. — Ah! mon petit frère (c'est ainsi qu'il aimait à désigner les novices), c'est vous tous qui prierez pour moi quand vous serez au ciel. — Vous espérez donc mourir après nous tous? — Non, mais je serai encore dans le purgatoire quand vous en serez tous sortis; et je serai trop heureux d'en être tiré par vos prières. »

Il témoigna dans une occasion quelque contrariété de ce que l'on ne secondait pas assez son ardeur pour un travail qui demandait le secours des yeux d'autrui. Celui de ses frères qui était chargé de l'aider en fut averti, et vint le trouver en toute hâte. « Mon Père, lui dit-il, vous êtes donc bien fâché contre moi. — Comment, reprit-il aussitôt, moi fâché contre quelqu'un! » et le ton même avec lequel il proféra ces paroles respirait un sentiment si profond d'humilité, que le Frère en fut vivement ému.

Quoiqu'il eût conservé jusqu'à ses derniers moments la plénitude de ses facultés intellectuelles, il se plaisait à répéter que non-seulement les yeux et les oreilles lui faisaient défaut, mais que ses idées s'embrouillaient, qu'il ne pouvait plus rien tirer de sa pauvre cervelle, et autres expressions de ce genre. Aussi profitait-il avec une admirable simplicité des pensées ou des tournures de phrase que des jeunes gens même lui suggéraient dans son travail. Il y mettait un tel abandon, que ces jeunes gens avaient besoin de s'observer pour ne pas s'exposer à le voir accepter trop facilement leurs corrections. Ils se racontaient même entre eux que, quand le copiste, fatigué de retourner une phrase sous la dictée du Père, voulait en finir avec ses indécisions, il suffisait que l'écrivain mît la main à l'œuvre pour obtenir sur-le-champ l'assentiment du bon Père.

Mais le caractère le plus touchant de son humilité, c'était sa vive reconnaissance pour les services qui lui étaient rendus. Il s'en regardait comme souverainement indigne. Il ne cessait d'admirer qu'on voulût bien le veiller dans ses maladies. Il ne fallait pour cela rien moins, selon lui, que ce qu'il appelait la grande charité des enfants de saint Ignace.

« Plusieurs fois, dit un Père de la maison de Saint-Acheul (1), j'allai dans ses dernières années lui donner lecture de quelques articles intéressants du journal. Quand je me retirais, le bon vieillard se levait toujours, et me remerciait avec attendrissement de ce que je lui portais intérêt, de ce que je voulais bien penser à lui.

« La *Vie de sainte Colette*, dont il était tout occupé quelques mois avant sa mort, a été pour lui, ajoute le même Père, l'occasion de bien des contrariétés, que la vivacité de son imagination lui rendait encore plus pénibles. Chaque fois que j'allais chez lui en pareille circonstance (car alors il me faisait même appeler par l'infirmier), il me remerciait avec une effusion qui m'attendrissait. Il me semblait que Dieu lui envoyait cette épreuve pour achever de purifier sa vertu et pour le préparer à la mort. »

(1) Le P. Émile Cor, ministre.

« Pour moi, écrit un novice, j'eus le bonheur, pendant ma seconde année de noviciat, de le ramener tous les soirs de la chapelle : car il allait y passer une demi-heure environ; et j'avoue que c'était là une de mes plus douces consolations. Il se laissait conduire comme un enfant; il ne manqua pas une fois de me remercier avec le ton le plus humble et le plus affectueux. Il répétait alors, ainsi qu'il le faisait souvent, qu'il était un être inutile, à charge à tout le monde; qu'il fallait qu'on s'occupât sans cesse de lui, qu'il était confus des soins que sa cécité obligeait de lui donner, ne pouvant se servir lui-même en bien des choses, etc. « Pourquoi donc, disait-il encore, vous déranger ainsi pour moi? » Plusieurs fois je lui répondis que, loin d'être un dérangement, c'était pour moi un bonheur, une consolation. Il ne pouvait plus alors que garder le silence, ou il se contentait d'ajouter : « Ah! que le bon Dieu vous bénisse! mon cher frère, vous avez pitié des pauvres aveugles. »

Voilà comme, dans ce saint homme, l'humilité se confondait avec la reconnaissance; il donnait ainsi dans sa personne une nouvelle preuve de cette vérité, que les vertus sont sœurs, et que l'humilité surtout est le fondement et la base de toutes les autres.

CHAPITRE XLII.

Règlement de vie.

Nous avons pensé qu'à la suite de la vie du P. Sellier, on ne lirait pas sans un pieux intérêt les règles de conduite qu'il se prescrivit pendant sa retraite annuelle de 1853. Ces résolutions ont pour nous d'autant plus de prix, qu'elles forment un ensemble complet, et renferment toutes celles qu'il s'était précédemment tracées. Nous y trouvons encore comme un résumé et une espèce d'abrégé des vertus admirables dont sa vie nous a offert l'édifiant tableau.

RÈGLEMENT DE VIE.

1° ENVERS DIEU.

M'affectionner plus que jamais au saint exercice de la prière. J'ai reconnu que toutes mes chutes ne sont venues que de ma négligence par rapport à l'oraison... Demander souvent au Seigneur l'esprit de prière et la persévérance dans la prière.

M'approcher du sacrement de pénitence avec beaucoup de foi, de componction, et tâcher de faire mes confessions comme si chacune était la dernière.

Célébrer le redoutable sacrifice avec les dispositions les plus parfaites qu'il me sera possible d'obnir par l'intercession de la très-sainte Vierge, de saint Joseph, de mon bon ange... Relire au moins deux fois par an, à l'époque de la rénovation des vœux, ce que j'ai écrit sur ce point durant ma grande retraite de 1825, et le plus tôt que je pourrai, le cardinal Bona, *de Sacrificio Missæ*. Que j'aie la foi, j'aurai toutes ces dispositions.

Pour le bréviaire, 1° me recueillir avant de commencer; désavouer toutes les distractions, et les changer en autant d'actes d'amour de Dieu aussi parfaits que ceux de Notre-Seigneur durant sa vie mortelle et ceux de la très-sainte Vierge;

2° Me pénétrer autant que possible du sens des psaumes;

3° Remettre chaque verset entre les mains de Marie, pour qu'elle l'offre à la très-sainte Trinité comme une fleur;

4° Renouveler l'intention de procurer la plus grande gloire de Dieu à chaque *Gloria Patri*. A chaque petite heure, à chaque nocturne, offrir le premier psaume en l'honneur du Père, le deuxième en l'honneur du Fils, le troisième en l'honneur du Saint-Esprit.

Réciter chaque jour le chapelet avec le plus de dévotion possible, et parcourir les uns après les autres les mystères du Rosaire.

Visite au très-saint Sacrement au moins une fois par jour, et, si je puis, reprendre l'habitude d'une demi-heure d'oraison le soir.

Litanies des Saints récitées avec attention et dévotion; pour cela, quelques moments de préparation

2° ENVERS MOI-MÊME.

1° Combattre autrement que je n'ai fait mon dé·
faut dominant, qui est l'amour-propre et la vivacité
de mon caractère. Faire de ces deux défauts la matière de mon examen particulier pendant trois ou
quatre jours chaque mois... M'appliquer tout de bon
à acquérir les vertus de *douceur* et d'*humilité*. Pour
cela, employer la prière, la récollection au moins de
deux en deux mois ; m'imposer des pénitences toutes
les fois qu'il me sera échappé quelques saillies d'humeur, d'impatience, de brusquerie, dans mes gestes
ou mes paroles.

2° Employer mon temps toujours utilement. Hors
des missions, lire Liguori trois fois par semaine au
moins pendant une heure, savoir : les lundi, mercredi et vendredi dans la matinée. Composer, écrire ;
étudier l'Écriture sainte de deux jours l'un, et ne
passer aucun jour sans en lire quelques chapitres.

5° M'appliquer à l'acquisition des vertus religieuses,
surtout à une obéissance de foi ; à l'esprit de pauvreté, de patience, de charité.

4° Hors des missions, mon temps sera distribué
ainsi qu'il suit : trois heures, lever. Quatre heures et
demie ou cinq heures, sainte messe. Deux petites
Heures avant la messe, et deux après. Six heures, rentrer dans ma chambre si je le puis ; étudier la sainte
Écriture ou la théologie, puis écrire. Dix heures, lecture spirituelle. Examen à l'heure ordinaire. Le soir,
à une heure et demie, vêpres... étude ou composition.

Six heures, matines, visite, souper. Je pourrai remettre matines après le souper.

5° Faire plus soigneusement mon examen particulier et ma lecture spirituelle.

6° Lire mes saintes règles une fois chaque mois.

7° En temps de mission, autant que possible, lever à trois heures, au moins à trois heures et demie. Oraison pendant l'heure entière. Sainte messe à l'heure convenable. Exactitude aux règles *pro Missionibus;* lire ces règles au commencement des missions, ainsi que celles *pro Sacerdotibus* et *pro Concionatoribus.* Inscrire exactement les pénitents, et cela dès le premier jour. N'entrer au confessionnal qu'après avoir prié, après avoir bien purifié mon intention... Eviter la précipitation, les vivacités, les préférences, les questions superflues; garder toujours la sainte présence de Dieu; demander surtout le don de discernement et de force dans les occasions difficiles. Dans les rapports avec les nôtres et les autres ecclésiastiques, montrer beaucoup d'affabilité, de prévenance... obtenir qu'on fasse la lecture à table. Éviter les discussions et les longues conversations après les repas. Faire observer, autant que possible, le règlement. Dans les repas, présence de Dieu, tempérance et même mortification. Conformité à la suradorable volonté de Dieu. Confiance inébranlable en Jésus et Marie.

3° ENVERS LE PROCHAIN.

1° Me défaire, avec la grâce de Dieu, de cet extérieur morose, rebutant envers les personnes qui m'a-

bordent, et surtout envers celles qui me fatiguent,
ou dont je crains d'être fatigué. Ce défaut vient de
l'orgueil, et je ne l'ai jamais bien combattu. Faire
en sorte de me rendre doux, affable envers tous. Ne
témoigner ni impatience ni ennui dans les circonstances où je serai pressé.

2° Surtout m'appliquer à me vaincre lorsque j'é-
prouve de la contradiction ou de la résistance. C'est
alors que je me rappellerai la sainte présence de
Dieu, récitant intérieurement : *Deus, in adjutorium
meum*, etc., afin de maîtriser mes vivacités et me
tenir dans un calme parfait; j'éviterai surtout ce ton
emporté, courroucé.

3° M'appliquer sérieusement à l'acquisition de la
modestie, telle qu'elle nous est recommandée par nos
saintes règles, dans les gestes, la démarche, le ton
de la voix; mais surtout de cette gravité, de cet esprit
de foi dans toutes les fonctions du saint ministère.

NOTICE SUR LA VIE

DU

F. FRANÇOIS HALLU.

———

Le F. François Hallu, élève du P. Sellier, s'étant distingué par la pratique des plus éminentes vertus, et ayant contribué à établir si efficacement, sous l'influence du saint homme, le bon esprit qui n'a cessé de régner dans la maison de Saint-Firmin, nous n'avons pas regardé comme un hors-d'œuvre la Notice que nous publions ici sur ce fervent religieux.

Charles-François Hallu naquit le 28 mars 1794, à Cérisy, paroisse du diocèse d'Amiens, entre Corbie et Péronne. Ses vertueux parents, malgré la médiocrité de leur fortune, le placèrent tout jeune encore

dans le collége que les Pères de la Foi avaient formé
à Montdidier avant le rétablissement de la Compagnie
de Jésus. Il s'y fit d'abord remarquer par une conduite qui parut plutôt celle d'un fervent novice que
d'un jeune étudiant. Tout ce qu'on lit de la régularité des Bercius et des Berckmans, on crut l'apercevoir dans le nouvel élève. Sa piété n'éprouva jamais
ces variations si ordinaires dans le premier âge de
la vie ; et, parmi une foule de jeunes gens vertueux,
il fut reconnu comme le plus accompli de tous. Sa
régularité exemplaire lui fit décerner le plus beau
de tous les prix, celui de sagesse.

Obligé de quitter cette maison, qui, sur la fin de
1812, eut le sort que Saint-Acheul devait éprouver à
son tour en 1828, il alla faire sa philosophie au séminaire d'Amiens, où il se distingua de même par la
pratique soutenue de toutes les vertus de la jeunesse,
de celles même qui semblent n'appartenir qu'à l'âge
mûr. On sait quel attrait les vacances ont pour les
étudiants, et combien peu ont le courage d'en consacrer une partie à des occupations sérieuses. Le jeune
Hallu savait s'imposer ce sacrifice. Chaque année il
ne manquait pas de passer huit ou dix jours dans la
solitude. Ce temps, qui pour les autres est une
époque de délassement et quelquefois de dissipation,
devenait pour lui une époque de recueillement et
de prière. C'est ainsi que notre pieux jeune homme
se disposait de loin à entrer un jour dans la Compagnie, à laquelle dès lors il se sentait appelé. Aussi,
quand il y fut admis en 1814, on le trouva déjà tout

formé, et digne de servir de modèle à ses frères.

Avant de rapporter les faits relatifs aux diverses situations de sa vie, nous croyons devoir retracer ici les principales vertus auxquelles il doit l'opinion de sainteté qu'il a laissée dans le souvenir de toutes les personnes qui l'ont connu.

1° Sa fidélité à la règle. Elle s'étendait aux plus petites choses. Il s'en était fait une habitude dès son entrée au collége de Montdidier. Tant qu'il y fut en qualité d'élève, on ne le vit jamais commettre une faute volontaire contre aucun point du règlement. Toujours il était le premier levé, quand la cloche du réveil avait donné le signal. Jamais il ne se permit d'ouvrir la bouche hors du temps des récréations. Une fois appliqué au travail, jamais on ne le surprenait à lever les yeux, même par inadvertance. Cette sévère exactitude, il la conserva dans la Compagnie, sans pouvoir toutefois rien y ajouter, puisque dès lors il la portait à un rare degré de perfection. Elle était si ponctuelle, qu'elle aurait pu passer pour minutieuse, si l'on n'avait su d'ailleurs qu'il n'avait pas la maladie des consciences scrupuleuses. Imitateur zélé des Louis de Gonzague et des Stanislas, il n'aurait ni emprunté ni prêté une feuille de papier sans une permission expresse; et pour la demander, cette permission, il eût fait dix fois le chemin de Saint-Firmin à Saint-Acheul et de Saint-Acheul à Saint-Firmin; car il habita pendant plusieurs années cette dernière maison, séparée de la première par une grande route et par une avenue.

2° Son obéissance. Si, comme le dit saint Ignace, l'obéissance est la pierre de touche de la vraie dévotion, il suffira de savoir comment le F. Hallu l'a pratiquée, pour comprendre jusqu'où il s'est élevé dans la perfection religieuse. Un signe de la volonté du supérieur était pour lui un ordre positif dont aucune considération humaine n'aurait pu le faire dévier. Il ne connaissait aucune de ces interprétations, aucun de ces tempéraments dont l'amour-propre s'accommode si bien, et qu'il trouve si aisément dans certains cas douteux, où il y a quelque chose qui le blesse ou qui contrarie la sensualité : il observait tout à la lettre. Jamais on ne l'entendit alléguer d'excuses pour se dispenser de quoi que ce fût. Quand il faisait une observation, c'était pour donner quelque éclaircissement nécessaire, et toujours du ton le plus modéré et le plus respectueux.

L'esprit d'obéissance avait éteint en lui toute volonté propre. Il ne laissait apercevoir aucun goût, aucune inclination pour tel emploi, plutôt que pour tel autre. Le seul désir qu'il eût conservé à cet égard, c'était d'être compté pour rien et mis à la dernière place. Indifférent du reste à toute sorte de ministères, il ne trouvait rien de difficile dès que la chose était réglée par la sainte obéissance. Surveiller, régenter, faire une classe élevée ou inférieure, c'était tout un à ses yeux. Qu'on lui fît, comme il arriva plus d'une fois, prendre, quitter, reprendre, quitter encore une occupation pour le charger d'une autre tout opposée, pour laquelle il ne se sentait aucune aptitude, on le trouvait toujours également soumis, également satisfait. Il n'aimait pas qu'on lui donnât les raisons de ce qu'on avait à lui prescrire; c'eût été, à son avis, lui dérober le mérite de l'obéissance. *Ce n'est point à nous*, disait-il, *de connaître le pourquoi, il nous suffit de savoir ce qui est ordonné.* On lui aurait commandé des choses moralement impossibles, qu'il se serait mis en devoir de les exécuter. Une de ses maximes était qu'obéir, c'est faire mourir sa volonté, et que faire mourir sa volonté est quelque chose de plus que de ressusciter un mort.

5° L'esprit de foi, on a déjà dû le reconnaître, était l'âme de toutes ses actions, de toutes ses affections. Un de nos Pères qui a vécu longtemps avec lui, et qui l'a bien étudié, n'a pas craint d'avancer qu'il ne lui échappait guère une parole ou un geste qui ne fût dicté ou dirigé par une vue surnaturelle.

Cet esprit se manifestait dans toute sa conduite. Il était difficile de traiter avec lui sans l'apercevoir. Sa conversation avait je ne sais quelle pieuse simplicité qui allait au cœur. « Aussi, ajoute un autre Père qui « l'a également bien connu, je le quittais toujours « trop tôt à mon gré. Ses discours m'étaient plus pro- « fitables qu'une lecture, parce qu'ils avaient ce qu'on « chercherait en vain dans les paroles dictées par l'es- « prit de l'homme, cette onction secrète que l'esprit « de Dieu communique aux âmes qui lui appartien- « nent. » Toutefois il parlait peu, et l'on sentait qu'il avait continuellement sur les lèvres cette garde de circonspection tant recommandée dans l'Écriture, et

sans laquelle il est impossible de ne pas pécher par
la langue.

Entre les fautes de ce genre, il craignait surtout la
médisance; et la délicatesse de sa conscience allait
loin sur cet article. Il se reprochait non ce qu'il pouvait avoir dit sur le compte d'autrui (car il n'en parlait jamais qu'en bien), mais ce que par inadvertance
il aurait écouté de tant soit peu défavorable au prochain.

Étranger à ce qui se passe dans le monde, il ne
s'en informait point. Si l'on venait à parler d'affaires
publiques ou particulières, il ne prenait part à la
conversation qu'autant qu'il s'agissait des intérêts de
la religion; n'était-il question que de nouvelles, il se
mettait peu en peine de les savoir; on le voyait alors
rentrer en lui-même et se recueillir.

Dans ses rapports avec ses frères, c'est trop dire
qu'il ne se permettait rien qui fût de nature à les
blesser ou à les mortifier; il ne se pardonnait pas
même les paroles les plus mesurées, lorsque, contre
son intention, elles avaient pu contrarier le moindre
d'entre eux. Il lui arriva un jour d'avoir une légère
altercation sur un point où, pour le fond comme pour
la forme, la raison était de son côté. « A peine, dit
« un témoin oculaire, fut-il sorti de la bibliothèque,
« où la contestation avait eu lieu, que je le vis ren-
« trer, se jeter à genoux aux pieds de son frère, et
« lui demander pardon de son orgueil et de son
« opiniâtreté. »

4° Son union avec Dieu était habituelle et intime.

Il la devait soit à sa vigilance sur lui-même, soit à la pratique de l'oraison, dont il avait reçu le don à un degré éminent. Il suffisait de l'entendre réciter la prière avant la classe, ou seulement de le voir faire le signe de la croix, pour reconnaître en lui une âme profondément intérieure : l'impression que l'on éprouvait alors était telle, que, sans le vouloir, on se trouvait tout pénétré du sentiment de la présence divine et d'un certain désir de mieux prier. Un de ses écrits nous apprend qu'il recevait des grâces particulières dans l'oraison. « Je ne sais, dit-il, comment cela « arrive; aussitôt que je me mets en oraison, mon « esprit se trouve comme perdu en Dieu, je n'ai plus « besoin de rien chercher. » Ensuite il s'étonne et se confond d'être ainsi traité par Notre-Seigneur.

Ces faveurs étaient sans doute une récompense de son zèle à profiter de tout ce qu'il voyait ou entendait, pour s'élever et pour s'unir à Dieu. Ses écrits témoignent de son attention à recueillir les moindres paroles qui pouvaient contribuer à son avancement. Il cite quelque part ce mot que venait de dire un des Pères : « La Compagnie de Jésus n'aime pas les cœurs rétrécis : elle demande des âmes généreuses qui s'oublient elles-mêmes pour la gloire de Dieu et le salut des âmes. « Je ne dois donc pas, conclut-il, m'arrêter à des inquiétudes inutiles, à de vains scrupules; un acte d'amour de Dieu lui plaira plus que ces recherches minutieuses. » Un autre Père ayant dit: *Je suis plus avare de mon temps que l'avare le plus cupide ne l'est de son argent;* il tire cette conséquence:

« Donc je ne dois pas perdre un instant, d'abord parce que le travail est une pénitence qui m'a été imposée; ensuite parce que c'est le moyen de me rendre un jour tant soit peu utile dans le champ du Seigneur. »

Une âme aussi remplie de l'esprit de Dieu trouvait dans sa ferveur même et dans le désir de mieux correspondre aux grâces du Seigneur non-seulement des motifs d'humilité, mais aussi des sujets de crainte et d'alarmes dont l'esprit de ténèbres se prévalut plus d'une fois pour essayer d'ébranler sa confiance. Il était naturellement porté à s'affliger sans mesure, à se décourager même, dès qu'il se croyait coupable de quelque faute. Cette disposition d'esprit devint pour lui, dans sa jeunesse surtout, une source de tentations importunes. Avec le temps il parvint à en triompher complétement. Voici le saint artifice dont il usa : « Quand mes péchés m'effraient, dit-il, je jette les yeux sur mon crucifix... Tant que je verrai les pieds et les mains de mon Sauveur percés pour l'amour de moi, j'espèrerai. »

Ce fut alors sans doute qu'il adopta et prit en quelque sorte pour devise cette belle sentence que nous avons recueillie de sa bouche : « Je laisse le passé à « la miséricorde, et l'avenir à la Providence; pour ce « qui est du présent, je le livre tout à l'amour. »

Jusqu'ici nous avons considéré les vertus de notre fervent religieux dans sa vie privée et avant son noviciat. Nous allons le présenter sous d'autres points de vue où il ne paraîtra ni moins parfait, ni moins

admirable. Son admission dans la Compagnie n'avait
précédé que de quelques semaines l'ouverture du
petit séminaire de Saint-Acheul, en 1814. Après avoir
employé six mois à revoir la rhétorique, il fut chargé
de la régence des classes inférieures. et arriva ainsi
jusqu'à la quatrième, qu'il professa deux années de
suite. Pour l'apprécier comme régent, nous n'aurons
presque besoin que du témoignage de ses élèves.
« Je l'ai eu pour professeur en quatrième dit l'un
« d'eux, et pour confident de mon intérieur; je lui
« dois des biens infinis. Ce que j'ai surtout admiré
« en lui, c'est un calme et une douceur inaltérables.
« Je puis le dire avec vérité, c'était un saint. Il ne
« respirait que la gloire de Dieu et l'avancement spi-
« rituel de ceux qui lui étaient confiés. — Je l'ai eu
« pour professeur de septième, dit un autre; quoique
« bien jeune encore, je fus frappé de l'adresse avec
« laquelle il savait, sans affectation, ramener à des
« idées de religion et de piété ce qui paraissait y
« prêter le moins. Il avait une grâce particulière pour
« parler des choses de Dieu; il le faisait d'une ma-
« nière si intéressante et d'un ton de voix si animé,
« qu'il était aisé de voir que sa bouche parlait de
« l'abondance du cœur. Sa vue seule, son air modeste
« et recueilli me portait à la vertu; et bien qu'éloigné
« de Saint-Acheul depuis plusieurs années, le sou-
« venir de ce saint professeur fait encore sur moi la
« plus vive et la plus douce impression. »
La dernière année de sa régence, le F. Hallu
éprouva une faiblesse de poitrine qui ne lui permet-

tait plus d'élever la voix et de se faire entendre. Il
n'en continua pas moins ses fonctions, et avec le
même succès qu'auparavant. L'expédient auquel il
eut recours alors prouverait seul quel empire il avait
acquis sur ses élèves. Il faisait monter l'un d'eux à
ses côtés, et lui suggérait à voix basse ce qu'il fallait
dire. L'élève répétait à haute voix les paroles du
maître, et tous prêtaient une oreille aussi attentive
que si le maître eût parlé lui-même. Grâce à cette industrie, les leçons étaient récitées, les devoirs cor-
rigés, les auteurs expliqués, avec tant de régularité
et de profit pour les élèves, qu'ils ne souffrirent aucunement de l'indisposition de leur professeur. Le
préfet des études a plus d'une fois attesté que lorsqu'il
voulait se donner le plaisir de voir une classe bien
tenue et bien faite, c'était celle du F. Hallu qu'il allait visiter de préférence. Un autre Père qui sans être
aperçu avait à loisir considéré le maître et les élèves,
a reconnu que jamais le professeur le plus habile, le
plus ferme, le plus redouté, n'aurait obtenu autant de
silence et d'attention. Il en demanda un jour la raison
à l'un des plus étourdis de la classe. *Eh ! comment
se permettre de causer,* répondit-il ; *comment faire
de la peine à notre saint ?*

Il obtenait de ses élèves tout ce qu'il voulait, aussi
bien pour la piété que pour l'ordre, le silence et l'application. Tous recueillaient ses paroles les plus simples comme autant d'oracles. Leur demandait-on le
motif ou l'origine de certaines pratiques pieuses auxquelles ils s'étaient habitués, ils répondaient : *Pour-*

rions-nous n'y pas tenir ? c'est M. Hallu qui nous les a recommandées ; et vous savez bien, ajoutaient-ils, que c'est un saint. Telle était l'idée que tous ses élèves s'étaient formée de sa vertu ; et l'on sait que les enfants sont d'assez bons juges, des juges sévères et impartiaux. Il fallait qu'ils eussent aperçu dans leur professeur quelque chose de bien extraordinaire, pour lui décerner unanimement le nom de saint, et surtout pour lui offrir chaque jour de plein gré le sacrifice le plus pénible à leur légèreté naturelle, celui d'un silence et d'une application soutenue : car ils n'auraient jamais osé s'exposer à lui déplaire, soit par la dissipation, soit par un devoir omis ou trop négligemment travaillé.

Quelle était donc la cause immédiate qui lui donnait tant d'empire sur les cœurs? C'était d'abord une parfaite égalité d'humeur que rien en lui ni autour de lui ne pouvait altérer; c'était ensuite son incomparable douceur. Loin de donner à ses élèves l'idée d'en abuser, elle faisait sur tous, même sur les plus vifs et les plus légers, l'effet d'un miracle continuel, en leur imprimant une vénération toute religieuse dont aucun d'eux ne se départit jamais et qu'aucun d'eux non plus, nous pouvons le dire, n'oubliera jamais. On sait quelle opinion saint François Régis avait laissée de sa sainteté à ceux qui furent ses élèves; c'est précisément celle que le F. Hallu a laissée parmi les siens.

Après plus de six années de régence, il put enfin commencer, au mois de septembre 1821, l'année de noviciat qui lui manquait. Voici ce qu'a écrit sur son séjour à Montrouge un de ses frères en Jésus-Christ.

« J'ai passé une année de noviciat avec lui, et depuis ce temps le souvenir de ses vertus est resté profondément gravé dans mon cœur. Il avait un talent particulier pour rester ignoré et inconnu : aussi ne découvrait-on rien en lui d'extraordinaire, si ce n'est une admirable fidélité à toutes les règles, à toutes les pratiques de la vie commune. Du reste, doux, paisible, maître de ses mouvements, il cachait les dons de la grâce sous un extérieur aussi simple que modeste. Dans les conversations, il laissait volontiers parler les autres; quoique très-versé dans les choses spirituelles, il le donnait peu à connaître : il se bornait à écouter ce qui se disait de pieux et d'édifiant, à l'écouter, dis-je, avec la même attention que si ces maximes eussent été nouvelles pour lui. Son attrait le portait à la vie intérieure et à une union étroite avec Dieu. Le Seigneur, qui devait bientôt le retirer de ce monde, et qui sans doute voulait le sanctifier en peu de temps, lui fournit, durant son noviciat, des moyens tout particuliers de faire de merveilleux progrès dans la voie de la perfection. Par suite d'un mal de jambe qu'il avait négligé, il se vit condamné, les jours de promenade, à garder la maison et même la chambre durant la plus grande partie de l'année. Presque tout ce temps fut donné à la piété. Retiré dans une tribune qui avait vue sur le tabernacle de la chapelle, il passait des heures entières en oraison, ou bien à lire et à méditer les livres spirituels. Si quelquefois on lui parlait de son mal et des privations qui en étaient la suite, il ne répondait que par un doux et léger sourire : on eût dit que son humilité craignait de montrer plus ouvertement la satisfaction qu'il ressentait d'une infirmité qui lui procurait l'avantage de se mortifier et d'offrir à Dieu quelques sacrifices. »

De retour à Saint-Acheul au mois de septembre 1822, le F. Hallu commença son cours de théologie. Déjà il avait eu, avant son noviciat, la direction de la maison de Saint-Firmin; on la lui confia de nouveau, dans la persuasion où l'on était que nul autre ne pouvait mieux que lui remplir cette importante fonction. En effet, il n'oublia rien pour nourrir et fortifier l'esprit de piété dans cette maison, presque toute composée d'élèves du sanctuaire. Embrasé de l'amour du sacré Cœur, c'était pour lui et par lui qu'il agissait en toutes choses : il aurait voulu en faire passer l'amour dans tous les cœurs; il en parlait avec délices, je dirais presque avec transport, aux jeunes gens. Il semblait alors avoir perdu sa timidité naturelle; le feu dont il était plein éclatait dans ses yeux et sur son visage. Aussi voulut-il que non-seulement Saint-Firmin devînt le centre de la congrégation érigée dans les trois succursales de Saint-Acheul en l'honneur du Cœur de Jésus, mais de plus qu'il fût spécialement consacré à ce divin Cœur, comme Saint-Acheul l'était à la sainte Vierge, l'abbatiale aux saints Anges, et le Blamont à saint Joseph.

Après le Cœur de Jésus, le premier objet de son
amour était le Cœur immaculé de Marie. Il s'était
même engagé par vœu à propager la dévotion à ces
deux Cœurs, dont l'un est la source, et l'autre le canal
de toutes les bénédictions célestes. Non content de ce
qu'il faisait par lui-même pour leur donner des serviteurs et des imitateurs, il invitait quelques jeunes
régents de Saint-Acheul à seconder ses efforts; et
ceux-ci venaient tantôt faire des instructions aux
élèves de Saint-Firmin, tantôt passer les récréations
avec eux pour leur parler familièrement de Jésus et
de Marie.

Ce qui affectionnait le plus le F. Hallu à cette maison, c'était de n'y avoir pour élèves que des jeunes
gens peu favorisés des dons de la fortune. On remarque dans les écrits où il se rend compte à lui-
même de tous les mouvements de son cœur, qu'il ne
voyait pas sans quelque peine s'embellir tant soit
peu les appartements. Voici les réflexions qu'il fait à
ce sujet : « Plus Saint-Firmin, dit-il, sera pauvre,
« moins il sera pourvu d'appartements commodes et
« ornés, plus aussi il se conservera dans sa ferveur
« primitive.... Les élèves riches et bien mis, voilà ce
« qui le perdrait.... Qu'il soit toujours pauvre, qu'on
« n'y voie que des habits simples et pauvres, si l'on
« veut y conserver l'humilité, et par l'humilité la
« ferveur. » Sa vie répondait à ces maximes. Pour
s'en convaincre, il suffisait de jeter les yeux sur lui
et sur ce qui était à son usage. Sa chambre était la
plus petite de la maison ; des vêtements usés, dont

d'autres moins morts à eux-mêmes se seraient difficilement accommodés, il les trouvait fort bons pour lui. Ainsi logé et vêtu, il pouvait avec confiance recommander aux élèves de Saint-Firmin la modestie, la simplicité, la pauvreté. Aussi n'est-il pas étonnant qu'une maison qui avait de tels exemples sous les yeux ait toujours été la plus fervente et la plus édifiante entre toutes les dépendances de Saint-Acheul.

Depuis plusieurs années, le F. Hallu, comme s'il eût pressenti que sa vie ne devait pas être longue, s'était familiarisé avec la pensée de la mort; il l'appelait de tous ses désirs, il en parlait avec délices. En effet, elle ne se fit pas longtemps attendre. Dans le cours de sa troisième année de théologie, on le vit s'affaiblir peu à peu et dépérir insensiblement. Malgré le régime et les remèdes auxquels on l'assujettit, une maladie de langueur se déclara; la poitrine était attaquée, il fut impossible de la rétablir. Obligé de renoncer à toute étude, il ne lui resta désormais d'autre occupation que la prière et la promenade. Mais il sut sanctifier la promenade, que l'obéissance lui imposait, par la prière, à laquelle son cœur le rappelait sans cesse. Tant que ses forces lui permirent de descendre au jardin, il ne manqua pas d'y porter avec lui un petit tableau du sacré Cœur qui devint comme son *veni mecum*, et lui tint lieu de tous les livres. Assis ou en marche, il l'avait toujours à la main ou sous les yeux; il y trouvait un spécifique assuré contre les douleurs et les ennuis de sa position.

Pendant les trois derniers mois de sa vie, il n'avait cessé de demander à la sainte Vierge de mourir le jour d'une de ses fêtes. Il espéra d'abord que ce serait le jour de l'Assomption. *L'Assomption est passée,* lui disait-on, *et vous voilà encore sur la terre !* — *Eh bien !* répondait-il, *ce sera, j'espère, pour la Nativité.* Quelques jours avant cette dernière fête, on lui apprit que son père était attaqué d'une maladie mortelle et réduit à l'extrémité. Il reçut cette nouvelle avec une héroïque résignation. *Si Dieu,* dit-il, *veut le père et le fils en même temps, mon cœur est prêt.*

L'avant-veille de la Nativité, il fit une communication bien importante et bien extraordinaire à l'un de nos Pères, qui nous en a rendu compte en ces termes : « La Compagnie de Jésus, me dit-il, sera « persécutée, elle sera même dispersée.... Je re- « mercie le Seigneur de m'appeler à lui avant que « cela arrive : car n'étant bon à rien, on me ren- « verrait peut-être : et que deviendrais-je alors ? « Rendu au monde et abandonné à moi-même, je « me perdrais infailliblement : au lieu qu'à pré- « sent, j'aurai le bonheur de mourir dans le sein « de cette chère Compagnie. O mon Dieu ! quel bon- « heur ! »

Cependant le jour de la Nativité allait arriver, et le malade, quoique faible, semblait devoir aller bien au delà ; lui-même en avait grand'peur. Néanmoins, toujours soumis au bon plaisir de Celle qu'il appelait du doux nom de mère, il aimait tout ce qui lui venait de sa part, même les refus. Le 7 septembre veille de la fête, il voulut se lever seul et sans aide; mais à peine habillé il tomba en défaillance. Il avait communié le matin; dès qu'il fut revenu à lui, il demanda l'extrême-onction. Le danger paraissait prochain, on le plaça sur son lit et on lui administra le sacrement des mourants. Après la cérémonie, les faiblesses se succédèrent les unes aux autres. Dans les intervalles, il s'entretenait constamment avec Dieu; ses traits n'étaient pas décomposés, son visage était calme et serein comme son cœur.

A midi moins un quart, on entend sonner l'examen; en même temps on s'aperçoit qu'il ferme les yeux. Ceux qui le gardent s'inquiètent et s'approchent du lit, dans la pensée qu'il peut être mort, ou du moins tombé en défaillance. Le malade remarque ces mouvements inusités, il ouvre les yeux et fait un signe dont on ne devine pas le sens. On lui demande ce qu'il désire. *Rien*, répond-il, *je fais mon examen : ne l'a-t-on pas sonné?* Ainsi se montrait-il jusqu'au dernier moment fidèle observateur des règles.

Vers six heures du soir, quelques-uns de ceux qui avaient été le plus étroitement liés avec lui vinrent le prier de se souvenir d'eux lorsqu'il serait dans le ciel. Il leur promit de ne pas les oublier, si Dieu lui faisait miséricorde.

Après le souper un des Pères qui n'avait pas perdu de vue la prière que le malade adressait depuis longtemps à la sainte Vierge au sujet de sa mort, vint le

voir; et le croyant encore loin du terme, il lui reprocha en riant son peu de ferveur, qui n'avait pu
obtenir de sa bonne mère cette petite grâce. Le malade convint de ce défaut de ferveur qui le rendait
indigne d'aller célébrer sa naissance avec les anges et
les saints. *Cependant*, dit le Père, *si Marie vous l'accordait, ce ne serait pas la première grâce que vous
auriez reçue de sa bonté. — Oh! non*, répondit le malade en jetant les yeux sur son image avec un sentiment de piété qui attendrit tous les assistants. *Eh
bien!* reprit le Père, *il y a encore assez de temps
pour réparer tout cela, pour être au ciel avant la
fête : demandez.* Cette prière ne tarda point à être
exaucée. Vers dix heures et demie, son confesseur
lui demanda s'il souffrait beaucoup. *Non, mon Père,*
répondit-il; *ce que je souffre est peu de chose.* En parlant ainsi, il porta les yeux sur ce petit tableau du
sacré Cœur qu'il ne quittait jamais. Ce furent ses
dernières paroles. Une heure après, c'est-à-dire un
peu avant minuit, sans agonie, sans efforts, il s'en-
dormit dans le Seigneur, mais si doucement, que les
deux personnes qui étaient à ses côtés ne s'aperçurent
point du moment précis où il expira. Ainsi la sainte
Vierge exauçait-elle les vœux de son fidèle serviteur,
en l'appelant à l'instant même où le ciel allait célébrer sa glorieuse Nativité.

La nouvelle s'en répandit avant le jour dans la
maison : elle n'y produisit d'autre sentiment que
celui d'une joie religieuse, d'autant plus douce qu'on
ne pouvait s'empêcher de remarquer le sourire de

bonheur peint sur les lèvres et dans tous les traits du défunt. Les élèves, aussi bien que leurs maîtres, se disaient les uns aux autres : « Voilà certainement un « bienheureux de plus dans le ciel. »

FIN.

TABLE DES MATIÈRES.

Tours. — Imp. Mame.

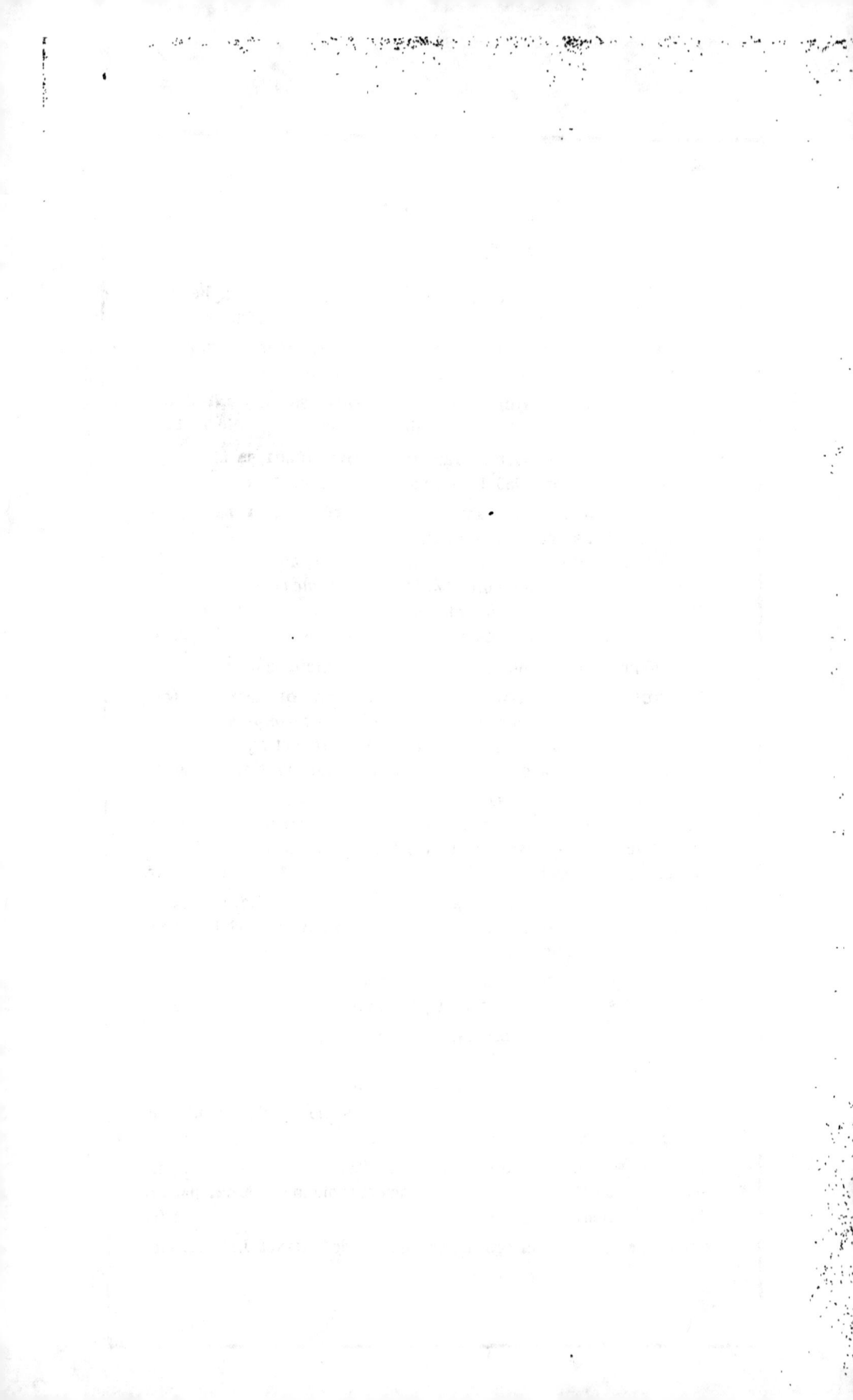

www.ingramcontent.com/pod-product-compliance
Lightning Source LLC
Chambersburg PA
CBHW071955270326
41928CB00009B/1444